支付方法论

PAYMENT METHODOLOGY

产品管理与运营系列丛书

王伟 著

机械工业出版社
China Machine Press

图书在版编目（CIP）数据

支付方法论 / 王伟著. —北京：机械工业出版社，2021.1（2024.11 重印）
（产品管理与运营系列丛书）

ISBN 978-7-111-67267-8

I. 支… II. 王… III. 支付方式 – 研究 IV. F830.73

中国版本图书馆 CIP 数据核字（2021）第 007610 号

支付方法论

出版发行：机械工业出版社（北京市西城区百万庄大街 22 号　邮政编码：100037）
责任编辑：罗词亮
责任校对：李秋荣
印　　刷：北京建宏印刷有限公司
版　　次：2024 年 11 月第 1 版第 5 次印刷
开　　本：147mm×210mm　1/32
印　　张：11.75
书　　号：ISBN 978-7-111-67267-8
定　　价：129.00 元

客服电话：(010) 88361066　68326294

版权所有・侵权必究
封底无防伪标均为盗版

谨以此书献给周毅!

赞誉

我一直觉得能把复杂的事情讲得简单是一项非常重要的能力，老王在支付这件事上能写到这个程度，足以体现出他功力之深厚了。

——张亮 《从零开始做运营》作者

这本书深入浅出，通过形象的举例将支付相关的理论知识和实践经验娓娓道来。希望有更多人能够通过本书全面了解支付的理论体系，加入支付行业，成为数字支付时代的驱动者！

——Kelly Yuan　Credorax大中华区董事总经理

支付是一个高频又具有刚需的行为，而在电商商品管理领域，商品交易流通过程中要支付、算账、分账，每一笔交易都与它紧密相关。很高兴，老王写了这样一本书，而且通过老王开店的系列故事来解释支付逻辑和原理，生动又易懂。强烈推荐给每一个和支付打交道的人！

——裴建东　京东集团商品运营中心总经理

王伟这本书，结合浅显易懂且具体形象的例子解释每一个支付的门道、每一次钱流转的诀窍，让我们这一代支付行业从业者慢慢打破知识的壁垒，用合作创新的方法让更多人了解支付，包括跨境支付究竟在发生着什么变化，以及这些变化对社会和上下游行业有什么影响。这是多么激动人心的事！

——知知　Visa 产品总监

本书对国内支付可能涉及的多个方面进行了系统性的梳理，极具实操性，同时又站在产品经理的角度深入浅出地阐述了相关原理，对于支付行业从业人员甚至一般互联网金融从业人员都具有很大的启发意义，强烈推荐！

——崔家琦　Ingenico 大中华区总经理

虽然互联网支付已经有 10 多年的发展历史，但是市面上却没有系统介绍互联网支付产品和技术的图书。写这样一本书是个巨大的挑战，不仅需要对支付的方方面面有实践经验和深刻认识，还要把支付这一个枯燥的、专业性极强的主题讲得通俗易懂，而这需要有很好的文字功底。这些老王都做到了！这本书能够帮助你更全面深入地了解支付全流程，降低试错成本，强烈推荐！

——老熊（李雄烽）　前字节跳动支付结算负责人

中国的移动支付发展可谓是燎原之势，影响了亿万用户的生活习惯，创造了难以想象的庞大支付生态体系。然而在支付行业有句话叫"越简单越复杂"，在便捷安全的支付体验背后是庞杂的支付系统，搭建这样的系统需要很多思考与打磨。在本书中，老王结合自己在携程、蚂蚁、京东等公司多年来设计优秀互联网支付产品的经验，系统总结与阐述了支付产品逻辑。本书是一本不可多得的讲解支付行业实务的好书，十分推荐！

——朱大卫　Wallyt COO

对于我们投身的行业，我们既要知其然，也要知其所以然。老王深耕支付行业十年，从盛大、蚂蚁金服到京东，经历过很多项目，有成功的也有失败的。这本书从支付的形成、概念、逻辑到实操，每一章都详细讲了"其然"，也讲了"其所以然"。

——胡长健　京东集团高级总监

本书结合中国支付产业特点，以 7 个话题为主线，包括支付演进过程、现代支付体系、支付通道构建、跨境支付、交易路由、卡 BIN、清结算等，溯本清源，还原支付的本质。在形式上，本书以诙谐有趣的方式提出问题，从支付的视角做出回答，深入浅出，通俗易懂，值得每一位支付行业从业者阅读！

——Meet（朱明利）　支付圈创始人/CPEA 联盟发起人

支付，是金融的第一步，是与百行千业密切相关的业务。这些年，我亲历了国内外支付业务的发展和演进，看到了成就，也看到了很多教训。这是一本非常有深度、全面讲解支付的图书，而更重要的是，你能从字里行间看到老王那些实打实的、经众多项目沉淀下来的与支付相关的宝贵经验。本书将带你走对路或者避免走弯路。

——陆费汉平　前携程金融 CTO/平安租赁科技驱动部总经理

| 推荐序一 |

很开心，老王终于写完了这本书。

几年前老王和我聊过，想要写一本关于支付的书，希望将支付这件事讲得通俗易懂，而且市面上也没什么讲支付的书。我觉得写支付这个主题是个巨大的挑战，因为这个主题实在是太垂直、太专业了，要精通整个支付领域太难。所以很希望能有这样一本书，希望老王来写。

你可能会好奇，老王想写书，为什么要和我聊？

其实是因为我俩有一段渊源，一段同事经历。2008年我进入盛大，一直做积分相关的业务。2011年组织架构调整，积分业务归口到了盛付通。后来就遇见了老王，他是产品经理岗，我是运营岗，我们都要向同一个COO和CMO汇报，所以会有不少见面的机会。

2013年我离开盛大，不久老王也离开了，我兜兜转转瞎忙活，而老王则先后去了携程、蚂蚁金服，最近在京东数科负责海外支付，从国内支付到国际支付，一路拓展知识版图。

当然，说到支付这件事，我真不敢说我懂。我最多也就是在支付的应用层上做过运营，对于整个支付系统，我确实是不懂的。自爆个糗事吧，在盛付通时，曾经有一段时间，我连清算、结算之间的差别都搞不太清楚，其他的就可想而知了。

不过，这并不妨碍我为老王的这本书写推荐序，毕竟，一个满脑子都是"支付是什么，能干什么"，认为支付高不可攀的新人，看到老王的这本书应该会很开心，因为老王真的把支付写得很清晰，很通俗。

我一直觉得能把复杂的事情讲得简单是一项非常重要的能力，老王在支付这件事上能写到这个程度，足以体现出他功力之深厚了。

如果你认认真真学习，一定会从中学到对你的职业生涯有用的知识，可以快速成长与精进。

希望老王的这本书对你有所帮助。

张亮

《从零开始做运营》作者

80分运营俱乐部创始人

推荐序二

自我从投资行业进入支付行业这些年来,我深深感受到"支付无小事"。当我向其他行业的朋友提及自己从事支付行业的时候,我得到的反馈往往是"明白了,管收钱和付钱的",并伴有恍然大悟状。然而,只有支付人才能明白,看似简单的终端用户扫码、非接触式付款、输入卡号和密码等支付行为,背后是一个多么庞大的体系在支撑,从底层系统架构的设计、后端与银行及卡组织的对接,到交易的路由、运营的维护、财务的清分与结算等,再到用户前端的产品设计,都是这个体系不可或缺的部分。而随着线下支付向线上支付转移,线下和线上融合,支付风险监管和控制,比如对非真实交易、洗钱、资金非法流动等违规行为的识别和应对,更是所有支付公司都面临的挑战。

中国移动支付的规模和比重已居世界首位。2020年,经过新冠肺炎疫情的洗礼,支付行业进一步升级,伴随着迅速发展的产业互联网、企业数字化,产业支付进入快速增长阶段。支付行业的快速发展使市场对支付行业人才的需求变得十分旺盛,具备一定行业知识的复合型人才尤其受到企业青睐,但至今鲜有大学开设支付相关课程，支付人一直都是"摸着石头过河"，在经验中积累，在教训中成长。

老王做了件很多支付人想做而未做的事——把自己的实践经验写进书里。这本书深入浅出，通过形象的比喻将支付相关的理论知识和实践经验娓娓道来。对于想进入支付领域的新人，本书是你了解支付行业的非常好的入门教材；对于已进入支付领域或者经常与支付打交道的内行人士，本书是你梳理支付理论体系的参考书。

最后，希望有更多人通过本书全面了解支付的理论体系，加入支付行业，在满足监管要求的前提下不断创新，成为数字支付时代的驱动者。

Kelly Yuan
Credorax 大中华区董事总经理

前言

谢谢你,在看这本书。

我是王伟,过去十年一直从事支付行业,从之前的盛大、携程、蚂蚁金服到现在的京东,从做国内支付到跨境支付,再到海外本地支付。

为什么写本书

生活中,圈子里,我经常听到这样的声音:"支付门槛有些高!""支付有什么,不就是个收银台吗?""有没有关于支付的书?"

那时候我想:支付虽然有门槛,有些难,但也没那么难,而我可以分享些经验,让它变得简单一些。后来我用"王小憨"的名字陆陆续续在网上写了一些支付相关的文章,大家也许看过,也许没有看过。

再后来,遇到机械工业出版社华章分社的编辑杨福川,他表示支付方面的书业内比较稀缺,希望我全面梳理一下这些文章,重新组织内容并扩充完善,作为一本系统介绍支付的书出版。

就这样，有了这本书。

在写作过程中，我尽可能使本书在实操层面达到读者可以即学即用的水平，希望大家可以通过这本书全面了解支付，迅速提升水平。

为什么选择支付行业

这里想和大家分享一下我为什么会选择支付这个行业。希望我的一些看法，让大家对这个行业更有兴趣，更热爱一些。

第一个原因是我对生意标准的执念。

一直以来，我都认为符合高频和刚需的生意就是好生意。而支付这件事完全符合这两个标准：足够高频，每天都要用；需求足够刚性，自远古物物交换时代就有。

第二个原因是职业受众面足够广。

一个职业的受众面是否足够广，很大程度上决定了这个职业未来的路是否能走远，其抗风险能力是否足够强。

当初我选择支付行业时，想法很简单：支付这个行业面向的消费者足够多，更重要的是，企业都需要它，我以后不至于找不到工作。

支付就做三件事：交易、清分、结算。 所有公司都要跟钱打交道，都要涉及支付这三件事。哪怕不是支付机构、电商平台，就算是线下工厂或者小卖部，也会用到它；就算不涉及交易，也会涉及财务结算。总之，应该能找到份工作。

变化是人生和历史的常态，选择支付这个具有刚需的方向，可以在这个充满不确定性的时代里多添一丝确定性。

为什么还在支付行业

第一个原因是我认为职业需要专注。

针对产品经理这个岗位，我一直认为行业经验不是通用的，不是你今天做机票，明天就能做金融，后天就能做AI的，你只有专注于某个行业，才能透彻理解这个行业。虽然我已经做了十年支付产品，但如果现在改做机票、酒店产品，自认为比不了那些只在这两个行业做了一两年的初中级产品经理。因为对于这些行业，我会的只是面上能看到的，就像是水面上的冰山，可冰山下面的才是一个行业深刻的、核心的部分。

我面试过很多候选人，其中有的拥有多年经验和不错的公司背景，但在支付行业积累不够，我都婉拒了，因为行业背景比公司更重要。一个拥有十年工作经验的候选人，如果只做过一年支付产品，对于支付行业而言，他拥有的不是十年经验，而是只有一年经验。而与刚毕业一年的新人相比，他的收入预期更高，成长空间更低，所以十年工作经验反而成了劣势。

当然，专注和坚守不代表不前进。这里借用一下坐标系的X、Y、Z坐标，可以沿着这三个方向不断延伸和拓展自己的边界。

纵向上，可以追求从前端到后端打通关，从做支付场景、支付收银台到做支付核心服务、支付清结算服务。

横向上，银行传统三块业务——存款业务、贷款业务、中间收入，支付就属于中间收入，可以往理财、消金业务发展。金融业务本质上有很多相通之处。

轴向上，可以从支付向支付SaaS服务深入，比如支付会员、营销等SaaS服务，研究如何结合支付软硬件。

第二个原因是支付一直在演进，有新的、未知的、令人好奇的点。

这些年，支付一直在变化，在丰富，在演进。玩单机游戏的时候，我追求通关，对于支付，我也希望尽可能通关。

支付的载体在丰富：从卡基支付演进到账基支付。

支付的工具在丰富：从 POS 机刷卡支付、网银支付演进到扫码支付、API 网关支付、近场支付、人脸支付。

支付的范围在丰富：从国内支付走向跨境支付；又在出海浪潮中，从跨境支付到海外本地支付。

支付的参与方在丰富：从两方支付到后来的三方支付、四方支付，商户、收单服务机构、第三方公司、收单行、卡组、发卡行等，参与方越来越多。

支付的产品在丰富：从最初刷卡的有磁有密支付到后来在线支付的无磁无密支付，从代付到分账，从落地分账到空中分账。

支付的边界和角色在丰富：从提供收出款支付服务到以支付为核心的一揽子商家赋能服务，以及后来从跨境结售汇、供应链金融等展开的支付相关业务。

"选择了一个方向，就专注它。"这是我对支付的理解，也是我对一个行业的理解。

本书主要内容

本书共 7 章，系统阐述了支付架构、支付工具、支付核心、支付支撑服务、支付渠道接入、支付清结算等核心模块。

❑ 第 1 章　支付是什么

本章主要介绍支付业务的构成、支付历史演进、支付架构与常见的支付基础名词，帮助读者通过了解支付逻辑、概念到架构功能模块，建立对支付的整体认知。

- 第 2 章　支付通道

本章主要阐述通道结构与分类、内卡通道接入流程和通道接入确认点。

- 第 3 章　跨境支付

本章主要介绍跨境支付背景与特点、展业资质、购结汇业务、外卡通道接入确认点。

- 第 4 章　路由系统

本章主要讲解路由如何进行收益管理以及引导路由和交易路由算法的构成。

- 第 5 章　重试服务

本章主要阐述重试服务如何提高支付成功率，介绍其设计思想和系统实现方法。

- 第 6 章　BIN 服务

本章主要介绍 BIN 的含义、BIN 服务的多种设计方案和卡号校验算法。

- 第 7 章　清结算

本章主要讲解清分与结算的服务职能与模块功能，详细阐述计费服务、账单服务、对账服务、会计服务与结算服务的系统设计。

本书风格与特色

本书的一大目标是帮助读者全面且快速地了解支付，并即学即用，因此在写作时进行了以下设计。

在每章结构上，按照逻辑—概念—实操的结构展开。

在逻辑方面，除第 1 章外，每一章均由一个老王开店的故事引出主题，帮助大家理解支付的逻辑与思想。

在概念方面，对行业名词、市场规模、历史发展等都做了详细说明，让大家"知其然，知其所以然"，深刻理解一个产品模块的相关信息。

在实操方面，对产品模块的设计，如后台界面、设计思路、系统流程与时序、注意事项等均进行了完整说明，将我从事支付行业十年的经验和盘托出。

读者对象

本书适合支付行业从业人员，以及与支付业务有交集或对支付感兴趣的产品经理、研发人员、测试人员、业务人员等阅读。

我与本书的局限性

作为产品经理，我常说"产品是迭代的艺术"，习惯了线上的迭代式产品，遇到问题，都可以通过迭代解决。但对于写书而言，一旦落到纸上，就无法修改，只能在重印或再版时调整。所以对于写这本书，我内心充满敬畏，改了又改，希望能够尽善尽美。

然而因为时间有限，个人经验与认知存在不足，行业与政策在发展变化，这本书依旧有很大的提升空间和很多不足之处。我自己每次在审读时，从框架、语句到标点都有新的想法，且出于种种原因，没能将一些支付服务方案或者案例、解决方案写到书中，也有些遗憾。

如果大家发现书中有不妥之处，或者有什么建议或意见，欢迎给我的公众号或知乎账号"王小憨"留言，或者发送邮件至davyworld@hotmail.com。我将尽量采纳大家的建议，并结合那些遗憾之处以及行业变化与新的认知，在下一版时呈现更精彩的内容。

致谢

感谢我在从业生涯中遇到的各位领导与同事，特别是周毅，由于有了各位的帮助与指导，以及与大家一起奋战的经历，我才有了这些支付认知与经验。

感谢张亮、杨晓平等朋友分享的写作与出版的经验。

感谢机械工业出版社的编辑杨福川、孙海亮、罗词亮，他们在我写作过程中给予了支持与帮助。

写书不是一件容易的事情，互联网人的工作节奏快，加上为了兼顾工作和家庭，每周末都要双城移动，抽出时间把这本书写出来，更是难上加难，以至于张亮对我说，当初他觉得我肯定没有时间写，都想看我什么时候放弃了。

写完发现，也许无法做到完美，但是只要坚持，其实没那么难。

支付也一样，相信看完这本书，大家会发现：支付，其实并没有那么难！

谨以此书献给所有支付行业的关注者和建设者！

目录

赞誉
推荐序一
推荐序二
前言

第 1 章　支付是什么 　1

- 1.1 支付三原基 　1
  - 1.1.1 交易 　2
  - 1.1.2 清分 　3
  - 1.1.3 结算 　4
- 1.2 支付演进 　5
  - 1.2.1 物物交换阶段 　5
  - 1.2.2 一般等价物阶段：非货币阶段 　6
  - 1.2.3 一般等价物阶段：货币阶段 　7
  - 1.2.4 支付演进概述 　18
- 1.3 中国现代支付体系 　20
  - 1.3.1 支付服务组织 　20
  - 1.3.2 支付系统 　22
  - 1.3.3 支付工具 　31
  - 1.3.4 支付体系监管 　34
- 1.4 支付架构 　35

1.5　支付基础名词　37

第 2 章　支付通道　45

2.1　楔子：老王的顾客与供货商　45
2.2　支付通道结构　50
2.3　支付通道分类　54
  2.3.1　快捷与非快捷　55
  2.3.2　支付通道维度归类　57
2.4　支付通道接入流程　67
2.5　内卡支付怎么接　70

第 3 章　跨境支付　92

3.1　楔子：老王的海外分店　92
3.2　什么是跨境支付　98
3.3　跨境支付背景　101
3.4　跨境支付复杂性　107
3.5　跨境支付方式及特性　111
  3.5.1　电汇　111
  3.5.2　第三方支付　120
3.6　跨境支付展业资质　134
  3.6.1　支付业务许可证　135
  3.6.2　外汇管理局许可证　140
  3.6.3　当地人行许可证　143
  3.6.4　国际机构认证及本地化资质　147
3.7　汇率和购结汇　154
  3.7.1　查汇　154
  3.7.2　购汇和结汇　158
3.8　外卡支付怎么接　161

第 4 章　路由系统　173

4.1　楔子：老王管理杂货店　173
4.2　支付路由概述　177
4.2.1　路由定义　178
4.2.2　路由规则发布机制　179
4.2.3　路由收益管理　184
4.3　引导路由　194
4.3.1　品牌列表　195
4.3.2　引导方案　197
4.3.3　引导规则　199
4.4　交易路由　202
4.4.1　交易路由整体思想　203
4.4.2　维度一：路由算法优先级　206
4.4.3　维度二：路由调用节点　245

第 5 章　重试服务　255

5.1　楔子：不放过一个订单的老王　255
5.2　重试服务产生的原因　259
5.3　重试服务体系　263
5.3.1　重试服务整体流程　263
5.3.2　重试服务设计　265
5.3.3　路由—重试服务设计　272

第 6 章　BIN 服务　283

6.1　楔子：老王的进货本　283
6.2　BIN 是什么　285
6.3　BIN 表的设计　290
6.3.1　不涉及通道方案　293

	6.3.2 涉及通道方案	295
	6.3.3 方案设计案例	296
6.4	卡号的校验算法	298

第 7 章 清结算 — 300

7.1	楔子：老王的账本	300
7.2	清结算概述	302
	7.2.1 双边关系	303
	7.2.2 模块职能	306
	7.2.3 模块流转	309
7.3	计费服务	311
	7.3.1 商户计费模块	312
	7.3.2 支付通道成本模块	319
7.4	账单服务	321
	7.4.1 落地交易单数据	321
	7.4.2 获取支付通道对账单	323
	7.4.3 生成与推送商户对账单	332
	7.4.4 生成通道对账单	336
7.5	对账服务及会计与结算	338
	7.5.1 对账服务	338
	7.5.2 会计与结算	343

后记 写给读者的信 — 353

第 1 章 CHAPTER

支付是什么

本章通过介绍支付的三个基本过程、支付演进历史、中国现代支付体系、支付架构与常见的支付基础名词,从支付逻辑、概念到架构功能模块,帮助读者建立对支付的整体认知。

1.1 支付三原基

"只要交换价值相等,一种商品就同另一种商品一样。交换价值相等的物是没有任何差别或区别的。"

——尼古拉·巴尔本,《新币轻铸论》

"人类社会自从有了分工，就有了交换。"而有了交换，也就有了支付。交换可以说是支付最古老的表现形态——易货交易。

举个例子，假设在原始社会有两个人，老王和老李，老王要用一只羊换老李的两只鸡，我们看看他们是怎么操作的。

这个交易分三步完成。

第一步，老王和老李希望完成羊和鸡的交易，商品是羊和鸡。

第二步，老王和老李根据市场情况和两个人的交情，计算得出一只羊等于两只鸡。老王应付一只羊，应收两只鸡；老李应付两只鸡，应收一只羊。

第三步，老王和老李完成交割，羊换了鸡，鸡换了羊。

这三步其实就是支付的三个基本过程：交易、清分和结算。交易商品是羊和鸡，计算一只羊等于两只鸡是清分过程，进行交割是结算过程。其中，等价物为他们所用的羊和鸡。后来的货币即由等价物发展而来。

从上述例子中，我们可以概括出支付的定义如下：

支付是社会经济活动所引起的货币债权的转移过程，包括三个基本过程：交易、清分和结算。这三个基本过程被称为支付的三原基。

交易、清分和结算是三个很重要的概念，我们要深刻理解它们，理解其逻辑与概念，并进行实战。只有理解了这三原基，才算理解了支付。

1.1.1 交易

交易（Transaction）指引起债权债务关系的各类经济活动，

包括商品市场、服务市场、劳务市场和金融市场的各类交易。交易是支付的前提和基础。在前面的案例中，交易是第一步，即老王要换老李的鸡，老李要换老王的羊。没有这个前提，就不会有后续的清分和结算。

我们的生活中有很多交易的例子，比如线上购物、线下打车、转账汇款、聚餐 AA 制付款等。由于交易十分重要，为了让商家支持自家的交易方式，很多支付服务商或机构会为其提供补贴或建设应用。

比如在线下，有支付服务商或机构为了拓展商户，不仅补贴商家手续费，还奖励商家安装费。比如支付宝或微信钱包，为了让用户在自身体系里留存并使用产品，不但开发了支付场景，提供水电煤手机缴费等钱包应用，甚至收购拥有流量入口的公司，以获得支付入口优势。这些市场行为都是为了获得交易量。支付圈有句话，"做支付先要做收单"，说的就是交易的重要性。

在交易的过程中，需要确保支付指令的生成、确认与传输。这个过程包括交易主体的合法性和身份确认、支付方式确认、支付通道的计算与决策、支付能力查证、交易报文组织、交易结果的落地存储与返回信息归类反馈、补偿机制处理等。

1.1.2　清分

清分（Clearing）指债权人和债务人的相关金融机构之间按照约定的规则，完成支付指令的交换，并计算出待清偿债权、债务结果，也就是支付过程参与方算费的过程。清分是结算的数据准备阶段。在前面的案例中，清分是指算清老王应该收老李多少只鸡，老李应该收老王多少只羊。需要注意的是，这一步双方只是算出各自的应收与应付，并没有发生实际交割。

在清分的过程中，需要确保账务信息数据准确、账务对平，从而为后续债权债务提供数据支撑。这个过程包括交易信息落地和状态流转、将数据汇总后根据日切时间（上一个工作日结束的时间点）打包批次、差账异常数据处理、计算结算债权债务结果等。

1.1.3 结算

结算（Settlement）指根据清分的结果，债权人和债务人的相关金融机构之间进行相应的账簿登记，完成货币资金或有价证券最终转移的过程。结算是支付的完结。在前面案例中，不管算没算错，只要双方确认对平，老王就把一只羊交付给老李，老李把两只鸡交付给老王。

在结算的过程中，需要确保债权债务信息完整、状态符合流程，确保结算资金可用，确保记录并通知结算结果等。

另外，业内人士在工作中常说的"清结算"，其实就是指的清分和结算。

总结一下，交易是支付的前提和基础；清分是结算的数据准备和计算过程；结算是资产的交割，是资产转移的过程，是支付的完结。整个支付的核心交易处理，几乎都是围绕这三个基本过程所做的流程处理和功能设计。

1.2 支付演进

有经济学家曾经说过,支付是交易的终点,是货币流动的起点。下面我们就来看看支付是如何一步步演进成现在这样的。

1.2.1 物物交换阶段

原始社会可分为旧石器时代和新石器时代。在早期原始社会,也就是旧石器时代,人类的生产力水平低下,物资严重匮乏。"茹毛饮血,夜宿树上""夏则巢居,冬则穴处""食不果腹,衣不蔽体",这些描述深刻反映了当时人类的社会活动特点及状况。那个时候,由于生产力极端低下,人类只能自给自足,不存在物物交换的基础。

历史车轮滚滚向前,人类结束了旧石器时代,进入新石器时代。新石器时代最重要的标志是人类学会了制作和使用工具。人类通过对自然界中物质的选择、加工和改造,不仅制出了石器、陶器等器具,还学会了钻木取火、制作渔网等。生产力得到提升后,日常生活和生产资料开始有了一定的剩余,进而出现了偶尔的、个别的物物交换。

父系氏族社会时期,生产力进一步发展,社会组织形式从氏族演变为部落。生产力提高了,加上早期分工的出现,生活和生产资料乃至手工品都有了更多的剩余。为了满足自身需要或者交换缺乏的物品,部落与部落之间有了稳定的、长期的、经常的物物交换。

从原始社会末期到奴隶社会的过渡阶段,社会生产力不断发展,社会分工也不断细化,进入社会大分工阶段,畜牧业、农业和手工业开始分离。在这个阶段,人类掌握了青铜器、铁器的制作和使用,剩余产品越来越多,直接以交换为目的的生产开始出现。《诗经》有云:"氓之蚩蚩,抱布贸丝。"从诗句中,我们可以感受到当时的物物交换已经十分普遍。

随着物物交换的普及以及生产力的进一步解放,人们在需求得到满足之后,开始对交换物有了更高的要求:

- 便于携带,便于保存,解决交换物(如猪、牛、羊)因体积大而不便于携带、不便于保存甚至容易腐烂变质的问题;
- 更加通用、具有普适性,避免因大家需求不同、价值认可不同,交换一个标的需要与不同对象多次交换才能完成;
- 价值足够高,解决因交换物价值过低,一次交换需要携带体积或数量巨大的交换物的问题。

于是,人们开始寻找更具普适性的替代品,也就是我们今天所说的"一般等价物"。

1.2.2 一般等价物阶段:非货币阶段

一般等价物产生在第一次社会大分工后。第一次社会大分工是指原始社会末期,由于生产力发展,部分部落特别是畜牧部落从狩猎、采集者中分离出来。

在历史的演进过程中,人类经历了多个社会阶段,有原始社会阶段、奴隶社会阶段、封建社会阶段。在这些阶段,很多物品都曾被人类用作一般等价物,早期有牲畜、斧头、粮食,中期有奴隶、织布、铁器、贝壳，后期有布匹、杂货、金银等。

《资本论》提到，一般等价物是从商品世界中分离出来充当其他商品的统一价值表现材料的特殊商品。它是价值形式发展到第三阶段的产物，是货币的前身。它是商品交换发展的结果，又反作用于商品交换，大大推动了商品交换的发展。

人类花费了很长时间来找寻最适合的一般等价物，最终各国、各朝代都选择了贵金属，于是就有了货币。

1.2.3 一般等价物阶段：货币阶段

1. 贵金属阶段

货币产生在第二次社会大分工后。第二次社会大分工是指，随着生产力的发展以及青铜工具、铁制工具的应用，可开垦农业面积增大，手工业与农业分离。

正如马克思所说："金银天然不是货币，但货币天然是金银。"在以交换为目的而生产的物品中，人们最终发现贵金属有着价值高、易分割、易保存、便于携带的优点，是当时作为一般等价物的最佳选择。

中国最早的金属货币可以追溯到商代的铜贝。商代因其发达的青铜冶炼业而被称为"青铜器时代"。青铜冶炼业的成熟与发达，不仅满足了社会日常生活所需，还推动了生产力的发展，带来交易活动的增加，进而推动了货币的发展。

贝币，最初是指用贝壳制作而成的货币，是当时最广泛流通的货币种类。贝币以串、朋为计量单位，五贝为一串，两串为一朋。随着生产力不断提高,交易日益频繁,人们对于货币的需求急剧增加,而贝币的价值与数量无法满足整个社会的需要。于是,社会上出现了许多贝币的仿制品,如石贝、骨贝、蚌贝、绿松贝等。

贝币来源不稳定、易磨损、价值小,考虑到贝币的这些不利因素及社会需求,人们开始寻找新的一般等价物。在当时的时代背景下,人们自然而然地想到了青铜,于是铜贝开始出现。铜贝不仅是我国最早的金属货币,也是世界上最早的金属货币。

在铜贝被广泛使用的同一时期,也出现过其他形式的货币,如包金铜贝、蚁鼻钱等。贝币在古代中国流通了很长的时间,直到公元前221年,秦朝废除贝币体系,贝币时代才正式宣告终结。

图1-1展示了我国历史上出现过的一些贝币。

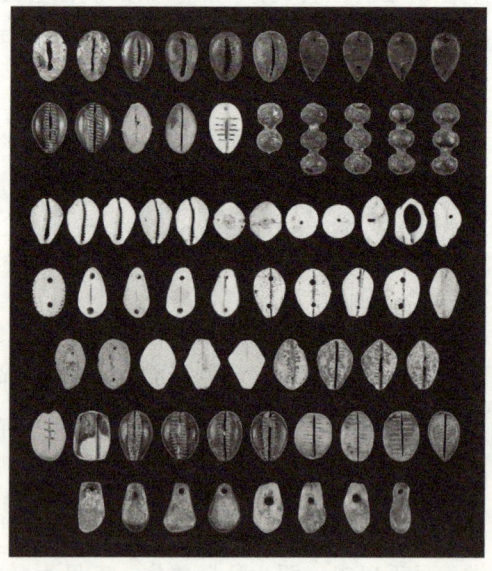

图1-1 贝币

从秦朝开始，货币主要由国家铸造，出现了铜币、金银元宝等，中国进入金属铸币阶段。

总体来说，金属货币具有以下特点。

- ❑ 价值长期固定。金属货币状态长期稳定，不易腐蚀与变质，也不受气候季节等的影响。
- ❑ 普适性强。社会广泛接受与认可。
- ❑ 价值高。作为一般等价物，金属货币具有较高的价值，便于人们携带与交易。

2. 票据阶段

生产力的发展催生了商业，跨地区、大规模的商业活动越来越多，而这对作为支付媒介的货币又有了新的要求：更易于携带，价值更高。于是，货币开始进入票据阶段。

（1）飞钱

唐宪宗时期，各地钱币缺乏，一度到了国家下令禁钱出境的地步。在这个背景下，国家最终决定，让商人将钱款交付各道的进奏院（相当于驻京办事处）、军队、使者或者各地设有分支机构的富商，同时获得凭证，他们回到当地后再取得款项。《新唐书·食货志》记载："时商贾至京师，委钱诸道进奏院及诸军、诸使富家，以轻装趋四方，合券乃取之，号'飞钱'。"

除了货币紧缺之外，还有安全的原因。商人走南闯北，携带大量金银非常不便，也不安全。为了降低风险，商人偏好这种方式：先到官号开具凭证，凭证上面记载着地点和钱款，开具之后带着凭证外出交易，持有凭证者可凭此去异地兑现款项。

这种凭证相当于今天的汇票，称为"飞钱"，亦称作"便换""便钱",如图 1-2 所示。

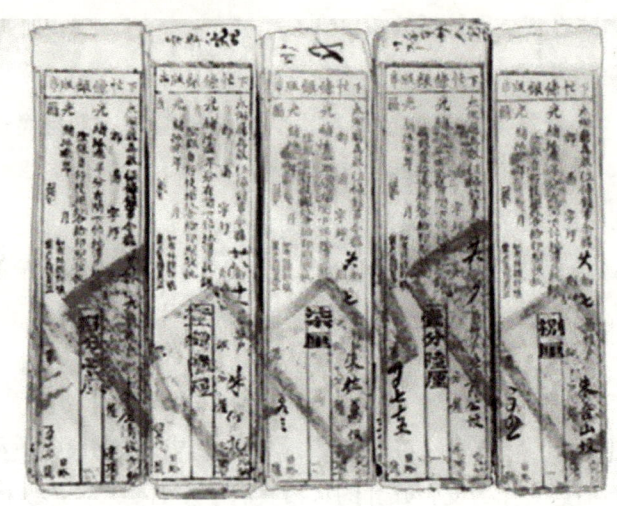

图 1-2　唐代"飞钱"

(2) 交子

交子发行于 1023 年,被认定为世界上发行最早的纸币,比北美 (1690 年)、英国 (1694 年)、法国 (1716 年) 的纸币发行早六七百年。交子诞生于北宋年间的四川地区,据史料记载,在四川俚语中,交子代表票据、凭证的意思。

新的支付方式从来都是伴随着社会发展与特定时代背景而出现的,交子也不例外,它是由当时社会状况的诸多元素共同催生的。

第一,造钱材料缺乏。北宋建国初期,金、银、铜都很缺乏,宋太祖下令回收四川的金银和铜钱,运往中央,货币制造采用铁钱代替,并禁止携带铜钱入川。同时,宋朝政府面对辽、夏、金战事,军费和赔款开支巨大,导致金属供应紧张,需要发行纸币来弥补财政赤字。

第二，铁钱廉价且沉重。当时文献记载"千文铁钱重逾25斤"，一千枚铁钱的重量，大钱25斤，中钱13斤。买一匹布需要两万枚铁钱，重量达到500斤，这是非人力能应付的重量，必须用车载。铁钱给人们的日常交易和生活带来了很大的不便。

第三，经济发达但交通不便。成都是经济重地，贸易繁荣，大量的交易需要更轻便的货币。更重要的是，"蜀道难，难于上青天"，人和商品进出已经十分艰难，因此货币一定要尽量轻便。

第四，北宋货币不统一，存在多个货币区且互不通用。北宋在行政区划上，在州、县基础上新增了路，且将路作为最高行政区域。当时有一部分路专用铜钱，一部分路专用铁钱，一部分路铜铁钱兼用，各个货币区还严禁货币外流。在这个背景下，使用交子可以防止铜铁钱外流。

交子产生后，与经济发展相互促进，使用越来越广泛。交子铺户各地均有分铺，随到随取，这让交子在民间有了很高的信誉。后来交子铺户在经营中发现，日常经营只会动用部分存款，于是开始印刷有统一面额和格式的交子，并将其作为一种新的流通手段在市场中使用。交子在这个时候已经逐渐具备了信用货币的特性，成了纸币的雏形，缺的只是一个官方的认证。

北宋景德年间（1004—1007），益州知州张咏对交子铺户进行整顿，剔除不法之徒，专由16户富商经营。至此交子的发行正式取得政府认可。宋仁宗天圣元年（1023年），政府在成都设益州交子务，并"置抄纸院，以革伪造之弊"，严格规定了印制过程。这便是我国最早由政府正式发行的纸币——官交子，伪造交子等同于伪造官方文书。

交子（见图 1-3）的出现，不仅便利了人民生活，促进了商业发展，还解决了现钱发展问题，是支付方式的一次飞跃。

图 1-3　北宋交子

（3）汇票

汇票（Draft）是出票人签发的，委托付款人在见票时或者在指定日期无条件支付确定的金额给收款人或者持票人的票据。

汇票是一种无条件支付的委托，由三方当事人构成：出票人、受票人、收款人/持票人。

- 出票人（Drawer）：开立票据并将其交付给他人的法人、其他组织或者个人。出票人对收款人及正当持票人承担票据在提示付款或承兑时必须付款或者承兑的保证责任。收款人及正当持票人一般是出口方，因为出口方在输出商品或劳务的同时或稍后，通常会向进口方发出付款要求，请求后者付款。

- 受票人（Drawee/Payer）：又叫"付款人"，指受出票人委托支付票据金额的人、接受支付命令的人。在进出口业务中，受票人通常为进口人或银行。在托收支付方式下，受票人一般为买方或债务人。在信用证支付方式下，受票人一般为开证行或其指定的银行。
- 收款人（Payee）：凭汇票向付款人请求支付票据金额的人。收款人是汇票的债权人，一般是卖方，是收钱的人。

现代金融基本上属于舶来品。我们看看12世纪的意大利。当时意大利贸易兴盛，作为贸易中心，这里聚集了不同地区、不同国家的货物和商人。多种货币在这里流通，使用起来常常会不方便，从而引起贸易不便。这时候，兑换商应运而生。兑换商按照市场形成的汇率进行不同货币之间的兑换。此外，兑换商还兼顾同种货币之间的汇兑生意。

12世纪中叶，意大利兑换商发行付款委托证书。兑换商向商人发行异地付款证书时，附带一种付款委托证书。持证人在请求付款时，必须同时向付款人提示两种证书，否则付款人不予付款。13世纪以后，付款委托证书逐渐独立发生付款证书的效力，始脱胎而成汇票，发展至今。

拿当时商人在米兰和罗马两地进行付款委托举例，流程如下：

1）商人在米兰把货币交给当地兑换商；
2）兑换商根据所收的货币出具兑换付款委托证书；

3）商人持付款委托证书在罗马兑换商处兑现货币，可以是原货币，也可以是当地货币。

这种付款凭证就是早期的汇票，有米兰当地兑换商作为出票人，有罗马兑换商作为受票人，有商人作为收款人。

作为新的支付工具，汇票极大促进了当时意大利的贸易发展，解决了人们携带货币和国际间换算货币的问题。

图 1-4 为美国旧金山市美国银行汇票。

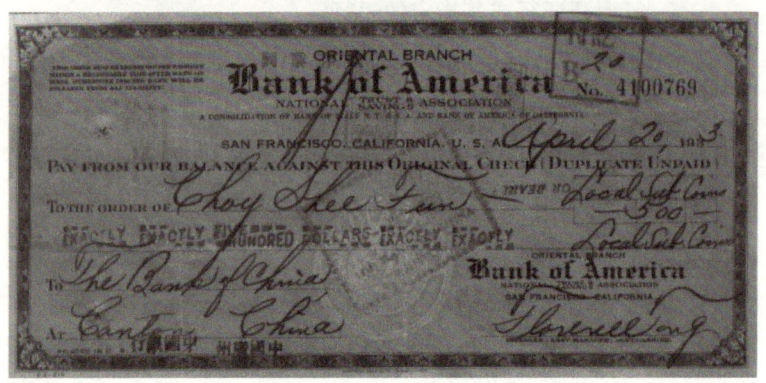

图 1-4　美国银行汇票

（4）本票

本票是指由出票人签发的，承诺自己在见票时无条件支付确定的金额给收款人或者持票人的票据。

还是以意大利为例，大约在中世纪，意大利出现了专门保管金银的钱庄或金匠。他们提供场地、设施、安保，发行票据，商人可以凭票随时兑现。

在这个过程中，钱庄也好，金匠也好，他们发行的票据相当于本票，用于见票时兑现。民国本票如图 1-5 所示。

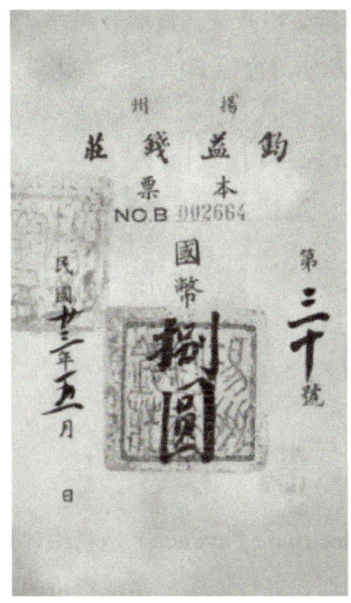

图 1-5　民国本票

（5）纸币

顾名思义，纸币是指纸制的货币，由国家银行或者政府委托的银行发行。

纸币的制作成本低，易于保管、携带和运输，且避免了铸币在流通中的磨损。瑞典银行 1661 年发行纸币，北美马萨诸塞殖民地 1690 年发行纸币，英格兰银行 1694 年发行银单，而我国的纸币有最早的交子、清朝的银票、民国的法币和现在的人民币。纸币是世界各国普遍使用的货币形式。

货币具有五种职能：价值尺度、流通手段、贮藏手段、支付手段和世界货币。价值尺度和流通手段是货币的基本职能。纸币不具备贮藏手段职能，但是具备支付手段职能。世界货币职能只有极少国家和组织的货币具备,目前有美元、日元、英镑、欧元和人民币。图1-6所示为面值20欧元的纸币。

图1-6　20欧元

(6) 电子支付

电子支付(Electronic Payment)是利用计算机和互联网通信技术,以电子报文形式进行传输,实现货币的信息流和资金流交割、转账、记账的一系列支付活动。电子支付是现代支付最典型的特征,是现代支付区别于古代、近代支付的关键所在。

正如前文所述,新的支付方式是伴随社会发展与其时代背景产生的。随着互联网技术的发展,人们不再满足于实物形式货币的支付,开始以电子形式货币作为支付手段。

电子支付发展至今,经历了以下阶段。

第一阶段:支付系统利用计算机技术进行同业之间的业务处理,比如银行同业结算。

第二阶段:支付系统与其他组织利用计算机技术进行业务处理,比如银行进行工资代发、汇款转账等。

第三阶段:支付系统利用网络终端向客户提供各项服务,如ATM存取款。

第四阶段：支付系统利用销售终端向客户提供联机扣款服务，如 POS 机刷卡。

第五阶段：基于因特网提供在线电子支付服务，实现在线支付、实时扣款，比如在线网银、账户支付。

电子支付相比于近代、古代支付，具有如下优点。

- 安全性高。电子支付采用电子报文传输并加以密钥验证，完成支付过程，具备很高的安全性。相比纸质的近代支付来说，电子支付更难伪造，不会出现纸币造假问题。
- 节省时间和空间。在线支付在几秒之内就能完成，近乎实时支付、实时到账。之前"一手交钱，一手交付"的面对面支付，在进行大宗交易时需要携带或搬运大量纸币或金属货币，而电子支付基于互联网技术实现了远程支付，打破了时间和空间的限制。
- 能实现可使用资金与总资产联动。近代、古代支付以纸币或金属货币作为支付工具，需要携带或搬运，由于很难随身携带全部资产，而资金携带和转移会占用很长一段时间，因此在总资产和可使用资金之间会有时间和空间距离。电子支付可以实现支付即到账，账户资产到账即可用，总资产和可用资产之间是联动的、实时的。

在现代支付体系里，电子支付由很多部分构成，包括支付服务组织、支付系统、支付工具、支付体系监管等，这些内容将在 1.3 节介绍。

1.2.4　支付演进概述

从物物交换到一般等价物，从飞钱到交子，从本票到汇票，从纸币到电子货币，社会生产力的发展，促进了支付工具的发展，而支付工具的发展又反作用于社会生产力。

几千年的支付史，开始的那一头是以物易物，现在的这一头是去中心化的虚拟货币。总结一下，支付货币的发展可以分为两个阶段。

第一阶段：货币的实物商品本位阶段。无论是最初羊换鸡的物物交换，还是以贝壳、金银充当一般等价物，抑或纸币与金银捆绑的汇兑本位制，本质上都是以实物作为一般等价物，充当商品，将交换物定量为某种价值或价格再进行交换的行为。直到世界经济发展到一定程度，黄金储备严重不足，美元实际贬值，布雷顿森林体系解体，黄金与美元脱钩，这一阶段才告结束，进入货币的第二阶段。

第二阶段：信用货币阶段。货币与实物商品完全脱离关系，货币由国家法律规定，强制流通，独立发挥货币职能。货币价值由各国财富实力、人民对央行的信心、利率水平等确定。这一阶段，货币的具体形态有纸币和电子货币，比如人民币和比特币。

为什么介绍支付的演进要说到货币呢？因为支付作为货币的一种职能，是依靠货币作为价值尺度来实现的。

支付的三个过程交易、清分、结算，可具象拆分为货币形态、交易方式、认证形式、交易终端、记账方式等，它们的演进见表1-1。

表 1-1 不同阶段支付演进

支付阶段	货币形态	交易方式	认证形式	交易终端	记账方式
货币实物商品本位阶段	非金银，一般等价物	线下交易	靠脸	面对面	无
	金银	线下交易	靠脸	面对面	无/手工
	纸币	线下交易	靠脸	面对面	无/手工
信用货币阶段	纸币	线下交易	靠脸	面对面	无/手工/电子票据记账
		汇款单/支票	电子密码/纸质凭证	银行柜台	手工/电子票据记账
	电子货币	二维码/NFC/转账	电子密码/生物认证	POS机/ATM/网关	电子流水账

支付发展到现在这个阶段，互联网支付已经成了各行各业的基础设施，几乎就像水、电、煤一样不可或缺。而互联网支付也已经大大拓展了自身的边界，从当初做中间收入，充当交易信息的中转站，到信息流、资金流逐渐增多，开始做大数据分析，做精准画像、精准营销和征信体系，再到后来希望资金落地、掌握用户入口、做账户体系；从网关支付走向账户支付，从卡基向账基跃进，再到围绕账户体系进行实名认证、场景建设、应用建设：这一路，支付的每一次拓展都改变了这个行业对支付的认知。

对于国家而言，通过支付交易信息，我们可以透视整个社会的经济发展状况，分析出支付所包含商品、用户、交易偏好、交易量与资金流向。支付体系已成为一国金融市场的核心技术设施，其安全性和效率不容小觑。现代支付体系应运而生。

1.3 中国现代支付体系

"所有的元素构成了一个无缝的整体。"

——西方谚语

现代支付体系的主要构成包括支付服务组织、支付系统、支付工具、支付体系监管四个部分。下面我们来了解一下中国人民银行支付结算司解释的这四者的意义与相互关系。

支付体系的四个组成部分是密不可分的有机整体。支付服务组织是支付工具和支付系统的提供者；各种支付工具的要素记载、操作流程和数据信息标准贯穿于支付系统处理全过程，其信息传输和资金结算需要得到支付系统的有效支撑；支付体系监管则是以支付服务组织为机构管理对象，以支付工具和支付系统为业务管理对象的，是支付体系正常运行的重要保障。中央银行通过推广使用支付工具和管理支付系统，发挥规范和维护全社会支付体系正常运行的职能作用。图1-7所示为中国现代支付体系。

1.3.1 支付服务组织

支付服务组织是提供支付服务的市场主体，是支付工具和支付系统的提供者，是为各金融业务提供清分和结算网络服务的支付清算组织。支付服务组织有中央银行、银行业金融机构、支付清算组织等。

中央银行作为金融中心机构，有很多职能。支付方面的职能具体体现在为银行间资金转移等支付业务提供服务，处理商业银行等金融机构之间的资金往来和债务关系，为其办理转账结算和清算服务，以及制定与支付业务相关的规章制度、维护支付结算秩序。

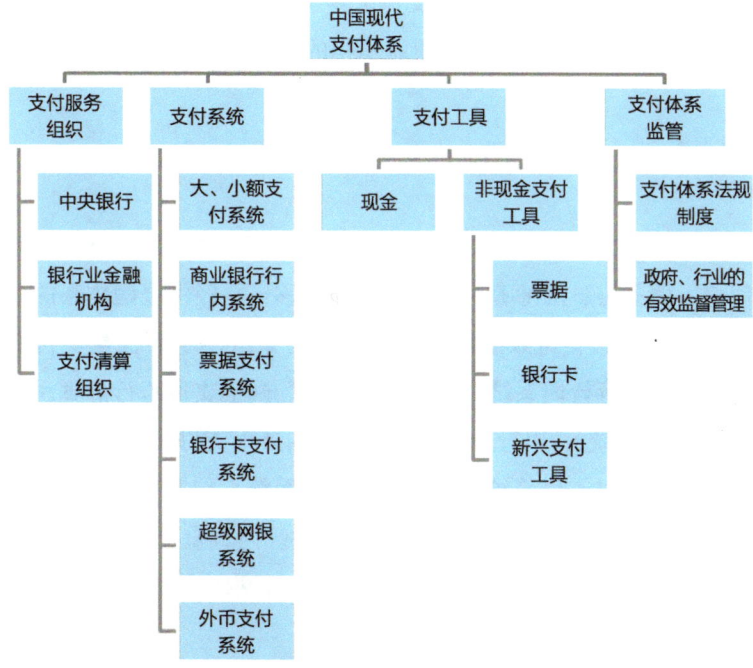

图 1-7　中国现代支付体系

银行业金融机构为支付系统和支付工具的参与者、提供者，也有很多职能，比如提供金融服务、调节经济、担当信用中介等。支付方面的职能主要体现在处理企业和个人在银行账户间的清分对账和资金转移，提供各类支付凭证，作为发卡行提供支付介质（如各类银行卡），提供各类支付工具及产品（如网银、ATM、POS 机等）。

支付清算组织为市场参与支付主体提供支付信息交换、数据清分和汇总等功能。比如银联，负责发卡机构和收单机构间的交易处理。

第三方支付作为非现金支付工具中的新兴支付工具，面向支付主体提供类似于支付清算组织承担的支付结算职能。

1.3.2 支付系统

支付系统支撑各种支付工具的要素记载、应用，实现资金、债权、债务信息的清算，完成资金的转移，是经济金融体系的重要基础设施。支付系统由大额实时支付系统、小额批量支付系统、商业银行行内系统、票据支付系统、网上支付跨行清算系统（超级网银系统）、银行卡支付系统和境内外币支付系统等组成。

大额实时支付系统、小额批量支付系统、网上支付跨行清算系统和境内外币支付系统是目前支付系统内最重要的四个系统，它们的上线运行标志着中国现代化支付清算网络体系的初步建成。

1. 大额实时支付系统

大额实时支付系统（High Value Payment System，HVPS），由中国人民银行设立，用于处理银行之间或者金融市场参与主体间较大金额贷记业务、紧急小额贷记支付业务、即时转账业务。作为我国现代化支付系统的重要应用，大额实时支付系统于2005年6月在全国推广使用。该系统连接境内办理人民币结算业务的中外资银行业金融机构，拥有1600多个直接参与机构、7万多个间接参与机构。根据2018年中国人民银行年报，大额实时支付系统日均处理业务超过 294 万笔，日均处理资金接近 12 万亿元。

下面通过几个问题来了解大额实时支付系统的一些基本特性。

1）大额实时支付系统是怎么构成的？

大额实时支付系统包括两级处理中心：国家处理中心（National Process Center，NPC）和城市处理中心（City Clearing Process Center，CCPC）。

2）接入对象有哪些？

大额实时支付系统接入方分为直接参与者、间接参与者和特许参与者。

- 直接参与者：仅限为在央行开设有清算账户的银行机构和中国人民银行地市级（含）以上中心支行（库）。
- 间接参与者：未在央行开设清算账户而委托直接参与者办理资金清算的银行和非银行金融机构以及中国人民银行县（市）支行（库）。
- 特许参与者：央行批准通过、可以接入大额实时支付系统业务的机构，比如支付清算组织银联。

3）处理的业务范围有哪些？

- 规定金额起点以上的跨行贷记支付业务，比如跨行转账；
- 规定金额起点以下的紧急跨行贷记支付业务，比如跨行转账；
- 商业银行行内需要通过大额实时支付系统处理的贷记支付业务，比如本行转账；
- 特许参与者发起的即时转账业务，比如国债结算公司发起的债券兑付；
- 城市商业银行银行汇票移存和兑付资金的汇划业务，比如汇票承兑；

- 中国人民银行会计营业部门、国库部门发起的贷记支付业务以及内部转账业务，比如再贴现资金处理；
- 中国人民银行规定的其他支付清算业务。

4）大额实时支付系统金额范围是什么？处理时间是什么时候？
- 处理单笔金额无明确要求，但一般大额比较划算；
- 2018年5月2日前，系统处理业务时间为工作日8:00-17:00；
- 2018年5月2日后，系统处理业务时间变更为前一自然日20:30至工作日17:15；
- 双休日或法定节假日前一工作日，增加12小时受理时间，即前一工作日20:30至双休日或法定节假日首日8:30。

5）收费方式、到账时间与结算金额。
- 按单笔收费；
- 逐笔实时发起，工作日营业时间内实时到账，基本实现资金零在途（非工作日营业时间无法实现实时到账）；
- 全额结算，手续费按月从结算户里另扣；
- 大小额系统共享同一清算账户。

大额实时支付系统在全国成功推广使用后，为银行业金融机构、企事业单位及金融市场提供安全高效的支付清算服务，是支持货币政策实施和维护金融稳定的重要金融基础设施。大额实时支付系统具有以下意义[⊖]。

1）实现了与各银行业金融机构行内支付系统、中央债券综合业务系统、银行卡支付系统、人民币同业拆借和外汇交易系统等多个系统以及香港、澳门人民币清算行的连接，为银行业金融机构及金融市场提供了安全高效的支付清算服务，支持香港、澳

⊖ 引自百度百科词条"大额实时支付系统"。

门人民币清算业务。

2）取代了全国电子联行系统，解决了"天上三秒，地下三天"资金汇划速度较慢的现状，在国民经济尤其是现代金融体系中发挥着巨大作用。在现代支付体系中，大额实时支付系统是金融基础设施的核心系统，是连接社会经济活动及其资金运行的"大动脉"和"金融高速公路"。

3）加速了社会资金周转，在保证货币政策传导畅通、加强各金融市场有机联系、促进金融市场发展、防范支付风险、维护金融稳定等方面发挥着重要作用。

4）为银行和广大企事业单位以及金融市场提供快速、高效、安全的支付清算平台，最大的特点是实时清算，实现了跨行资金清算的零在途。

2. 小额批量支付系统

由于系统设定且多笔交易等待打包批次需要时间，小额批量支付系统（Bulk Electronic Payment System，BEPS）相比大额实时支付系统具有一定延时性，主要用于处理金额较小和紧急程度较低的交易。小额批量支付系统和大额实时支付系统一起作为现代支付系统的重要应用，于2006年6月在全国推广运行。根据2018年中国人民银行年报，小额批量支付系统日均处理业务接近600万笔，日均处理资金超过973亿元。

下面通过几个问题来看看小额批量支付系统的一些基本特性。

1）小额批量支付系统是怎么构成的？

与大额实时支付系统使用同一处理中心，小额批量支付系统包括两级处理中心：国家处理中心和城市处理中心。

2）接入对象有哪些？

小额批量支付系统接入方分为直接参与者、间接参与者和特许参与者。

- 直接参与者：仅限为在央行开设有清算账户的银行机构和中国人民银行地市级（含）以上中心支行（库）。
- 间接参与者：未在央行开设清算账户而委托直接参与者办理资金清算的银行和非银行金融机构以及中国人民银行县（市）支行（库）。
- 特许参与者：央行批准通过、可以接入大额实时支付系统业务的机构，比如支付清算组织银联。

3）处理的业务范围有哪些？

- 贷记业务：付款行或付款人主动向收款行或收款人发起的付款业务。"贷"字是指资产的减少或者负债的增加。贷记业务包括以下三类。
  - 普通贷记业务，比如转账，从老王的工商银行账户转账到老李的农业银行账户。
  - 定期贷记业务，比如代付工资，每月定期付薪水给员工。
  - 实时贷记业务，比如银行存款，实时进账。
- 借记业务：收款行或收款人主动向付款行或付款人发起的扣款业务。"借"字是指资产的增加或者负债的减少。借记业务包括以下三类。
  - 普通借记业务，比如资金归集，老王的账户一有账款到账，就被划转到他妻子的农行账户。
  - 定期借记业务，比如代收保险费用，保险公司委托支付机构一年一次定期去老王的招行账户扣款。

- 实时借记业务，比如 ATM 取款，从账户存款里实时扣除取款金额。
❑ 中国人民银行规定的其他支付业务。

4）小额批量支付系统的金额范围是什么？处理时间是什么时候？

❑ 处理单笔金额要求在 100 万元人民币以下；
❑ 系统处理业务时间是 7×24 小时，业务处理时间为自然日，资金清算时间为工作日。

5）收费方式、到账时间与结算金额。

❑ 按组包包数和笔数以及流量收费：
  - 报文容量以内的支付业务，按包数和笔数收费；
  - 超过报文容量的支付业务，除了根据包数和笔数收费外，还需要对超过部分按流量收费。
❑ 实时发起，工作日处理到账。
❑ 净额结算，手续费直接扣除。
❑ 大小额系统共享同一清算账户。
❑ 清算账户，指直接接入银行机构在中国人民银行开立的、用于资金清算的人民币存款账户。

小额批量支付系统在全国成功推广使用后，成为大额实时支付系统建设运行后的又一重要应用系统，二者一起为银行业金融机构、企事业单位及金融市场提供安全高效的支付清算服务，是支持货币政策实施和维护金融稳定的重要金融基础设施。

3. 网上支付跨行清算系统

网上支付跨行清算系统（Internet Banking Payment System，

IBPS）又称超级网银系统，是中国人民银行推出的第二代支付系统核心业务子系统，具备跨行实时转账、跨行查询、跨行资金归集、统一数据格式等功能，于 2010 年 8 月 30 日正式上线。根据 2018 年中国人民银行年报，网上支付跨行清算系统日均处理业务超过 3314 万笔，日均处理资金超过 2439 亿元。

网上支付跨行清算系统最具突破性的特性在于以下两点：

- 支持第三方持牌公司接入系统，支持跨行转账查询及资金归集；
- 可 7×24 小时实时发起、实时到账（大小额系统在非工作日非营业时间均无法处理资金实时到账）。

下面通过几个问题来了解网上支付跨行清算系统的基本特性。

1）接入对象有哪些？

网上支付跨行清算系统接入方分为直接接入银行机构、直接接入非金融机构和代理接入银行机构。

- 直接接入银行机构：网上支付跨行清算系统连接并在中国人民银行开设清算账户，直接通过网上支付跨行清算系统办理业务的银行业金融机构。
- 直接接入非金融机构：网上支付跨行清算系统连接，直接通过网上支付跨行清算系统办理业务的非金融支付服务机构。
- 代理接入银行机构：委托直接接入银行机构通过网上支付跨行清算系统代为收发业务和清算资金的银行机构。

2）处理的业务范围有哪些？

- 网银贷记业务，比如在携程上购买机票，用工行卡支付费用；

- 网银借记业务，比如定期缴纳保险；
- 第三方贷记业务，这里是指第三方企业作为服务商，接受付款人或收款人的委托或指令，通知付款行向收款行发起付款的业务，比如购物、还信用卡贷记业务。
- 中国人民银行规定的其他支付业务。

3）网上支付跨行清算系统金额范围是什么？处理时间是什么时候？

- 处理单笔金额要求在 5 万元人民币以下；
- 系统处理业务时间是 7×24 小时，业务处理时间为自然日，资金清算时间为自然日。

4）收费方式、到账时间与结算金额。

- 目前免费，原则上要按笔收费；
- 逐笔实时发起，实时到账；
- 净额结算，手续费直接扣除；
- 与大小额系统共享同一清算账户。

目前，很多银行的网银转账，无论 App 还是网页端，都同时接入了大小额系统及网上支付跨行清算系统。我们根据各自特性，选择最优的支付通道，比如同样是转账 8 万元，可能有以下两种情形。

情形一：工作日工作时间内，最佳处理方式是直接发起一笔 8 万元的转账，实时到账。

情形二：非工作时间，比如晚上 10 点或者非工作日，最佳处理方式是分成两笔 4 万元转账，这样符合网上支付跨行清算系统单笔少于 5 万元的要求，可以实时发起，实时到账。

4. 境内外币支付系统

随着商品贸易和劳务服务的发展，国内对外币支付服务的需求日益旺盛，于是中国人民银行牵头建设了我国境内外币支付系统（Foreign Currency Payment System，FCPS）。境内外币支付系统是为中国境内银行业金融机构及外币清算机构提供境内外币支付服务的实时全额支付系统，并规定了代理结算银行和各自代理结算币种，于 2008 年在全国推广运行。根据 2018 年中国人民银行年报，境内外币支付系统日均处理业务约 6000 笔，日均处理资金超过 228 亿元。

下面通过几个问题来了解境内外币支付系统的基本特性。

1）接入对象有哪些？

境内外币支付系统接入方分为参与者、特许参与者、代理结算银行。

- 参与者：参加境内外币支付系统并在代理结算银行开设外币结算账户的银行。
- 特许参与者：参加境内外币支付系统但未在代理结算银行开设外币结算账户的外币清算机构。
- 代理结算银行：根据央行规定负责对外币清算结果进行结算的银行。

2）处理的业务范围有哪些？

- 支付类业务，比如付款业务。
- 信息类业务，比如查询不涉及资金的业务。

3）首批代理结算银行各自代理哪些币种？

首批代理结算的银行及其代理的币种见表 1-2。

表 1-2 首批代理结算银行及其代理的币种

代理银行	代理币种
工商银行	欧元（EUR）、日元（JPY）
中国银行	美元（USD）
建设银行	港币（HKD）
浦发银行	澳元（AUD）、加拿大元（CAD）、瑞士法郎（CHF）、英镑（GBP）

4）境内外币支付系统金额范围是什么？处理时间是什么时候？

❏ 处理单笔金额要求暂无明确规定；

❏ 系统处理业务时间是工作日 9:00 -17:00。

5）收费方式、到账时间与结算金额。

❏ 手续费由各代理银行报批后自行确定；

❏ 在工作日业务处理时间内，实时发起，实时到账；

❏ 全额结算，手续费另扣。

1.3.3 支付工具

支付工具是实现经济活动的交易方式，是资金转移的载体。所有的支付方式基本都围绕这三个出发点设计：方便、快捷、安全。

这些年，人们是这么买东西的：

20 世纪八九十年代，人们拿着"大团结"去买东西；

小时候不懂事，贪吃又没钱的时候，用人情记过账；

过了些年，在外上学，有了自己的银行卡；

为了贪便宜，凑折扣，办过王家会员卡、李家礼品卡；

时光飞逝，千禧年之后，有了卓越、贝塔斯曼，有了淘宝、京东，我们从去邮局汇款变成了开网盾、用网银支付，再后来可以用支付宝、微信支付；

后来参加工作，有了收入，也有了信用，一言一行都在自己的信用上加加减减，可以办信用卡，甚至还可以透支，先买后还……

这些年来，我们用过各种各样的支付方式：小时候用的是现金；记账用的是人情；上学用的是银行卡；凑折扣用的是预付卡；网购用的是汇票、是网银、是第三方；工作后用的是信用卡，是信用支付。我们用的这些都是支付工具。

现代支付中，支付工具总体上分为现金支付工具和非现金支付工具。

现金支付比较单一，现金如人民币、美元、日元等，是由国家以法律形式赋予其强制流通使用的货币。

非现金支付种类较多，有票据，比如汇票、本票、支票；有卡基支付，比如银行卡、预付卡；有网银支付，比如各类收银台；有账户支付，比如微信、支付宝等各类钱包账户；还有信用支付，比如日常生活里赊账之类。当然，分类还有很多其他维度，比如根据物理载体分为纸质的和电子的，根据发起方分为收款工具和出款工具，根据距离和介质分为非移动支付和移动支付，等等。

现在很多城市在向"无现金社会"发展，在这方面最重要、用得最多的是微信支付和支付宝的扫一扫、转账红包以及 Apple Pay 等近场支付。这些都属于移动支付的范畴，下面简单介绍下移动支付。

移动支付是指消费者通过移动终端发出数字化指令，为其消费的商品或服务进行账单支付的支付模式。移动支付结合了电子货币、身份验证、移动通信、移动终端等多种技术，充分将非接触式 IC 应用结合到移动终端，以卡、阅读器、点对点三种应用模式实现支付、行业应用、积分兑换、电子票务等多行业应用的服务产品。

广义上，移动支付所指的移动终端包括卡类支付、IVR 支付、手机支付、标签支付、票券支付等多种；狭义上，移动支付即手机支付。

图 1-8 为移动支付应用场景。

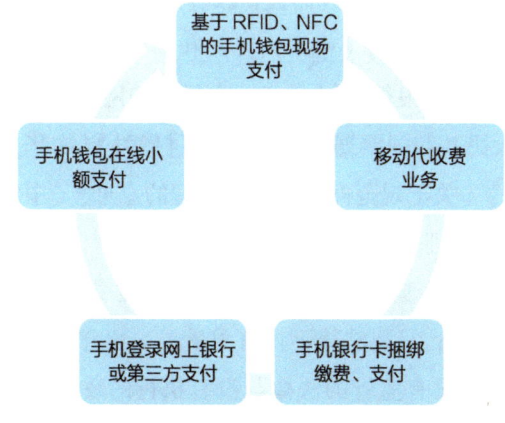

图 1-8　移动支付应用场景

支付工具都是随着人类社会的不断发展和科技水平的不断提高实现的，从一头牛到纸币，再到电子货币，从最早的一般等价物到现在的扫码支付，实现了携带方便；从以前称斤两、切银子到蘸着唾沫数钱，到"唰"的一声金额就一目了然，实现了使用快捷；从以前面对面支付到密码支付，再到指纹支付，实现了支付安全。支付安全除了工具和技术之外，还需要外部监管的约束。

1.3.4 支付体系监管

支付体系监管包括支付体系的法规制度和政府及行业的有效监督管理。

《商君书·定分》有云:"令者,民之命也,为治之本也。"支付法规制度是市场参与主体行为的依据,无论参与者是向上解读自我设限,还是向下解读寻求突破,都必须依据这些法律条文来规范行为。在支付领域有个时常被提起的词是"合规性",很多企业因为踩边界、不合规而被罚款、吊销支付牌照等。

我国的支付法律有《中华人民共和国中国人民银行法》《中华人民共和国商业银行法》《非银行支付机构网络支付业务管理方法》《中华人民共和国票据法》《电子支付指引》《中华人民共和国电子签名法》《关于规范商业预付卡管理的意见》《中华人民共和国人民币现金管理条例》等。

卢梭在《社会契约论》中说道:"一旦法律丧失了力量,一切就都告绝望了;只要法律不再有力量,一切合法的东西也都不会再有力量。"没有监管的法律与没有执行的政策一样,都没有力量。立法机构、管理机构和各行业协会就是这个市场监管的力量。立法机构制定相应的法律法规;管理机构制定市场标准,提供服务指导,进行纠纷处理,实施行为监管;参与企业在长期竞合中,形成一些行业协会,达成一些自律准则。

支付体系的四个组成部分是密不可分的有机整体,为经济健康发展奠定了基础。

1.4 支付架构

先有树木,再有森林。

随着支付业务的发展,需要处理的支付业务场景越来越多、交易量越来越大,逐渐衍生出各个支付模块,从而有了越来越丰富、越来越健壮的支付系统及架构。系统里的模块就像森林里的树木一样,树木多了,种类多了,自然就形成了一个生态丰富的"支付"森林。

这一节,我们一起看看一个支付系统是如何从简单到丰富地演进而来的。

在早期阶段,支付用来承接商户(包括内部和外部商户)交易,组织报文,上送给银行,进行交易,用来获得中间收入。

起初最简易的支付系统结构如图 1-9 所示。后来接入业务越来越多,支付逐渐演进,支付系统也越来越健壮。

图 1-9 简易支付系统结构

凡是用到支付的业务场景,我们称之为"支付场景",比如零售、用车、机票、酒店等。为了满足各行各业的支付需求,为了符合行业特性,更多支付工具和支付产品被开发出来,用于收单业务。

支付工具是进行货币债券转移的媒介。常见的支付工具有 API、SDK、移动端、二维码、电话语音支付(Interactive Voice Response,IVR)、POS(Point Of Sale)支付等。

支付产品是根据支付方向和一定特性所提供的服务。支付中常见的产品有代付产品、鉴权产品、主扫产品、被扫产品和收款产品。

支付系统开始有了更多的商户、更多的调用请求，有了很多新要求需要思考与处理。比如接入问题，接入的时候要考虑接入安全，拒绝恶意或者未授权的调用，做好准入控制；流量大了，请求多了，要进行分流与队列处理，以保证交易的高可用；逐渐就有了支付网关（网络的关隘），支付网关就像门卫一样对前端调用后端服务进行验证，进行流量控制、准入控制、安全控制等。

支付请求进来后，系统需要从支付成本、支付体验、支付风险、支付成功率等维度以及灾备处理方面进行综合考虑，以保证实现交易处理的最优解。比如，在接入多个支付通道后，要考虑该怎么分配流量请求，于是有了路由系统；当银行、卡组织或者第三方支付愿意贴补营销费用时，要考虑如何扣减和展示，于是有了营销系统；当一笔订单有多个商品或者多种支付方式时，要考虑对于组合订单或者组合支付如何分账，于是有了订单系统、分账系统；当用户的一些支付要素已经保存时，在保证安全的前提下，要考虑用户再次支付时如何进行反显或者省略输入以避免用户重复填写，进而提升转化率，于是有了常用卡系统。

考虑点与服务多了后，就有了统一的产品服务层。

商户和通道多了后，要考虑如何高效、及时、准确地处理对账问题。人力的增长赶不上业务的增长，系统从最初的手工拉取账单变成系统自动生成系统，从每月对账变成每日对账，开始有了各种各样的系统来处理账单，比如计费系统、对账系统、结算系统、会计系统、差错处理系统、清分系统、对账文件服务等。这些系统一起构成了清结算系统，于是有了清算核心层。

消息的推送与数据的统计和监控需要依赖各类服务来实现，如短信服务、通知服务、数据监控、数据统计，于是有了支撑服务。比如，为了方便一些业务查询与问题处理，如商户后台、报表后台、资金管理后台、业务运营和客服查询后台，于是有了内部运营后台；为了方便一些服务的基础信息配置，如联行号、地理信息、行业信息、支付品牌、支付方式等，于是有了基础信息服务。

支付系统逐渐从简单走向健壮，从一棵树发展成整片森林，演进成如图 1-10 所示的结构，其中涉及的主要模块会在后续章节具体介绍。

图 1-10　支付架构

1.5　支付基础名词

"万丈高楼平地起。"

——谚语

支付系统之间的处理机制犹如做菜流程，各个模块服务犹如菜谱，而这些支付名词的含义犹如菜性，细小而重要，知道了菜性才能知道如何做出不同的大餐，知道了支付名词才能设计出各种各样的支付系统。这些名词是进入支付领域必知必会的，要认真理解其中的每一个。

T+1：T 是交易（Trade）的意思。交易日通常都是工作日，因此 T+1 一般用于指工作日，比如股市 T 日交易，T+1 资金交割。在支付里，需要确定结算是 T+1 日结算还是 D+1 日结算，如果是 T+1 日结算，一般星期五发生的交易，需要到下周一结算到账。

D+1：D 是日（Day）的意思。D+1 指自然日，比如一个月 30 天，那么就是 30 个自然日。在支付里，如果是 D+1 日结算，一般星期五发生的交易，星期六会结算到账。

全额结算（Gross Settlement）：对交易的已收资金进行全数结算、划拨，不扣除费用。比如老王托老李帮忙卖东西，老李卖了 100 元，给了老王 100 元，这就是全额结算。至于老王要不要请老李吃饭，那是后话。

净额结算（Net Settlement）：对交易的已收资金先扣除手续费再进行结算、划拨；或者双方互有买卖，先对各自应收应付资金进行抵扣再进行结算。比如老王托老李帮忙卖东西，事先约好辛苦费 10 元钱，老李卖了 100 元，扣除辛苦费，给了老王 90 元，这就是净额结算。又或者老王卖给老李 100 元东西，老李卖给老王 90 元的东西，两人算了算，互相冲抵，老李给老王 10 元钱就好了，这是第二种情况。

日切：日切两个字拆开就是日子和切换，所以日切就是指上一个工作日结束的时间点。比如我们说日切时间是每天 24 点，一般不特别说明，下一工作日就是次日 0 点之后。交易的数据、给出的对账单数据等是以 0 点至 24 点为一个统计日的，0 点以后的交易对账单就要到下一个工作日才会给出。0 点比较好理解，举个非 0 点的例子，日切时间是 16 点，比如 14 日 15 点的交易，15 日会给出数据；14 日 17 点的数据，因为过了当日的日切时间，就要到 16 日才会给出数据。就跟老王开店一样，开的是个 24 小时营业的便利店，22 点统计好当日流水，那么日切时间就是 22 点，23 点的数据就要到次日再统计了。

头寸：头寸看起来很深奥，其实就是指款项的意思。头寸的英文是 Position，资产负债表的英文是 Statement of Financial Position。"头寸"这个词并非直接从英文翻译而来，而是个地地道道的"土特产"，关于其来历，有一个说法是这样的。

清末民初，中国的流通货币是银圆，民间俗称"袁大头"（见图 1-11）。中国人收钱、攒钱、付钱，都喜欢 10 或 5，所以一般以 10 个银圆为一摞，包好收藏；又或者买东西时，摞好 10 个，以此作为参照，摞好其他的银圆付钱。一寸是 3.33 厘米，10 个袁大头的高度大概为一寸，因此叫作头寸。

图 1-11　袁大头

头寸松与头寸紧：头寸是款项的意思，也就是钱的意思。头寸松也叫多头寸，就是钱松、钱多的意思，代表资金的需求量小于闲置量。头寸紧也叫缺头寸，就是钱紧、钱少的意思，代表资金的需求量大于闲置量。二者就像我们平时常说的手头松、手头紧一样，如图 1-12 所示。

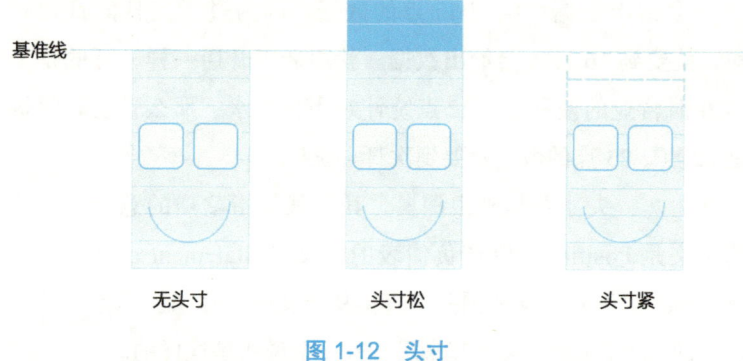

图 1-12　头寸

轧头寸：预测头寸的宽松还是紧缺的行为叫作"轧头寸"。就跟每天做生意一样，需要收银柜台准备零钱，太多太少都不合适，需要根据以前的经验推断应该准备多少。

调拨头寸：调拨款项。商业在于互通有无，钱上也是，多了的钱调到钱少的地方，毕竟轧头寸只是估算而已。就像生活里买东西，柜台没零钱，会临时向旁边柜台借一下。

轧差：互相抵消债权和债务后的净金额，叫作轧差。就像老王和老李之间做生意，老王卖了老李 6000 元钱的货，老李卖了老王 5000 元钱的货，两人一算，6000 减去 5000 等于 1000，老李直接给老王 1000 元就行。

借记：借记业务是收款行或者收款人主动向付款行或者付款人发起的扣款业务。"借"字是指资产的增加或者负债的减少，最常见的借记应用服务是借记卡，也就是储蓄卡。平时我们用储蓄卡时，不能透支，只要卡上有钱，就是资产，所以也将它叫作借记卡。比如你在银行储蓄，或者工资到账，对于个人来说，银行的资产多了，都是借记业务。

会计科目里面，对于个人来说，会形成这样一条会计记录：

借，银行存款；贷，现金。

贷记：贷记业务是付款行或者付款人主动向收款行或者收款人发起的付款业务。"贷"字是指资产的减少或者负债的增加，最常见的贷记应用服务是贷记卡，也就是信用卡。平时我们用信用卡时，额度减少，负债增加了，所以信用卡也被叫作贷记卡。比如你从银行转账到别的银行，或者从企业账户代付工资到各个员工账户，对于付款行来说，银行的资产都减少了，都是贷记业务。

准贷记卡：一种中国特色的信用卡，字面意思可以理解为类信用卡、非标准信用卡，也具备透支的功能。刚引进信用卡业务时，考虑到国情，国家发行了这样一款产品，目前它正在逐步退出历史舞台。普通贷记卡（也就是信用卡）至少有以下几个特点：一是可以透支，二是透支有一定免息期，三是预存款无利息。而准贷记卡的特点为：存款有利息，透支大多数无免息。

圈存：圈起来、存进去，就是圈存。圈存是指从资产账户（如银行卡）中把一定的资产（如现金）取出来（圈起来），存入指定的账户（存进去）。常用的有交通卡充值，比如从钱包中将200元钱取出来（圈起来）存入指定的交通卡里。

收单：提供商户受理终端受理用户各类支付工具并完成资金结算的服务，比如在线支付、二维码扫码、线下刷卡。常见的工具有POS机收单、二维码扫码枪等。

收单机构：提供收单服务的组织，可以是银行也可以是第三方机构，收单机构需要获得"银行卡收单"牌照。《银行卡收单业务管理办法》对收单机构的解释是：包括从事银行卡收单业务的银行业金融机构，获得银行卡收单业务许可、为实体特约商户提供银行卡受理并完成资金结算服务的支付机构，以及获得网络支付业务许可、为网络特约商户提供银行卡受理并完成资金结算服务的支付机构。最早常称为"收单行"，因为最早的参与组织一般是银行，后来一些三方组织或者公司比如银联、杉德等也参与其中，大家逐渐称之为"收单机构"。

拒绝交易（charge back）：持卡人收到账单一定时间内，出于某种原因，向银行申请拒付账单上某笔交易的行为。

持卡人拒付时，银行会通过收单方联系商户确认交易情况。如果同意，则款项会退回给持卡人；如果不同意，则会进入调单流程。

常见拒付的原因见表1-3。

表1-3 常见拒付原因

拒付类型	拒付原因	说明
盗卡类	未经授权的信用卡使用	持卡人信用卡被盗用或受欺骗使用
货物类	未收到货物	持卡人没有收到货物
	货不对板	持卡人收到的货物与卖家商品不一致
	未收到退款	交易取消或部分取消，持卡人未收到退款
其他	重复扣款	持卡人为同一订单支付了两次款项
	金额不符	持卡人实际付款金额与产品标记金额不一致
	恶意退款	持卡人主观对真实有效交易进行恶意拒付

调单:"调"是调取,"单"是单据。调单是一种对争议交易的处理方式,持卡人对自己的银行卡交易有疑问,进行质疑或者否认交易,联系发卡行,发卡行会对收单方发起调单,调取原始交易信息,包括卡信息、交易内容等,进而还原持卡人质疑交易的当时场景,并认定和划分责任。

调单流程如图 1-13 所示。

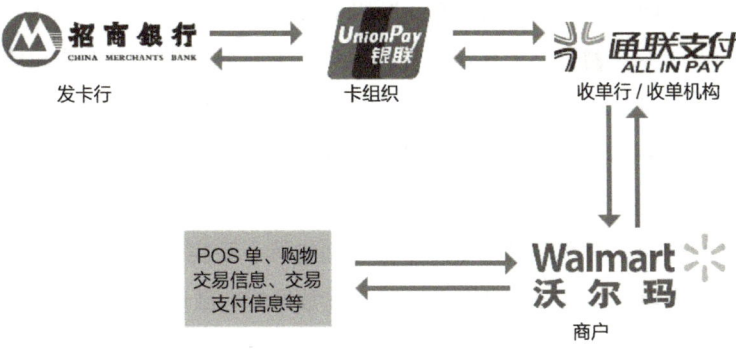

图 1-13 调单流程图

掉单:受网络、系统等不确定因素的影响,支付服务方未把支付结果信息返回给下单发起方。

冲正:一笔交易在终端已经置为成功标志,但是发送到主机的账务交易包没有得到响应,即终端交易超时。这时由于不确定该笔交易是否在主机端也成功完成,为了确保用户的利益,终端重新向主机发送请求,请求取消该笔交易的流水。如果主机端已经交易成功,则回滚交易;否则不处理,然后将处理结果返回给终端。

补偿机制:交易无结果,没有明确返回响应时,通过查询、冲正、退货等措施明确交易结果,以及对明确结果的处理机制。

本代本：本行受理本行卡业务。比如从工商银行转账到工商银行，本行转账就是本代本。

本代他：本行受理他行卡业务。比如从工商银行转账到农业银行，跨行转账就是本代他。

IVR 支付：IVR（Interactive Voice Response，互动式语音应答）支付是电话支付。在互联网支付出现之前，很多人选择电话支付，即根据提示输入卡号、密码信息，完成支付。

卡基支付：以卡片作为支付工具，通过各种媒介提供并验证卡信息进行支付的行为。资产存储在卡里，卡基的核心是卡号，媒介有 POS 机、闪付、电话支付、无磁无密等。

账基支付：以账户作为支付工具提供并验证账户信息进行支付的行为。资产存储在账户里，账基的核心是实名认证，账户可以有余额，可以绑定多张银行卡，最常见的有微信、支付宝。

第 2 章 CHAPTER

支付通道

2.1 楔子：老王的顾客与供货商

老王有个杂货店，起初只是经营食品、饮料、玩具，做的都是些大众品牌。老王原本以为自己的商品挺全的，但经营一段时间后发现，他的商品并不能满足所有客户的需求。

下面是老王的小本本上记录的几个客户问题。

- ❏ **种类不满足**。有些客户要买小家电甚至大家电，老王杂货店里经营的品类只有食品、饮料、玩具，没法满足这些客户的需求。

- **品牌不满足。** 有些客户希望购买中萃方便面、白象方便面，老王的杂货店里只有康师傅和统一，没有其他牌子。
- **型号不满足。** 有些客户要买康师傅卤肉面，老王的杂货店只有康师傅红烧牛肉面，甚至老王的供应商李三都没有这个口味的面，但是隔壁村的赵四有。
- **产地不满足。** 有的客户想买国外的产品，甚至还点名要国外的某某产品，比如小老板的海苔。老王的店里都是本土货，满足不了这些需求。

随着业务的发展，老王自己也有些新问题、新要求。

- **付款能力的要求。** 老王有很多企业客户，不管是老王和客户之间，还是老王和供应商之间，一般都是后付月结。以前到了时间点，老王就得挨个给供应商打款，但现在商品种类越来越多，供应商越来越多，老王希望能够给每个供应商发张卡，他往卡里充钱，到期了供应商自动扣钱就行，给自己减少点负担。
- **供应商服务标准的要求。** 随着生意越做越大，老王对供应商的要求也越来越多。有时候要货要得急，有时候要的货量大，有时候要货的账期长，有时候要货便宜，有时候甚至还要供应商承担售后，对坏的、有问题的货包碎包退，反正最好供应商供货稳定、货源充足、货价便宜、送货快、账期长。

老王的故事其实类似于本章要讲的支付通道的故事。我们看看将老王所遇到的问题与要求对应到支付中是怎么样的。

（1）种类不满足对应支付方式不满足

支付方式有信用卡支付、借记卡支付、网银支付、账户支付等，这些方式可以归为两类：卡基和账基。卡基是直接输入卡号、有效期等卡要素进行支付的方式，比如信用卡支付、借记卡支付等。卡基是支付最初的形态，无论是早期线下刷卡还是网银都属于卡基。账基是以账户为基础的支付方式，一个账户可以绑定多张卡。微信支付、支付宝都属于账基。

如果一个商户一直沿用原有的收银台或者 POS 机，只支持卡基，不支持微信支付、支付宝，那么他就会越来越落后，甚至极端情况下，他可能无法收款，生意难以开展，毕竟现在用现金支付的人已经成为小众了。就跟老王一样，早期卖食品、饮料可以，而现在客户有更高的要求，他必须拓宽品类。

（2）品牌不满足对应支付品牌不满足

同一种支付方式可以有多个支付品牌，比如信用卡支付可以用中国工商银行信用卡、中国农业银行信用卡，第三方支付或账户支付有微信支付、支付宝、京东等各类钱包支付。

支付品牌从主流的到小众的、从全国的到地方的都有，一个平台丰富支付品牌的过程就是健壮自己的支付能力的过程。要先支持交易量大的银行，比如全国十几家股份制银行，再支持交易量小的银行，比如各地城商行；先接入第三方（如连连支付等），迅速支持尽可能多的支付品牌，再与各家银行建立直连。这就和老王的杂货店一样：先做大家耳熟能详的品牌，再根据自身情况做一些小众品牌；先找比较大的批发商迅速补齐和丰富品类，再想办法直接联系厂家，降低进货成本。

（3）型号不满足对应卡 BIN 不满足

每一张银行卡都有一个卡号，每个卡号都含有发卡行标识代码（Bank Identification Number，BIN），也就是我们俗称的卡BIN，一般由6位数字组成。（2014年年底，国际标准组织将BIN由6位数字调整到8位数字。）比如某卡号前6位是621485，这就是卡BIN，是招商银行借记卡的卡BIN。

对于招商银行信用卡这样的支付品牌，根据合作渠道、发卡组织、发卡种类等的不同会有不同的卡BIN，而一个支付通道往往会由于没有处理权限或未及时更新等，不能覆盖全部的卡BIN。

遇到上述问题，要么提示用户不支持，要么通过找别的支付通道健壮自己的支付处理能力进行支持。就像老王的杂货店一样，客户要康师傅卤肉面，老王没有，老王的供应商李三也没有，这时老王可以告诉用户自己没有这种面，但为了做成生意，老王必须找隔壁村的赵四进这个口味的面。

（4）产地不满足对应内外卡通道不满足

同一家银行发行的卡有内外卡之分，简单来说，国内发行的卡叫作内卡，国外发行的卡，无论是国内银行发行的还是国外银行发行的，都叫作外卡。

要用国外卡在国内支付，或者用国内卡在国外支付，就需要国际支付通道进行收单，否则就可能无法支付。就像同样是百事可乐，客户要的是海外进口商品蓝色网红版，但老王给一瓶国内生产的黑色百事可乐，客户肯定不要，这生意就没法成交。

（5）支付能力的要求对应付款能力的要求

同一张卡有多种支付能力。支付能力既包括交易类型，比如同样一张卡有消费、预授权、代扣、代付、鉴权等不同的交易能力，又包括产品特性，比如有的卡不需要CVV，不需要银行发短信验证码，可以免密或免Token进行支付，有的则不能免密。此外，支付能力也包括交易币种，对于同样一张银行卡，有人要用人民币交易，有人要用美元交易，比如在中国用人民币作为交易币种，在美国旅游或"海淘"时用美元作为交易币种，不同的人在不同时间、地点对交易币种的要求不同。

对于同一张卡，不同的生活场景里我们会用到它的不同能力。各类实名制要认证或绑定银行卡时，用的是鉴权能力；住酒店时先预付并冻结银行卡金额，用的就是预授权或者扣款+退款能力；打完车平台自动扣款，用的就是快捷支付能力；每年到时间了自动划扣保险费用，用的就是代扣或快捷支付能力；公司每个月发放工资，用的就是银行的批量代付能力；等等。

同一张卡在不同场景里应用不同支付能力，这样的案例还有很多。就像老王开店要向供应商打款一样，从主动支付到自动扣钱用的是同一张卡，但是用到的卡能力不一样。

（6）支付通道能力的要求对应衡量供应商服务标准的要求

衡量一个支付通道处理能力的因素有很多，比如单单一家银行就有各类借贷记卡、各类卡等级、各类交易类型，而且即使这些属性都一样，不同的支付通道对于它们的处理能力也是不一样的。

比如额度方面，有的支持大额交易，可以到单笔10万元、20万元，有的只能到1万元；限额方面，有的无论单笔、单日还是单月都不限额，有的就要限制单笔5000元、单日10000元；结算时效方面，有的是实时结算，有的要D+1（自然日第二天）结算，有的则要T+1（工作日第二天）结算；风险拒付率方面，有的对于客户拒付风险交易认定是不赔偿的，有的则是包赔的；费率方面，有的按笔收费，有的按百分比收费，有的是阶梯收费，有的是固定费率；还有接入方式是专线还是公网等安全性问题。

以上内容就和老王做生意一样，每家供应商都有自己的强项或者优势。老王要考虑的是如何结合自身实际情况，充分利用供应商的特性，把这些作为衡量供应商质量的标准：额度的要求对应老王对供货量的要求；结算时效的要求对应老王对账期的要求；风险拒付率的要求对应老王对破损、变质商品包退包换的要求；费率的要求对应老王对供应商批发价的要求；专线还是公网对应老王有没有供应商绿色通道。不同的通道特性在不同场景的最优标准是不一样的，因此老王需要从不同维度考量不同的供应商，实现他的最优解。

　　老王与客户、供应商的故事讲完了，接下来我们说说支付通道的那些事。

2.2　支付通道结构

　　老子说："九层之台，起于累土。"通道在支付里的重要性，就相当于做菜的原材料、搭房子的基石。如果没有通道，再好的支付系统也是屠龙之术，无法应用；如果不了解通道，再好的支付产品也是两眼瞎，给不出好的解决方案。

　　平时大家在微信、支付宝和各类电商网站上进行购物支付时，看到的基本是图 2-1 的这个界面。

　　在图 2-1 中，看得到的银行和看不到的通道构成了支付通道结构（见图 2-2），这个结构包括支付方式、支付品牌、支付通道和支付产品。下面来一一介绍。

第 2 章 支付通道

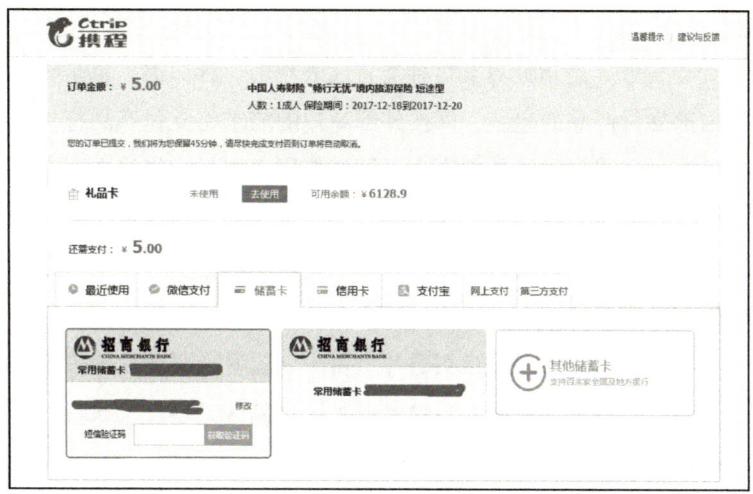

图 2-1 携程 PC 端收银台界面

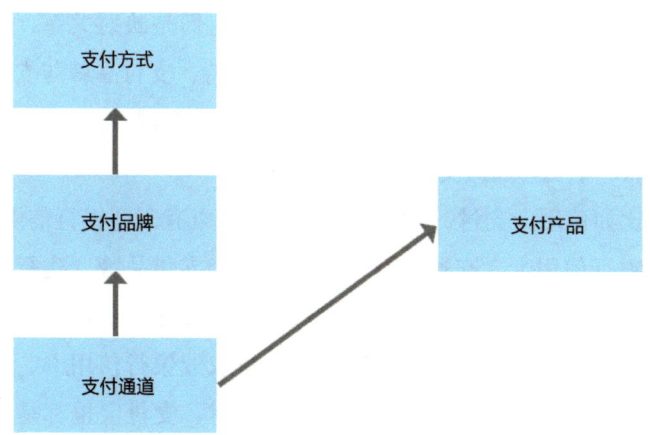

图 2-2 支付通道结构

（1）支付方式

支付方式是指针对支付种类特性表现的一种归类，也是对自身内部支付产品的包装，即按外部商户的需求将支付产品打包成一种支付方式提供给外部商户。例如信用卡支付，作为内部支付产品，可以划分成信用卡 MOTO、信用卡快捷、信用卡代扣。常见的支付方式有信用卡支付、储蓄卡支付、网银支付、第三方支付等。

举个例子，你去超市买薯片、可乐、脸盆，买薯片得去零食区，买可乐得去饮料区，买脸盆得去日用品区，零食、饮料、日用品这些类别就相当于支付方式。

（2）支付品牌

支付品牌是指支付方式下的具体银行品牌或第三方支付品牌。支付方式下可以有多个支付品牌，它们是映射关系，如图 2-2 所示的那样。支付品牌由支付通道支持，支付品牌与支付通道是多对多的关系，既可以多个支付通道支持同一个支付品牌，也可以一个支付通道支持多个支付品牌。

比如信用卡支付，这样的支付方式可以有工商银行信用卡、建设银行信用卡、交通银行信用卡等多个支付品牌。建行直联通道、银联通道这两个支付通道都支持建设银行信用卡；银联通道除了支持建设银行信用卡，还支持农业银行信用卡、民生银行信用卡等支付品牌。常见的微信支付、支付宝也都是支付品牌。

举个例子，就像去超市买东西的时候，方便面有康师傅、统一、日清等品牌，这些品牌就相当于支付里的工行、农行等支付品牌。

（3）支付通道

支付通道是指支付品牌背后提供支付受理能力的具体提供方，比如工行直连通道、银联通道、连连支付等。

举个例子，你去超市买东西的时候看到的康师傅方便面是品牌，至于是江西的供货商还是江苏的供货商你并不知道，但商家知道，那些供应商就如同支付里的通道。

对于支付通道，物理链路不可拆分的，称为物理通道；物理链路可以按照接入渠道、接入商户、不同品牌、实际用途、价格等因素拆分成不同配置规则的，称为逻辑通道。

（4）支付产品

支付产品是指把通道根据不同特性与维度（比如渠道、功能、价格等）归类并包装成具有一定特性的商户产品，如信用卡快捷产品、信用卡 MOTO 产品、鉴权产品等。

要特别注意支付方式与支付产品的区别，比如信用卡支付这样的支付方式，由于通道特性不一样，有了信用卡非免密支付产品和信用卡免密支付产品，两者虽然支持的支付方式都是信用卡，但却是两个不同的支付产品。

支付方式包含支付品牌，支付品牌由支付通道支持，支付通道是颗粒度最细的维度，它根据特性又被包装成不同的支付产品（见图 2-3）。

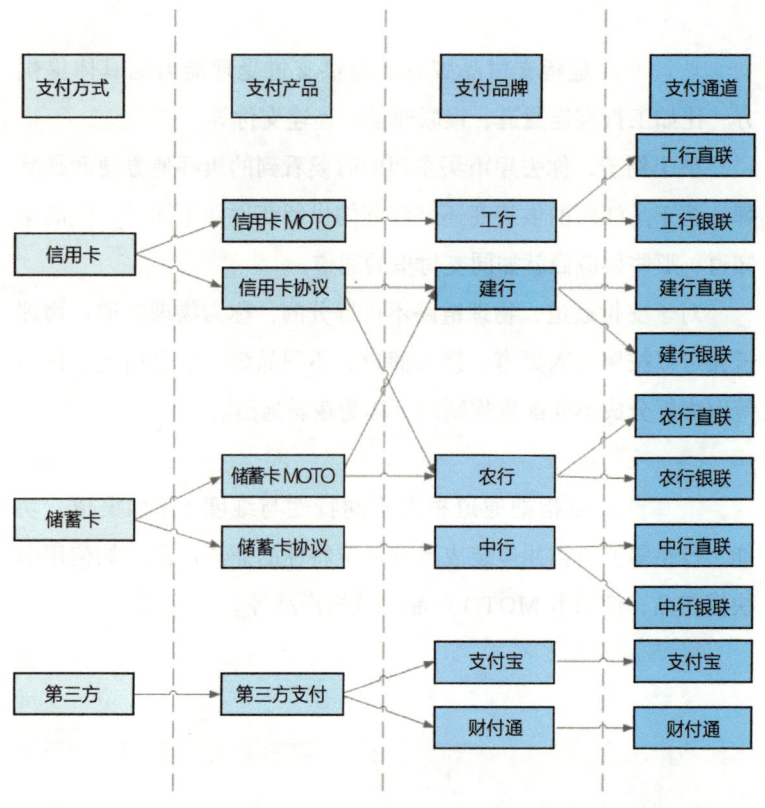

图 2-3 支付方式—品牌—通道—产品结构图

2.3 支付通道分类

"和不同特性的通道相处这件事,就像从出差住酒店到买房住自己家的过程一样。"

——王小憨

在介绍通道之前，我们先来分析一下出差住酒店和买房。

出差的时候住酒店，需要出示证件，前台确认了才可以入住；下次再来的时候，还是要走一遍这个流程，总之不管去过多少次，都要出示证件、登记入住、退房。我们与酒店只是一次性的契约关系。

而买房兹事体大，政府得先看你是否符合购房条件、审核各种材料、看看有没有缴税、有没有缴纳房屋维修基金等，全部都确认没问题了，才给你房本。而一旦领了房本，拿了钥匙，只要不卖房，这房你随便住。我们与房子是长期契约关系。

上面说的其实就类似于支付里快捷与非快捷、客户被动支付与主动支付的关系。

2.3.1 快捷与非快捷

常见的支付通道分类是快捷类通道与非快捷类通道。为了好理解和严谨起见，我们用无磁有密类通道来代表非快捷类，来看看这两类通道各自的支付流程是怎样的。

1. 无磁有密类支付流程

采用无磁有密类进行支付时，可以直接支付，无签约鉴权流程。具体支付流程如下。

1）收集卡信息，比如卡号、姓名、证件类型、证件号、手机号、短信验证码、密码等，并将这些信息提交给支付通道。如果是信用卡，还可能会验证有效期、CVV。

2）通道验证信息是否正确后，返回扣款结果。如果客户提交信息验证正确，则扣款成功（不考虑其他报错）；如果信息不正确，则扣款失败。验证信息不正确的原因有很多，比如卡号不对、姓名不对、证件过了有效期、证件号码不对、手机号不对、短信验证码不对或者失效、密码不对等情况。

3）客户再次支付时，还是需要完整提供通道所需的卡信息。

注意：银行出于对客户银行卡密码的保护，除了银行自身体系或App，并不会让商家或支付平台处理和接受客户银行卡密码，因此现在很少用无磁有密类，几乎都是无磁无密类。快捷类通道不需要用到密码和磁条信息，严格来说，也算无磁无密类，所以拿无磁有密类与快捷对比更好理解，也更为严谨。

2. 快捷类支付流程

快捷类支付需要先签约再支付，具体流程如下。

1）签约流程：签约要求先验证卡信息，比如卡号、姓名、证件类型、证件号、手机号、短信验证码等。如果是信用卡，还可能会验证有效期、CVV。

2）通道验证信息正确后，生成协议号或者 Token 并反馈给商户。

3）支付流程：商户发起交易并使用协议号或者 Token 直接扣款。

4）通道将支付结果返回给商户。

5）客户再次支付时，商户或者平台只凭协议号或者 Token 就可以扣款，客户不需要参与。

对比两类通道的支付处理流程，我们可以发现它们有很多差异，很像生活里出差住酒店与买房住自己家。

- ❑ 环节不同。非快捷类只有支付这一个流程；快捷类支付需要先签约再用协议号支付，有两个流程。非快捷类流程就像在外出差住酒店，核实身份证就好，简单、不麻烦，但每次入住的时候都得要。快捷支付流程就像买房一样，必须先签约再支付，签约成功，凭借 Token 或者协议号再进行支付。买房必须提交各种材料，验证符不符合买房资格，符合才能拿房本，而交了房拿到钥匙，回家就再也不需要任何证明了，有钥匙就能开门。
- ❑ 要素数量不同。如果遇到具体的通道，查看要素会发现，快捷类支付几乎需要全部要素，非快捷类支付需要的要素往往很少，比如卡号、有效期就行，很少有要全要素的。还是拿出差住酒店和买房举例，出差住酒店，提供身份证就行，但是每次都要提供；非快捷类需要提供的信息也很少，但每次支付都要提供。买房就不一样，得提供各种材料、缴纳税和维修基金，所有条件都具备了才能领本拿钥匙，有了钥匙就可以随时进家门；对于快捷类支付，签约的时候往往要的是全信息，一旦验证通过，以后就拿协议号支付就行。

由以上对最常用的快捷类支付和非快捷类支付的介绍可知，支付产品之间的特性差异是巨大的。接下来，我们看看通道的其他分类方式。

2.3.2 支付通道维度归类

按照用途、支持对象、支持形式、支持发卡行地区，可以将

| 支付方法论 |

支付通道进行如图 2-4 所示的分类。下面来一一介绍。

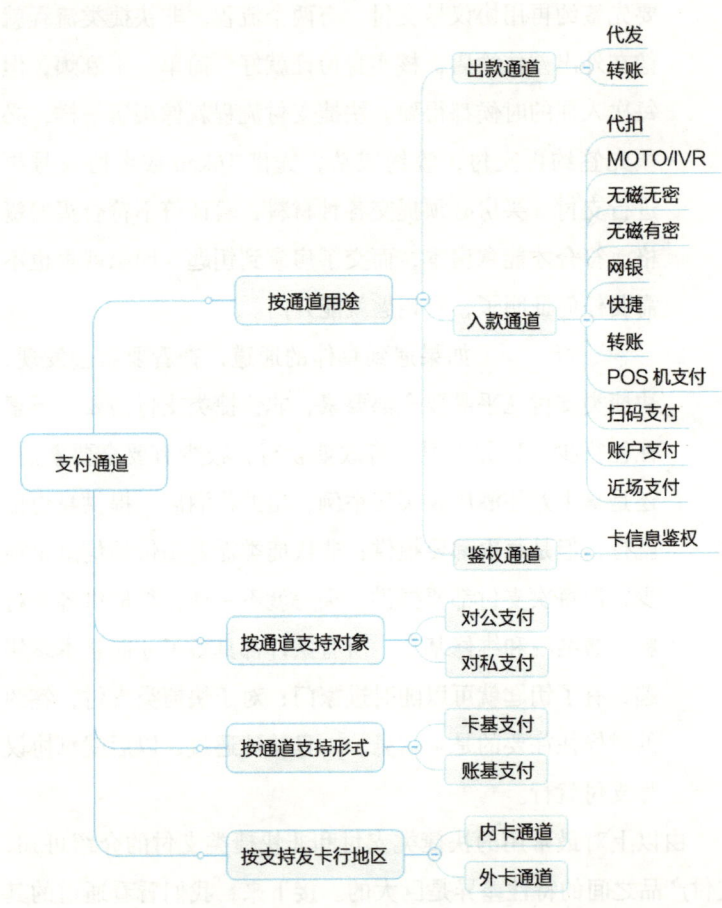

图 2-4　通道分类

1. 按用途分类

根据用途,支付通道可以分为出款通道、入款通道和鉴权通道。

❑ 出款通道:出款就是出钱,能够实现资产所有人支付款项给他人的通道。出款通道有代发（代付）类、转账类，主要应用于提现、发工资、退款等场景。
- 入款通道：入款就是收钱，能够实现他人把钱付给资产所有人的通道。入款通道有很多类型和形态，如代扣、MOTO、无磁无密、网银、快捷、转账、POS机支付、扫码支付、账户支付、近场支付（各类名词解释见1.5节）。其应用场景很多，网上支付、扣款、信用卡代扣、水电煤代缴等都是。
- 鉴权通道：与支付无关，只验证信息是否正确的通道。卡信息验证、身份信息认证、OCR验证，比如账户的实名认证、银行卡的绑定等场景都需要用到鉴权通道。

2. 按对象分类

根据支持对象，支付通道可以分为对公支付和对私支付。
- 对公支付：向企业账户或资产发起扣款或付款的支付行为，包括企业网银、企业账户代扣、企业转账等。
- 对私支付：向个人用户账户或资产发起扣款或付款的支付行为，包括银行卡支付及微信支付、支付宝等第三方个人账户支付。

3. 按支持形态分类

根据支持形态，支付通道可以分为卡基支付和账基支付，其中，账基支付是卡基支付的高级阶段。下面首先介绍这两种支付形态，然后重点介绍账基支付的诞生、发展与意义。

（1）卡基支付和账基支付
- 卡基支付：以卡片作为支付工具、通过媒介提供并验证卡信息进行支付的行为，媒介包括POS、闪付、电话支付、线上收银台等载体。

☐ 账基支付：以账户作为支付工具、提供并验证账户信息进行支付的行为，账户包括银行账户、钱包账户等账户种类。

卡基的特性如下：

☐ 卡基的核心是卡号；

☐ 资产存储在卡号上；

☐ 支付媒介不仅有刷卡，还包括POS、闪付、电话支付、网银支付、线上无磁无密支付等通过卡信息进行支付的载体。

账基的特性如下：

☐ 账基的核心是实名认证+密码验证，密码可以是密钥、数字、指纹或短信；

☐ 资产存储在账户里；

☐ 账基支付既可以使用余额，也可以使用银行卡等各种资产，常见的有微信支付、支付宝。

（2）账基支付的诞生与发展

账基支付是怎么诞生和发展的呢？支付领域有这样一句话："控制信息流以控制支付流，控制支付流以控制资金流；获得网络接入权胜过资本所有权；获得数据投入量胜过资金投入量。"而账基支付诞生于第三方，大家最常用的也是第三方，比如微信支付、支付宝。在介绍账基支付的意义之前，我们先来了解一下第三方的发展历程。

起初，第三方做的都是银行不太重视的中间收入业务，交易信息过把手，线下铺POS，线上做网关，作为支付网关把商户和客户卡信息抛送给银行通道，赚些手续费，赚银行看不上的这些钱。

后来，交易多了，信息也多了，第三方开始想着围绕这些信息做些数据分析（也就是后来说的大数据分析），分析评估用户交易的风险程度用于风控。这个时候还没有征信体系，第三方分析用户的购物信息、交易金额、交易地点，主要用于精准营销等领域。

再后来，幕后的人不甘心一直在幕后，希望将交易、用户、资金都沉淀到自己的平台上。于是第三方开始做起自己的账户体系，有企业账户，也有个人账户，里面提供充值、扣款、查询等功能，这也就是我们说的账基支付了。

但是怎么让用户用你的账户呢？支付领域有句话是"做支付先要做收单"。大家在开始的时候，围绕账户做应用服务，比如水电煤交费、信用卡还款、电话费充值等；后来玩法变了，直接入股或收购有流量的线上线下公司，要求其只能接入自己的支付或者把竞品支付隐藏或置后等，比如饿了么对于微信支付的处理方式，京东不支持支付宝等。

再后来，账户做起来了，用户也多了，第三方开始建设更多应用场景，从支付到理财、贷款、保险，甚至到虚拟银行、实体银行的建设。

支付的每一次拓展都改变了这个行业对支付的认知。

（3）账基支付的意义

从第三方支付这些年的发展历程我们看到，起初大家都是用银行卡进行支付的，也就是卡基支付，后面才一步步发展出现在的账基支付。账基支付要求对账户进行实名认证，可以绑定多张银行卡，有各种各样的应用。

账基支付的意义主要体现在以下几方面。

❏ 丰富了支付手段，简化了支付工具。账基支付是卡基支付的高级阶段，是支付领域的一次飞跃，给支付带来了翻天覆地的变化。账基支付不仅支持卡基支付，还支持积分、余额等多种支付方式。过去用户往往要带多张银行卡，而有了账基支付，现在他们只需要用一个账户绑定这些银行卡。

❏ 更加了解用户，深度分析用户行为，做好各类画像的数据准备工作。卡基支付的时候，同一个用户不同银行卡上发生的交易是零散的，没有任何联系，而账基支付将一个用户的所有支付行为都关联起来，为行为分析和征信用户画像做了大量的数据准备。

❏ 成为支付场景的推动者、投入者、收购者。为了获得自己的账户支付用户，如前文所说，企业先是围绕账户自建或者接入第三方应用场景，比如水电煤交费、信用卡还款、电话费充值，后面发展到入股或者收购前面所说的有流量的线上线下公司，要求排他性，只能接自己的支付，比如阿里收购饿了么，饿了么没有微信支付，腾讯入股京东，京东没有支付宝支付。

❏ 倒逼银行创新，账基支付服务商收入增长，获得大量沉淀资金。账基支付出现之后，很多用户的转账、交易都通过账基支付实现，比如支付宝转账、微信扫码付款。对于支付宝来说，两个用户之间的转账本质上只发生信息流，并未发生资金的实质变动；同时由于账基支付的特性，如手续费极低甚至免费、无须携带银行卡、账基场景、持续培养支付习惯等，商户和个人都偏好账基支付。相比单一卡基支付时代，当前银行可获得的手续费收入锐减，交易中的沉淀资金也相应减少。

4. 按通道支持的发卡行地区

根据支持发卡行地区的不同,支付通道可以分为内卡通道和外卡通道。

(1) 内卡通道与外卡通道

内卡通道是指支持受理境内发行的银行卡交易的通道。内卡有以下特征:

- 发卡行为中华人民共和国境内银行(包括外资银行);
- 卡本币为人民币;
- 卡组织为银联。

外卡通道是指支持受理境外发行的银行卡交易的通道。外卡有以下特征:

- 发卡行为境外银行或者中资银行的境外分支机构;
- 卡本币为外币;
- 卡组织为银联、Visa、Mastercard、JCB 等。

必须特别说明的是,内卡和外卡不是泾渭分明、非黑即白的,有的卡在某种情况下算作内卡,而换种情况就是外卡。比如中国境内发行的招商银行 Visa 单标卡,从卡的发卡行或者卡组织看既可以视为招商银行,也可以视为 Visa 卡。如果招商银行直连通道作为支付服务提供商自己受理自己本行业务,那么肯定就视为招商银行卡,算作内卡;如果是海外支付服务商受理这种卡,那么会视为 Visa 卡,算作外卡。

(2) 内卡外抛

支付领域有种现象叫"内卡外抛",下面通过几个问题来深入了解。

1)内卡外抛是什么?

内卡外抛是指国内发行的银行卡本应该通过国内支付通道进行受理交易和清结算,结果被误认为是外卡,抛送给了支持外卡交易的通道的现象。例如网上一个商品订单的金额是 1000 元人民币,你使用工商银行 Visa/银联双币信用卡,银联可以使用工商银行信用卡直连通道(内卡通道),Visa 可以使用中银国际(外卡通道),这里本该使用工行直连系统通道进行交易支付和结算,却被错误地抛送到外卡通道,以外币进行了交易结算。

2)内卡外抛是怎么造成的?

内卡外抛主要有以下原因。

第一,误操作。比如在线下刷卡时,营业员可能选错收单卡组织。

第二,线上处理机制错误。这又分多种情况。

比如错误的卡 BIN 识别,把内卡维护进外卡里。如表 2-1 所示,卡属性里会有卡 BIN 对应的支付品牌、支付通道、卡种名称、卡种类型以及卡的内外卡属性。如果把内外卡配置错误,就会造成内卡外抛。

表 2-1 BIN 表结构

通道方	银行名称	卡种名称	卡种类型	卡 BIN 长度	卡号长度	卡 BIN 段开始	卡 BIN 段结束	是否有效	是否为外卡
银联直连	招商银行	携程联名借记卡	借记卡	6	16	620000	629999	有效	否
招行直连	招商银行	携程联名借记卡	借记卡	6	16	620000	629999	有效	否

比如错误地制定了路由规则，把外卡通道设为支持内卡银行。前面在介绍支付通道的结构时提到过，通道对应多个支付品牌，如果把内卡品牌配置到外卡通道，那么路由系统就会在进行路由决策时，将可用通道计算为外卡通道，造成内卡外抛。

比如错误地制定了双币种卡逻辑，制定错误内卡优先和外卡优先逻辑。在支付系统里，我们会将通道标记上属性是内卡通道还是外卡通道，甚至在进行全球展业的时候，内外卡通道还会与交易国相关联。

为了避免内卡外抛这一现象，我们通常会优先选择内卡交易，也就是本国交易优先或者强制内卡，前者是在保证能用的前提下优先满足好用，后者则是完全满足好用。如果将逻辑错误设置成外卡优先，或者因内卡通道不可用而路由到了外卡通道，就会发生内卡外抛。

例如，一张工商银行发行的双币种卡（银联和Visa），交易的时候既可以走支持银联卡组的通道也可以走支持Visa卡组的通道，无论上送哪个通道，都可以成功交易。

系统设置的逻辑是内卡优先。交易时，内卡通道处于维护时，只有外卡通道可以用，那么抛送交易的时候就会抛送到支持Visa卡组的通道，从而发生内卡外抛。

第三，商户和收单方一起谋利。

内外卡交易时所计费的交易币种不一样，常见机制判断内卡以人民币计价，外卡以美元计价。由于人民币转换成美元计价，需要查汇，查汇调用收单方的汇率接口，有汇率就会有汇差。

如果商户为了谋利，将双币种卡当成外卡，直接以美元计价，也就是支付领域所说的DCC（Dynamic Currency Conversion，动态汇率转换），那么在进行汇率转换的时候，收单方出于应对汇率波动考虑，基本会基于银行标准汇率加成一定比例。由于数值太小，用户几乎感知不到。这部分加成就是多收的钱，收单方会将其用于抵扣一部分商户的手续费或者后返费用给商户。因为在这种支付交易中可以获得收益，所以商户会偏好这样的方式。

第四，收单机构愿意或者故意谋利。由于外卡通道手续费一般高于内卡通道，部分收单机构为了多收手续费而进行内卡外抛。

第五，消费者要求。由于各卡组织或银行不定期有营销活动，用户为了获得活动优惠，会指定走某个卡组织的收单受理。

3）内卡外抛有什么影响？

内卡外抛对商户的影响如下。

- 不合规。《中华人民共和国外卡管理条例》规定：境内严禁外币流通，商品不得以外币进行计价、结算。内卡外抛会造成部分交易以外币计价，市场货币供应和交易监控会失真。
- 造成手续费成本增加。在市场上，外卡通道手续费成本一般显著高于内卡通道，如果在商户不知情的情况下收单方进行内卡外抛，会造成商户的手续费成本增加。
- 造成手续费成本降低。在市场上，外卡收取手续费，进行汇率转换，通过汇率转换本身获得基准汇率上浮加成的部分，而收单方又通过减免或者后付方式将加成汇率部分返给商户，造成商户的手续费成本降低。

内卡外抛对持卡人的影响如下。

- 货币转换费成本增加。第一种情况，人民币（本币）转外币，还款或者记账时，再将外币转成人民币（本币），多出两笔货币转换费；第二种情况，在商户计价时，汇率转换上浮加成的比例，导致实际支出成本增加。
- **获得营销活动收益**。消费者参与卡组织或者发卡行营销活动时，指定或者愿意内卡外抛以获得营销活动收益。

以上介绍了支付通道的逻辑与概念，下面我们讲解一个支付通道从无到有的接入流程。

2.4 支付通道接入流程

"天下难事，必作于易；天下大事，必作于细。"

——老子

一个通道就跟一双鞋子一样，要裁断、针车、成型，每一个成品都是由很多人、很多道工序和指标点构成，通道接入的过程中也要确认每一项的细节，这些细节就是自己对外支付能力的交付和支付产品包装的基础。

流程主要涉及商务人员（含法务人员审理合同）、产品经理、开发工程师、测试工程师、运营人员等，各角色在项目中的出场顺序及主要职责见表 2-2。

表 2-2 通道角色与职责

负责人	工作职责
商务人员	• 商户合同确立（包含费率、赔付款条件、计费方式等） • 获得商户号 • 获取对方联系方式 • 获取接口等的相关文档

(续)

负责人	工作职责
产品经理	• 评估通道可行性、通道细节点（后面会详细描述哪些点）、测试功能范围 • 排期立项开发，进行 PRD 编写，组织 PRD 评审 • 将银行返回的原始信息进行归类处理，并映射成前台用户看到的展示信息
运维工程师	• 服务器准备 • 专线评估与接入
开发工程师	• 评估项目内容，给出排期及提测日期 • 项目开发、自测及提测
测试工程师	• 测试环境和生产环境准备 • 测试案例验证 • 测试报告交付
财务人员	• 负责基本结算户的开设与管理 • 负责资金及凭证的核对与核实 • 负责资金调拨
产品经理及运营人员	• 安排生产验证及切量方案 • 验证通过，观察数据 • 全面配置生产路由规则

图 2-5 所示为支付通道的接入流程。

通过上面的流程，根据过往接入经验，从合同签订完成、产品介入进行需求编写开始，到需求验收完成上线，<u>一个通道的项目周期平均为大约 1.5 个月，</u>这个时间可以作为考量团队效率的基准值。

了解了支付通道的接入流程后，下面我们来具体看一下支付通道是如何接入的。这里先介绍内卡支付的接入方式，3.6 节将介绍外卡支付的接入方式。

第 2 章 支付通道

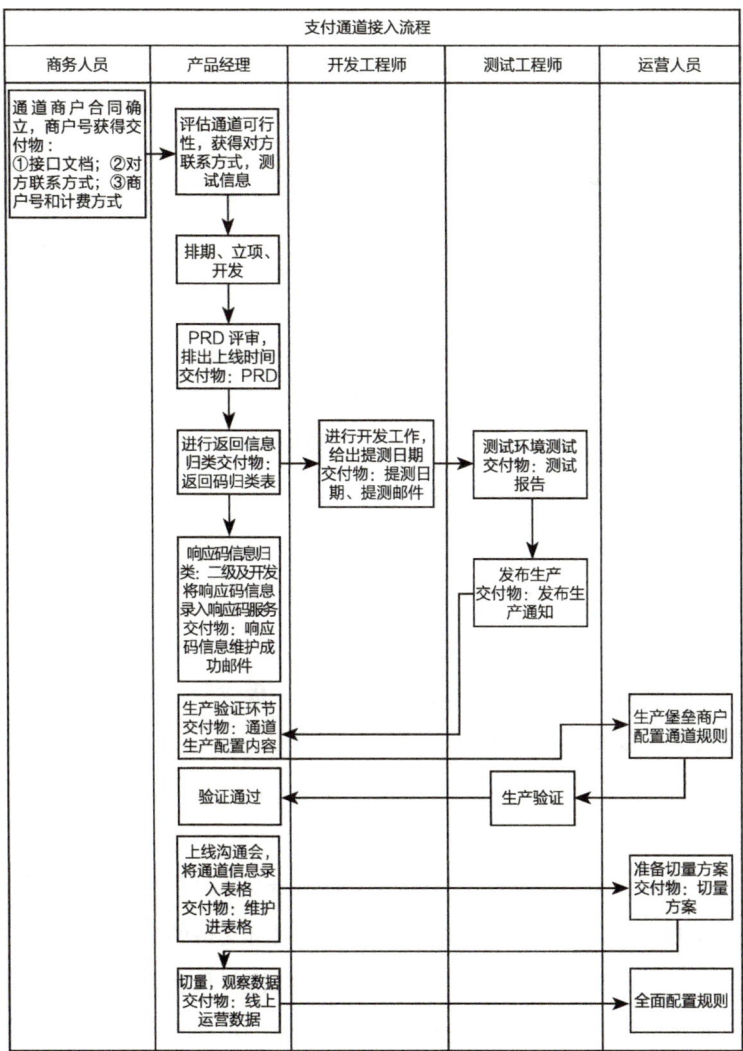

图 2-5 支付通道的接入流程

2.5 内卡支付怎么接

"做通道和画画一样,画画的人得知道每种墨水的特性才能画好一幅画,做通道的人得知道每个通道的特性才能做好支付通道工作,才能够根据通道特性抽象并归纳出各类支付产品。"

——王小憨

内卡(国内银行卡)是目前大部分商户都支持的,也是我们最熟悉的银行卡,因此下面我们先从内卡通道说起。需要特别说明的是,这里的内卡支付是狭义上的,单指卡基支付,不包含账基支付。

在接入内卡通道的过程中,有很多细节需要确认,每个细节都可能会影响通道是否可用和支付成败。下面我们以提问的形式介绍接入各种通道过程中的一些注意点及说明。

1)支持的卡种有哪些?

一般支持的卡种有借记卡、贷记卡,极少数情况下会支持准贷记卡(相关名词解释见 1.5 节)。

2)支持的银行有哪些?是否提供卡 BIN 表或者对卡 BIN 有限制?

在接入通道的时候,通道方(Vendor)分为两类:一类是银行直连,一类是第三方支付通道。直连银行支持的支付品牌基本只有本行,比如工行快捷直连通道支持的银行只有工商银行。第三方支付或收单服务商支持多个支付品牌,比如连连聚合支付可以支持农业银行、招商银行、建设银行等支付品牌(图 2-6 所示为某支付通道支持的支付品牌),在接入的时候需要明确它们各自支持哪些银行。

第2章 支付通道

序号	银行名称	卡性质	验证要素						交易限额（单位：元）		退款周期
			卡号	姓名	证件类型	证件号码	手机号	有效期	CVN2	单笔限额	日累计限额	
1	工商银行	信用卡	√	√	√	√	√	√	√	2万	5万	1~7个工作日
2	农业银行	信用卡	√	√	√	√	√	√	√	2万	5万	1~7个工作日
3	中国银行	信用卡	√	√	√	√	√	√	√	2万	5万	当天
4	建设银行	信用卡	√	√	√	√	√	√	√	1万	1万	1~7个工作日
5	邮储银行	信用卡	√	√	√	√	√	√	√	2万	5万	当天
6	招商银行	信用卡	√	√	√	√	√	√	√	2万	5万	当天
7	中信银行	信用卡	√	√	√	√	√	√	√	2万	5万	当天
8	兴业银行	信用卡	√	√	√	√	√	√	√	2万	5万	当天
9	民生银行	信用卡	√	√	√	√	√	√	√	2万	5万	当天
10	广发银行	信用卡	√	√	√	√	√	√	√	2万	5万	当天
11	华夏银行	信用卡	√	√	√	√	√	√	√	2万	5万	当天
12	浦发银行	信用卡	√	√	√	√	√	√	√	2万	5万	当天
13	平安银行	信用卡	√	√	√	√	√	√	√	2万	5万	当天
14	上海银行	信用卡	√	√	√	√	√	√	√	2万	5万	当天
15	光大银行	信用卡	√	√	√	√	√	√	√	2万	5万	当天
16	北京银行	信用卡	√	√	√	√	√	√	√	2万	5万	当天

图 2-6 某支付通道支持的支付品牌（信用卡）

除了明确支付通道提供方所支持银行外，支付通道接入方还会和支付通道方确认是否提供卡 BIN 表，或者明确不支持哪些卡 BIN。如果没有提供，可以将就使用银联的信用卡或借记卡卡 BIN，原因简单来说是按照现行发卡管理办法，银行卡 BIN 均需要向卡组织申请，而国内卡组织就是银联，所以理论上银联的 BIN 段一定是最全的。

为什么需要明确卡 BIN 支持哪些或者不支持哪些？前面提过，康师傅方便面的种类有红烧牛肉面、老坛酸菜牛肉面、金汤肥牛面等，假如给所有种类分别标号为 1~10，有的商家就只进了种类 1~9，如果消费者要买康师傅方便面种类 10，商家不确认自己是否有这个种类就收钱，最后就会发生交易失败而退钱。换成卡 BIN 也一样，如果通道不支持某个卡 BIN，交易发过去，就会交易失败，造成支付成功率下降。

3）支持的交易类型有哪些？

交易类型有消费、鉴权、预授权、代扣、代付等，具体说明如下。

- 消费：一般是指我们的扣款交易，狭义上常和预授权区分开来，代表不同的交易类型。比如去超市购物 100 元，刷卡支付，这个 100 元的交易类型就是消费。
- 鉴权：与交易无关，不涉及交易金额，指通过一定手段对用户身份或卡信息进行验证。比如很多网站要求实名认证，让用户绑定银行卡，并不扣款，用户绑卡成功后，实名认证即成功，这其实就是通过银行卡鉴权来完成实名认证。
- 预授权：商户向发卡机构取得一定金额内的扣款权利，后续再向发卡机构进行承兑的业务，消费和结算不在同一时间完成。预授权会占用持卡人卡内额度或者金额，一定时间内如果未进行后续承兑操作，发卡机构会进行撤销，恢复额度或者退回金额。
- 代扣：也叫作代收，是由用户授权、商户主动发起，对用户指定账户进行扣款的一种支付交易业务。它具有以下几个特点：支付要素少、按笔收费、没有退回功能、支持单笔实时代扣和批量代扣。

    有人这么评价代扣通道，"代扣是支付公司生命线，其他的都是重在参与""代扣是万丈高楼平地起的基石"。从中可以看出，如果一家公司储备了代扣的支付能力和支持较多银行，那么在支付竞争中就会占有很大优势。在早期支付里，撇开合规性，有代扣能力相当于有了核武器，对竞争对手简直是降维打击。
- 代付：由商户主动发起，从自身结算账户付款给用户资金账户的一种支付交易业务。它具有以下几个特点：支付要素少、按笔收费、没有退回或者撤销功能、支持单笔实时代付和批量代付。

代扣代付交易的诞生史

最早的代扣交易大概是水电煤缴费。经历过 20 世纪 90 年代水电煤缴费的人应该还有印象，当时每个月有人定期上居民家中查水电表度数，之后居民就可以去邮局缴纳账单。但是这样不太方便，会占用人们的业余时间，一个三四线城市网点就那么多，很多人经常要在周末排长队。

后来一些银行与电信公司、电力公司、自来水公司等公共事业缴费单位合作，允许居民在银行开通委托支付账单协议，每个月账单出来后，自动从居民的银行卡中将资金划扣至公共事业缴费单位。

代扣早期常见的应用业务如图2-7所示。

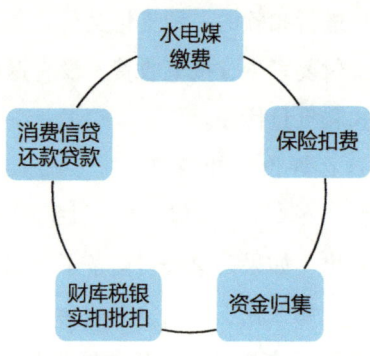

图2-7　早期代扣业务

而代付最早可以追溯到理财产品分红，比如基金分红、保险分红，当时理财产品会定期付款给客户，所以产生了代付业务。代付早期常见的应用业务如图2-8所示。

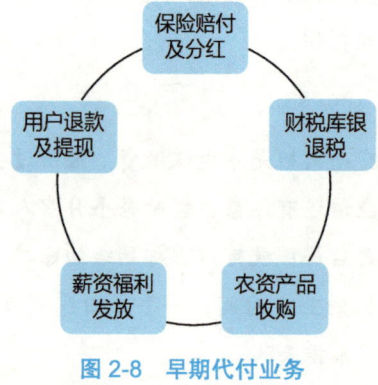

图2-8　早期代付业务

4）关联交易类型有哪些？

关联交易类型有冲正、查询（查询范围签约、交易、退货、协议号状态等）、撤销（当日撤销）、退货（隔日走退货，当日退货是否也支持）、预授权关联交易、解约/解绑。下面来看一个冲正与查询交易类型的使用案例。

在支付交易里，返回的结果不只有预料中的成功或失败，也会因为各种问题（如系统异常）导致收不到支付服务提供商反馈的结果。但是交易订单必须有一个最终时间，不能无限期地等待下去，让用户一直看着自己的订单在处理中，不知道购买是成功还是失败。遇到这种情况，可以通过冲正或查询来解决。

冲正是系统对于交易结果未知的补偿机制。商户因为系统超时、异常等，不确定支付结果，为避免用户等待或者重复扣款，向支付服务提供商发起冲正交易请求，进行交易回滚。无论原交易是成功还是失败，均要求取消该笔交易。冲正成功后，商户可以向用户反馈支付失败或者再组织报文重新发起交易。

冲正与撤销、退货看起来有些相似，但是使用起来有很大区别：冲正可以对未知结果的订单进行交易回滚，而撤销和退货都只能对明确结果成功的订单进行交易回滚。

查询是另一种对于交易结果未知的补偿机制。系统对于无明确交易结果返回的订单，设定好脚本规则，定时向支付服务提供商发起请求，查询交易结果，比如每5分钟查询一次，一直查询到第30分钟。在这期间，如果查询到明确结果成功或者失败，更新订单状态；如果查到最后还是没有结果，通常的做法是直接置为失败，第二天商户查看对账单确认该交易是否成功，如果成功，则进行退款处理。

此外，在协议支付或者快捷支付里，需要先签约，生成协议号，而有生成就有解除，解除协议的过程就叫作解约或者解绑。

5）是否支持预授权关联交易？支持哪些？

预授权关联交易有多种，在通道接入时需要和通道方明确是否支持以及支持哪些。

预授权关联交易有以下几类。

- 预授权完成：预授权交易取得的扣款转为实际全额扣款结算的处理业务。预授权时，扣款金额并没有结算给商家，只是在用户账户上临时冻结；预授权完成时，扣款金额实际全额结算给商家，用户账户全额从冻结变成实际扣款消费。
- 预授权部分完成：预授权交易取得的扣款转为实际部分扣款结算的处理业务。预授权部分完成时，扣款金额实际针对请求的部分金额结算给商家，用户账户上从部分金额冻结变成实际扣款消费，剩余金额则会自动撤销，恢复额度或者退回款项。
- 预授权完成撤销：针对已经扣款结算的预授权金额做全额撤销，退回用户账户，相当于退款功能。撤销普遍是指全额撤销。
- 预授权完成部分撤销：是指针对已经扣款结算的预授权金额，进行部分金额撤销，退回用户账户，相当于退款功能。
- 预授权撤销：解除预授权交易取得的扣款权利的处理业务。预授权撤销时，扣款金额从用户账户解冻，恢复额度或者退回款项。
- 预授权追加：原有预授权因为各种原因需要增加预授权金额，发起交易类型为预授权追加的处理业务。在现实中，有很多商户会将原有预授权进行预授权撤销，重新发起一笔预授权追加。

6）预授权自动解冻时间是多久？

银行对于预授权有如下规定：一定时间没进行预授权完成，就会自动撤销，一般是30天。一些业务（如酒店业务）为了防止到期自动撤销、造成损失，就需要明确这个日期，并在这个日期之前进行预授权完成。

7）关于快捷通道的一些问题。

快捷交易一般需要先签约，生成协议号（Token）后再进行支付。

银行的快捷签约对于商户来说基本上有两种设计结构：

- 商户—卡号结构，与商户和卡号相关，同一卡号下协议号不变；
- 商户—会员号—卡号结构，与商户、会员号和卡号相关，不同的会员号对应的同一卡号的协议号不一样。

两种结构对于以下问题处理的灵活度是不一样的。商户—卡号结构比较简单，可用性较差。不同的用户绑定一张卡，如果跟着卡走，一个解绑了，另一个用户也会自动解绑，但是现实生活里多个用户绑一张卡的情形很多。比如老板让秘书绑定自己的卡买东西，秘书离职了或者换秘书解绑了，结果老板自己的账户也不能用了。

下面我们看看快捷支付里的几个关键问题。

快捷问题一：是否支持重复签约？

答：重复签约是指已经签过约的卡号再次进行签约。需要确认这样的行为是否得到支持，比如进行重复签约时通道依旧会如第一次签约那样，验证卡信息是否正确，如正确再返回给商户或者支付平台"签约成功"；反之，则会签约失败。

在实际应用中，会有以下几种场景：

- 实名制，只能将自己的卡用于自己已实名认证的账户下；
- 允许多个用户绑定同一张卡；
- 同一个用户多次绑定同一张卡。

对于这些场景，一定要明确是否支持重复签约，并且每次签约信息验证是否独立、不影响之前的已签约情况。若不支持，则需要进一步确认是否会对已签约的卡号验证要素正确及返回协议号。

比如通道不支持重复签约，当已签约过的卡号再次进行签约时，通道返回"已签约"。那我们需要区分处理逻辑，通道方的不同处理逻辑对应的支付平台处理机制完全不同。

如果返回"已签约"的逻辑是验证了卡要素且为正确（否则会返回"卡信息错误"），那么这代表卡要素一定是正确的，支付平台可以将原卡号对应的协议号直接取出来进行支付。如果在此逻辑上，还能顺便返回原协议号给调用方，那么连调取该卡对应的原协议号流程都可以省略。

如果返回"已签约"的逻辑是不验证卡要素，仅代表该卡号已经签约过，那么无法判断该卡号是否正确。对于支付平台而言，简单的处理逻辑是告诉用户不支持重复绑卡；复杂点的是将卡要素上送自身鉴权通道进行鉴权，验证正确后再取出原协议号进行支付。

当然，作为支付平台，我们理想中的情况是银行支持重复签约，且是独立验证的，不影响之前的已签约情况。万一不支持，也希望银行先验证要素正确再告知结果"已签约"，或者支付通道告知"已签约"的时候可以将原协议号一并返回。

当然实际情况可能会更差,什么都没有,支付通道只返回结果"已签约",剩下的就得支付平台的产品经理自己想办法解决了。

确认的情况不同,针对的方案也会不一样;如果不进行确认,会造成诸多问题。下面我们分两种场景来介绍。

场景一:实名制,自己的卡只能用于自己已实名认证的账户下或者同一个用户多次绑定同一张卡。

在该场景下,会有以下问题。

- 若不支持重复签约,则该用户删除了该卡或者因忘记再次绑卡的时候,会发生签约失败或者报错"该卡已签约"。
- 若会影响之前已经签约的结果,则用户其余模块里已存在的协议号就会失效,但是用户和商户并不知道,依然发起支付,会支付失败。对于系统来说,这就是无效的脏数据了。
- 如果针对"已签约"情况,返回结果的时候不验证要素,也不返回协议号,那么就需要自己借助额外鉴权数据库去完成鉴权,以及在验证要素正确后调取此卡号原协议号。

场景二:允许多个用户绑定同一张卡。

在该场景下,会有以下问题。

- 若不支持重复签约,在其他用户签约同一张卡的时候,会发生签约失败或者报错"该卡已签约"。
- 若会影响之前已经签约的结果,则 A 用户签约失败,结果 B 用户原本已经绑定了的卡也一并失效,造成 B 用户后续也会支付失败。对于系统来说,这就是无效的脏数据了。
- 如果针对"已签约"情况,返回结果的时候不验证要素,也不返回协议号,那么就需要自己借助额外鉴权数据库去完成鉴权,以及调取之前关于此卡号的协议号。

举个例子,大卫在某网站用自己的账户购买过东西,当时使用自己招商银行信用卡进行过签约,卡号为 123。大卫把这张银行卡放在了助理小黄那里。小黄在同样网站登录自己的账户为公司购买东西,支付中使用大卫卡号为 123 的卡进行支付,支付流程也需要签约再支付。无论小黄使用的时候是否签约成功,均不能影响大卫账户的支付签约情况。如果小黄签约的时候,不支持重复签约,那么需要网站自己去验证要素正确性;结合鉴权、卡服务、用户数据进行相当复杂的处理,才能保证老板和小黄各自独立使用,互不影响。

如果银行对于已重复签约的情况不返回协议号,那么商户需要自己去捞取协议号和验证信息。

快捷问题二:用户签约后若支付信息变化,协议号是否还有效?

答:支付信息包括卡号、姓名、证件类型、证件号、手机号,如果是信用卡,还要加上有效期和 CVV。因为快捷支付是以协议号作为扣款凭证的,所以信息的变化是否造成协议号失效关系着支付能否成功。

接入过境内外几百家支付通道,笔者的实操经验如下。

- 协议号是与卡号关联的,如果卡号变了,协议号一定会失效。
- 对于绝大多数通道,姓名、证件类型、证件号、手机号这些要素变化,协议号不变。
- 如果过了有效期,用户未续办卡,协议号会失效;有效期如果变化，用户续办卡，协议号依然有效。
- CVV依据各银行设定，有些CVV变化后协议号依然有效，而有些CVV变化后协议号会失效。

8）是否支持多次退货、部分退货？

交易场景里，用户有可能不止一次退货，也有可能仅退部分商品。需要明确退货的这些基本属性，如果银行不支持，那么就要考虑转账或代付等替代方案。

9）需要退款时是否区分撤销和退货？撤销是否只支持全额撤销？

有的银行或者第三方通道只提供退货接口，有的则提供撤销和退货两个接口。那么在接入的时候，由于撤销一般都是全额撤销，并且只支持当天走撤销，就需要根据银行或者第三方通道接口情况做如下处理。

情况一：只有退货功能。需要确认当天的交易，是否不管全额还是部分金额退款均可以调用退货接口，还是同一般退货接口一样，需要隔日才能调。

情况二：提供撤销和退货功能。需要确认当天交易部分退款的时候，是可以使用撤销功能，还是由于撤销只支持全额，只能隔日使用退货功能。

一般情况下，商户系统需要先承担当天交易的部分金额的退货，过了日切时间点后，也就是隔日再交给通道受理。

10）订单最长退货时间是多久？

退货时间就是指退款时间，通道方通常会对于订单线上联机退货时间有个最长时间规定，比如60天、90天、180天、360天等，过了这段时间，系统就不能联机发起退款流程，需要人工线下处理。

11）退款发起和到账时间分别是什么时候？

用户会关心什么时候退款资金到账，出于降噪需要，也需要提示用户预计到账时间。

在接入通道的时候，要尽量与通道方确认好每个通道或者银行的到账时间是几个工作日，否则给的到账时间过短，结果没按时到，用户会投诉；给的到账时间过长（比如明明3天可以到账的，却写了15天），会被用户给差评。

12）退款是否要求当日进款大于退款？

一些通道会规定当天的正交易必须大于负交易才可以退款。

如果不确认这个问题，进行测试或者分析问题的时候可能会发现，昨天进行的扣款测试交易，今天发起退款时，就是不成功，找来找去也找不出问题。其实就是因为通道做出了这样的规定，当天发起退款时，还没有进款，因为负交易大于正交易，所以无法进行。

之所以会这样规定，是因为通道资金往往是T+1日结算。前一天的款项已经结算给商户了，如果第二天交易不做限定，允许商户直接退款，万一发生恶意事件，只有退款，没有进款，且数额巨大，那么会给通道系统带来系统性风险。

13）退款退不退手续费？

退款是否退手续费的属性在账户系统落地数据、收银系统匹配账单定制规则时，均需要用到。

一般情况下，代扣、代付类型通道退款不退手续费，无磁无密、MOTO、快捷类型等通道退款退手续费。

14）当天一笔订单同时发生正交易和负交易，对账单是否有

体现？

正交易一般指收入业务，比如代扣、消费、预授权。负交易一般指退货、撤销、代付。如之前所说，一般都是当天走撤销，隔日走退货，且撤销只支持全额撤销。

如果发生一笔交易，且当天又进行了全额退款，需要明确第二天对账单里是否会体现，是两笔对冲均不显示，还是均会显示。这个规则关系到后面的结算对账系统怎么处理。

15）支付要素有哪些？

内卡支付全要素通常情况如下，而外卡会多很多其他要素，详情见3.6节。

- 借记卡：卡号、姓名、证件类型、证件号、手机号、短信验证码。
- 信用卡：卡号、姓名、证件类型、证件号、手机号、短信验证码、CVV、有效期。

证件类型有很多，一般做国内业务的主要关注是否支持这几个证件：身份证、护照、港澳居民来往内地通行证（俗称"回乡证"）、台湾居民来往大陆通行证（俗称"台胞证"）。表2-3给出了银行开户时需要的证件类型。

表2-3 银行开户常见证件类型

编号	证件类型
0	身份证
1	护照
2	军官证
3	港澳居民来往内地通行证
4	台湾居民来往大陆通行证

(续)

编号	证件类型
5	警官证
6	士兵证
7	海员证
8	外国人永久居留证
9	往来台湾通行证
10	往来港澳通行证
11	临时身份证
12	户口本
13	旅行证
14	出生证明
99	其他

在接入时,各个银行和第三方通道会根据自身实际情况及对于接入通道类型的熟悉程度来确定需要哪些要素。大家对要素的要求各不一样,也不一定需要上送全要素,而多送和少送要素在支付里均不被允许,会带来系统性风险,因此明确需要什么要素很重要。测试人员进行测试的时候不仅要测要素正确时会不会支付成功,还要进行排列组合测某个要素错误后支付结果会怎么样。

下面分成几个场景来说明。

场景一:支付请求时多送了要素,多送要素是错误的。

结果一:扣款成功。

首先,系统里如果保存数据,这些数据就成为脏数据。其次,如果用户后续发起拒付,银行调单,发现要素确实是错的,那么很可能就会判断通道或者商户失责,将金额退回给用户。毕竟用户支付要素都是错误的,你怎么可以允许支付成功呢?

结果二:扣款失败。

支付里关注的无非三个方面：支付成功率、支付收益（成本或收入）、支付方式覆盖面。如果银行不接受多送的要素或者对多送要素也进行验证，导致支付失败，那么这些无效交易就会造成支付成功率下降。

场景二：支付请求时少送了要素。

结果一：扣款失败。

如上面所说，支付里关注的一个方面是支付成功率。少送的原因多数是商户自己内部配置或者系统错误，在中间传输的过程中某些要素被拦截或者丢失导致未上送。

要素少送的话，结果多数是支付失败，这些无效交易造成了支付成功率下降，是很严重的事情。

结果二：扣款成功。

要素少送时，极少数情况下会扣款成功。这种情况发生的原因最有可能是通道方自己内部对于某些要素并不做强制校验，至少不是每次都校验，极端情况下甚至不校验。

这样的情况很严重，意味着如果正常上送要素，有些要素会不被验证就支付通过，从而带来上面提到的拒付风险。

16）关于短信验证码的规定。

短信验证码有几个方面需要确认，这里为了全面，拿涉及签约和支付两个流程的快捷通道为例来说明。

问：短信发送方是谁？

答：需要明确签约短信发送方、交易短信发送方分别是谁，是通道侧还是商户侧。

问：同一笔交易里，签约与交易两个环节均为通道发送，短信如何发送？

答：需要明确是两个环节均需要发送，用户会收到两条短信，还是只会下发一条。更好的用户体验是，在一笔交易里如果既有签约流程又有交易流程，下发了签约短信，支付短信就不下发了；如果已签约，本次只有支付交易，那么就单独下发支付短信。总之用户只会收到一条短信。

问：短信验证码长度是多少？

答：前端页面基于尽可能在前面拦截一些已知错误的思路，会做出一些设计，比如输入短信验证码字符数量超了会报错，因此需要明确短信验证码字符长度，通常为6位或4位。

问：短信验证码发送间隔时间与次数分别是多少？

答：由于短信发送是有成本的，各通道方出于成本考虑以及防止恶意点击或者错点，通常会规定短信发送间隔时间（比如60s），有些甚至会规定每天最多发送的次数。在接入通道的时候，需要根据这些属性做好相应的前端系统配置。

比如通道规定短信验证码发送间隔时间为60s，那么前台倒计时就需要至少60s，防止用户因点击收不到短信验证码，对支付体验不满，甚至放弃支付。比如通道规定了每张卡短信验证码最多发送的次数，那么前台就需要做好相应的计数服务，统计好发送次数。

问：短信验证码发送方是否与赔付相关？

答：出于各种原因用户可能会有拒付要求，比如非本人支付、卡被盗等，短信验证码作为一种身份信息验证，需要与通道方明确是否谁发送谁验证谁负责。

问：短信内容是什么？

答：短信中会有相关的行为＋发送方，通常会在开头或末尾展示发送方或交易商户，以便用户知道发送主体。在交易中，一些第三方通常会以自己作为后缀结尾，如【××支付】，导致用户在商户网站购物时看到短信来自一个完全不认识的短信发送方，会产生困惑，甚至投诉。

在接入的过程中，商户应当尽可能要求通道方用自己的商户名称作为发送方显示在短信中。支付服务提供方应当在设计短信内容配置模板时，支持根据签入商户主体不同展示不同名称。

17）通道是否限制商户侧和用户侧的单笔、单日、单月额度？

大多数通道会对用户有个限额，单笔限额多少、单日限额多少、单月限额多少，不能超限。如果超限还上送交易，通道会返回类似"该笔交易已超限额"的错误。

对于一些代扣类、鉴权类通道，一些银行对商户也有限额，甚至限次，不希望调用太多。

对于银行通道以及用户限额限次，如何避免超限呢？一种方法是进行计数服务，对当天的交易笔数进行计数统计。此外，还可以进行重试服务，遇到这种情况就将交易抛送到其余通道去处理。

18）支付要素对于可选项和必选项是怎么要求的？

在接入通道的实际过程中，有些银行或第三方支付会提供可选项，允许商户按照自己的需求自行选择，既可以上送最小支付要素（只有必选项）的交易请求，也可以上送最大支付要素（必选项+可选项）的交易请求。

什么情况用最小支付要素，什么情况用最大支付要素呢？可以看下面的几种情形。

- 对于有风险的用户，希望要素验证尽量全，这时候往往选择最大支付要素。
- 对于新用户，或者在某些场景希望进行某些鉴权认证的时候，需要收集尽量全的信息，也会用到最大支付要素。
- 如果希望支付成功率高、用户转换率高，就会倾向于让用户输入少一些、停留时间短一些，会选择使用最小支付要素。

在有可选支付要素的情况下，我们需要明确以下问题。

问题一：必选项＋可选项的排列组合是怎样的？

答：如果有多个可选项存在，比如3个，那么这些可选项的排列组合是 $C_3^2=3$，而现实情况肯定不会允许随意组合，送什么都行。接口开发文档中也只会标记哪些是可选的，不会对这些做特别说明，所以就要明确如果需要可选，到底要怎样上送。

问题二：对于可选项上送的要素，是否一定会验证？

答：理想情况是对于上送的要素一定会验证，但实际情况并非如此，有的银行或通道是送了就一定会验证，有的对于可选要素的定义则是上送了也不保证一定验证，比如其系统库不支持，或者其路由策略会路由到不需要这个要素的通道等。

因此这一点需要明确，对于前者，可选要素是可以使用的；而对于后者，则需要放弃可选要素，只使用必选要素，否则还是会带来上面提到的要素错误引起的持卡人拒付或者"脏数据"问题。

支付里的一个很重要的准则是支付要素应准确。

19）接入方式是专线还是公网？

顾名思义，专线就是专用网络，谁接入谁独享，安全性高，但流程复杂,整个项目周期也会拉长,另外需要定期支付专线费用。

公网是指公共网络,会有多个商户一起在同一网络进行请求交易,接入方式快,也没有费用,缺点就是可能会因为其他商户的问题(如瞬时交易过大等)影响自己的交易。

20)通道每秒并发量是多少?公用还是专用?

并发量相当于网红饭店的同时最大接纳量。如果人过多,已经超过同时最大接纳量,饭店就需要采取分流、排队甚至推荐到分店的做法来缓解人流压力。支付通道也是一样,需要明确通道并发量是多少,这个并发量是自己独享还是很多商户公用。当并发量过大的时候,就采取与分店缓解人流压力类似的做法。支付中常用的方法有以下两种。

- 分队列处理。如果通道每秒最多只能受理10笔交易,由于上线了营销活动,现有100笔交易同时进来,那么可以把这100笔交易分成10队,每队10笔排队处理。这样,就让原本全部交易蜂拥而入、超过容量,结果可能会有90笔失败的情况,变成秩序井然、每笔都会成功的情况。
- 转通道处理。还是一样的情况,通道每秒最多只能受理10笔交易,那么平时在通道的建设中都要有多个通道互为备份。遇到这种情况的时候,可以把多出的交易上送给其余通道进行支付。就像我们在超市结账时,一个收银台忙不过来,排队人太多,那就再开一个柜台处理,加快速度,缓解压力。

21)是否有最低交易金额限制?

在接入支付通道的过程中,日常我们的最低交易金额为0.01

元，即 1 分钱，但是也会有一些通道做出不一样的规定，比如最低交易金额为 0.1 元或 1 元。在接入的时候要明确这些细节，避免因为这些小细节而交易失败。

22）日切时间和账单获取时间分别是什么时候？

日切时间点是指上一个工作日结束的时间点。比如我们说日切时间是每天 24 点，一般不特别说明，下一工作日就是次日 0 点之后。交易数据、给出的对账单数据等就是以 0 点至 24 点为一个统计日，0 点以后的交易对账单要到下一个工作日给出。

除了日切时间外，还要关注账单获取时间。只有通道方上传了账单，商户才能下载到。为了避免不停地轮询下载，商户需要与通道方明确他们上传的时间，然后在给出的时间基础上设置一个时间差，到时间了再去下载。

23）对账单支持哪些获取方式？

对账单的获取方式有以下三种。

- ☐ 登录后台下载。通道方为商户开设后台账号和密码，商户登录后进行人工对账单下载或导出。
- ☐ 邮件推送。商户向收单机构（通道方）提供邮箱地址，收单机构按照规定定时推送。
- ☐ FTP 下载，这是推荐的方式。随着接入通道增多，人工下载变得费时费力，而 FTP 下载可以自动完成，实现加活不加人，这是系统轻量化运营中重要的一环。

FTP 下载根据对象关系不同可分成两种：一种是商户主动去收单机构下载，一种是由收单机构主动推送到商户 FTP 地址。不管是哪种，在接入的时候，均会涉及地址、用户名、密码、目录、IP 白名单。

如果是商户去收单机构下载，需要收单机构向商户提供下载的目标地址、用于身份允许的用户名、密码、下载的目录地址；而商户需要给收单机构对应的 IP 地址，以事先配置到收单机构白名单里。

如果是收单机构主动推送到商户，则反过来，由商户向收单机构提供下载的目标地址、用于身份允许的用户名、密码、推送的目录地址；而收单机构需要给商户对应的 IP 地址，以事先配置到商户的白名单里。

24）结算是用全额结算还是净额结算？

全额结算（Gross Settlement）是对交易的已收资金进行全数结算、划拨，不做费用扣除。净额结算（Net Settlement）是对交易的已收资金扣除手续费之后再进行结算、划拨，或者是双方互有买卖，对各自应收应付资金互为抵扣之后再进行结算。

采用什么样的结算方式关系到后续程序的对账规则是结算扣手续费净额结算，还是不扣手续费全额结算，手续费后续另算。

25）是否有测试环境并提供测试卡信息、生产卡信息？

商户平时会接入的支付通道很多，大大小小的银行都会涉及，而测试人员基本不太可能拥有每一家银行的借贷卡。

在接入通道的初期，如果能够与支付服务提供商（通道）确认好，收集好相关卡信息，或者测试时有可进行协助的联系人，会使得项目测试全面、高效很多。

以上是笔者这些年接入通道的一些经验，只要按照上面这些问题确认好，一个通道的接入基本就已经成功了大半。

上面聊的是内卡支付，下一章我们聊聊外卡支付的事。

第 3 章 CHAPTER

跨境支付

3.1 楔子：老王的海外分店

老王兢兢业业经营生意多年，一步步从小杂货店做到现在，成立大型贸易公司。

在做大做强的过程中，老王觉得国内市场已经饱和，竞争处处是红海。老王留意海外很多年了，决定走出去，转向海外：将国外的商品引进来，让国内的商品走出去。

经过几年耕耘，老王的海外贸易也打出了名堂，越来越多的老外都来跟他做生意。

老王和朋友一起喝茶,摆起了"龙门阵",分享起他的海外生意经:为什么做,做什么,遇到了哪些问题,都是怎么解决的。

为什么做海外生意?

国内生意太难做。这些年来,国内做生意的人越来越多,实体的,电商的,信息几乎完全透明,生意变得太难做了,必须走出去,开拓新市场。

国内外经济发展了。改革开放以及市场化多年,中国人民越来越有钱了,中国生产的商品质量也越来越好,国内外消费者的购物习惯都有了一些变化。一方面,随着物质生活水平的提高,人们的需求逐渐多样化,海淘开始流行,很多人用上了外国货。另一方面,中国商品在国际市场上越来越有竞争力,很多老外愿意来中国批发商品。无论是在线下的义乌小商品城还是在线上的速卖通,都可以看到很多外国买家的身影。

很多国外市场比中国落后,监管更宽松。中国市场大,竞争也激烈,加上这么多年电商各种活动大促的实战考验,中国经营者做生意的能力强,技术和营销手段丰富,处于世界领先水平,去海外开拓市场,属于降维打击。

另外,一个市场在监管政策上总是慢慢从宽松到收紧,从不全面到全面。中国市场发展多年,各方面监管较严,很多利润空间被压缩,甚至业务不能开展。但是国外很多地方因为还没有发展,很多业务开展甚至都不需要拥有资质,可以放开手脚去拓展事业。

做什么海外生意?

老王做了这么多年买卖,最熟悉的还是贸易这块,所以老王的方针就是"走出去,引进来"。国内消费者喜欢什么、缺什么,就把什么引进来;国外消费者喜欢国内的什么商品,就把什么商品卖出去。

其一，走出去。老王的走出去是指两块业务：一是在国内把货卖给国外批发商；二是在国外直接开店，把货卖给国外的消费者。老王是很多国内知名品牌的总代，老外要在国外卖这些品牌的商品都得找老王批发；而在国外，老王直接开了自己连锁店的分店，卖国内外消费者喜欢的商品，服务中国出国旅游者、商务人群以及当地老外。

其二，引进来。老王联系国外的供货商，把国外卖得火、利润高、国内顾客喜欢的商品引进到自己店里，做起了洋货买卖。

当然，老王这国内国际买卖要做得风生水起，离不开个事，得有人帮着算汇率、换外币、结外币。

过程中遇到什么问题？

国外的风土人情、消费者喜好、政策法规等都与国内不同，老王在海外拓展的过程中也遇到很多问题。

- 国内外商品文字问题。国内的商品标签都是中文，国外的是各个国家的文字，老王需要想办法让他的顾客和批发商能读懂商品标签上的信息。
- 计价问题。国内和国际币种不一样，老王也好，顾客也好，交易的时候都要带个计算器，查询下汇率，换算成以自己国家货币计的价格，才知道利润有多少，划不划算。
- 业务许可问题。在国内卖进口商品、将商品出口到国外和在海外当地开店，这些业务按照规定，老王都要有相关的许可证才能开展。
- 海外批发商信任度问题。做生意很多是要先欠着、押账期的，以前做国内业务，老王对那些批发商都知根知底，家庭住址、信用都十分了解，所以敢先发货，赊账给他们。但是对于国外的批发商老王就不熟悉了，生意又要照做，老王不知道能不能先发货，赊账给他们。

- 货源问题。老王在海外开了店，相同产品或者同类型产品在国内和海外某些地方都有工厂生产。哪里的店用哪里的工厂货源，老王需要考虑一下。
- 地方性产品问题。各地风土人情不一样，老王在世界各地开店，除了配置一些全球化商品（如可口可乐等），也需要考虑一些当地产品，以顾全各国的国情，满足人们的喜好与需求。

怎么解决问题？

- 国内外商品文字问题。针对销往不同国家的商品，为了方便消费者知道商品含义及内容，老王特地制作了不同语言版的标签贴在商品上，供消费者或者批发商购买跨境商品时了解。
- 计价问题。针对国内和国际币种不一样问题，老王做了个电子屏幕，能够按照当前商品的人民币价格自动显示主要国家的币种计价，甚至还能根据汇率波动每几分钟更新一次。这样，消费者和批发商一眼就知道商品价格有没有吸引力。除了可以以不同币种计价外，老王还支持以不同币种收款，这样批发商和消费者就不用担心后续的汇率波动了。
- 业务许可问题。为了了解各国法律法规并处理好业务许可资质问题，老王专门建立了一支法律团队，研究世界各国的商业法律问题。每到一个地方，老王都会先按照法律团队给的清单申请到所有的许可资质后再开展业务，确保合法合规。
- 海外批发商信任度问题。对于由于不够了解而对海外批发商缺乏信任的问题，老王选择与一些商业协会合作。在决定要不要赊账之前，老王会先只针对商业协会成员合作，然后要求批发商提供营业执照、企业流水、个人证件等资料。另外，不仅自己通过这些资料判断批发商资质，也会将资料提供给一些国际或当地的协会，让其协助判断批发商资质，加大背书力度。

- 货源问题。关于不同货源问题，老王会综合考虑当地税收政策和进货成本。从最后结果来看，老王在日本、美国等市场较大的国家，都在会当地——设厂或者找代工，以节省成本，增加效率；而在一些市场较小的国家，不会设厂，而是使用邻近工厂的货源，比如在墨西哥的店从美国工厂进货。
- 地方性产品问题。老王每进入一个海外市场，都会研究当地消费者喜好和当地市场产品，并据此联系当地供应商提供货源。

上面这个故事说的是老王在海外开店的事，也是跨境支付的事。

故事的开始，是国内生意难做，国外生意是蓝海。做着做着，国际的生意发展迅速，做得越来越大。老王开店是这样，跨境支付也是这样，跨境支付在国内发展迅速，商业模式和技术都有了很多玩法与创新，相对于很多国外市场的玩家来说都算得上是降维打击。

故事中的业务，将国内的货卖到国外去，将国外的货引进到国内来，有国内的人去国外的店买东西，有人的流动，也有货的流动。而跨境支付是把国外的支付品牌引进到国内来，把国内的支付品牌提供给海外商户使用，这与老王卖货是一回事。

故事中老王遇到的问题，也是国际支付遇到的问题。

国内外商品文字问题就是国际支付里的多语言问题。老王需要通过贴上当地文字标签解决；国际支付里遇到的通道不同语言返回，也需要有相关语言转译，以便用户知道返回内容。

计价问题就是国际支付里交易币种与卡本币不一致的问题。老王需要按照汇率显示以各个主要币种计价的商品价格；国际支付里遇到交易币种、卡本币币种不同，需要有查汇方案、定价方案，有了DCC（动态汇率转换）方案，就可以显示用户当地币种价格。

业务许可问题就是国际支付合规资质问题。老王做海外业务要研究各个国家的政策法规，申请资质；国际支付也是一样，在各地拓展业务时，有法律要求的要申请资质以确保合法合规，没有特别要求的也要先行研究清楚再进行展业，比如开展欧洲业务要研究《通用数据保护条例》（General Data Protection Regulation，GDPR）。

海外批发商信任度问题就是国际支付里的风险控制问题。老王让批发商提供各类信息，与当地协会一起把关评估批发商信用；在国际支付里，商户与通道、发卡行、卡组织一起，通过验证更多要素、3DS验证等方式进行联合风险控制。

货源问题就是国际支付里的交易币种与结算币种问题。对于每个重点市场，老王都在当地开厂，而在市场较小的地区则从重点市场工厂进货；在国际支付里，出于币种适用范围和汇差损失控制等因素考虑，重点币种会一一对应，比如美元交易结算美元、日元交易结算日元；对于小币种交易就统一结算成主要币种，比如墨西哥比索统一结算成美元。

地方性产品问题就是国际支付里的本地化收单方案。老王根据各地风土人情，销售当地特色产品；国际支付根据各个地区支付习惯，接入各类本土化产品，比如荷兰最为流行的是ideal，中国香港有FPS，泰国有泰国央行推出的Prompt Pay。

老王海外开店的故事讲完了，我们书归正传，说说跨境支付的事儿。

3.2 什么是跨境支付

"中国业务的演进套路是，做到中国第一，就是世界第一；做到世界第一，就是全球化。"

——王小憨

第1章介绍过，支付就是社会经济活动所引起的货币债权转移过程，包括三个基本过程：交易、清分、结算。交易是支付的前提和基础，清分是数据的准备阶段，结算是支付的完结。站在使用者的角度，我们可以认为支付就是在某个场景下资金流或者信息流在不同账户之间的转移，而任何支付服务都是服务于账户之间的连接。

跨境支付存在的基础是不同交易币种、不同结算币种、不同跨国监管主体资金转移、不同国家支付网络（如SWIFT、卡组织等）的连接。在这场资金盛宴中，世界经济论坛（World Economic Forum）2016年8月发布的报告《金融基础设施的未来》(The Future of Financial Infrastructure) 中提到，跨境支付的连接方众多，如图3-1所示。

第 3 章 跨境支付

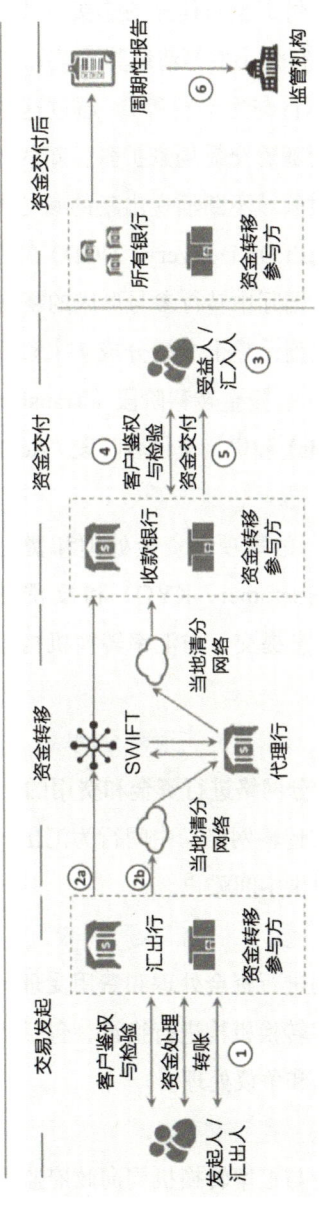

图 3-1 跨境支付的连接方

如图 3-1 所示，支付资金与信息的连接方式既有构建账户之间的网络（卡组织、央行大小额等清结算系统），也有建立网络与账户之间的连接（收单行与发卡行等）。通过这些连接，资金依附于不同场景转移，而随着交易场景扩张，新的连接乃至新的网络开始出现，跨境支付领域不断涌现出新的参与者，创立新的连接。比如货到收款（Cash On Delivery，COD）的方案带来供应链金融、邮局、当地行、国际中转行参与形成的新连接。

在图 3-1 中可以看到，整个全景分成 4 个阶段：交易发起阶段（Initiate Relationship）、资金转移阶段（Transfer Money）、资金交付阶段（Deliver Funds）和资金交付后阶段（Act Post Payment）。

在交易发起阶段，参与方有客户、汇出行和汇率转换机构。客户与汇出行之间进行的事项有资金处理和费用受理、验证客户信息（Know Your Customer，KYC）和反洗钱（Anti-Money Laundering，AML）信息提交、与汇率转换机构进行换汇，以及交易查询和争议处理。

在资金转移阶段，参与方有当地清分网络、SWIFT 和中间行（或称代理行）。当地清分网络进行资金和费用的计算，SWIFT 提供国际间资金处理报文传输网络，中间行为汇出与汇入行无直接关系的资金转移活动提供中间账户。

在资金交付阶段，参与方有汇入行、收款人和汇率转换机构。汇入行与客户之间进行资金处理和费用受理、客户信息和反洗钱信息提交，与汇率转换机构进行换汇，包括协助客户与汇入行进行转账交易的查询和争议处理。

在资金交付后阶段，参与方有各环节银行、汇率转换机构和政府监管机构。各银行与汇率转换机构向政府监管机构提供交易详细信息和报告。

3.3 跨境支付背景

这些年来，购物越来越全球化，通过网易考拉海购、天猫国际、京东全球购、小红书、洋码头、速卖通、亚马逊、Wish 等跨境电商平台进行全球买、全球卖已经司空见惯了。

在学术上，跨境电子商务是指分属不同关境的交易主体，通过电子商务平台达成交易、进行支付结算，并通过跨境物流送达商品、完成交易的一种国际商业活动。

目前跨境支付市场业务主要形态有跨境电商与贸易、海外留学、海外投资、海外旅游。这些业务里以电商与贸易为主导，电商在进出口贸易中的地位日益重要，平台有速卖通、Wish、亚马逊、Lazada 等。

以 2008—2017 年的数据为例，跨境电商交易额占进出口总额的比重在逐年增加。中国电子商务研究中心的数据显示，2017年中国跨境电商整体交易规模（含零售及 B2B）达到惊人的 7.6 万亿元，并且还在快速增长中，2020 年跨境电商交易规模有望增至 12 万亿元（若无疫情等突发事件）。图 3-2 给出了 2008—2015 年的跨境电商交易数据。

随着国际贸易与交流的不断发展，需要有专业的支付服务商来解决资金进出甚至合规问题。

我们再将视角放回国内，大量第三方支付公司的生存空间收窄。

图 3-2 中国跨境电商交易额、进出口总额变化

1. 阿里巴巴和腾讯双巨头把持账户端

阿里巴巴和腾讯双巨头借助丰富应用与流量平台，用户黏性越加稳固，马太效应明显，并且用户数量和交易数占比还有加速迹象。由于没有应用场景作为护城河，很多第三方支付公司在国内支付市场节节败退，生存空间不断收窄。如图 3-3 所示，财付通和支付宝的总市场份额已经达到 78.6%。

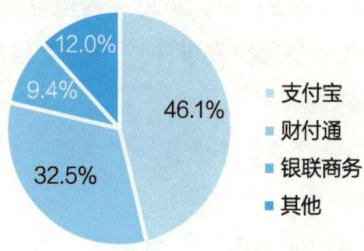

图 3-3 第三方综合支付市场份额

2. 备付金集中存管终结资金沉淀收益

2017年1月13日,中国人民银行发布《中国人民银行办公厅关于实施支付机构客户备付金集中存管有关事项的通知》。文件明确对支付机构客户备付金实施集中存管,亦即第三方支付机构在交易过程中产生的客户备付金今后将统一交存至指定账户,由央行监管,支付机构不得挪用、占用客户备付金,并且不计付利息。文件规定自2017年4月17日起,支付机构交存客户备付金执行以下比例,获得多项支付业务许可的支付机构从高适用交存比例。

- 银行卡收单业务:10%(A类)、12%(B类)、14%(C类)、16%(D类)、18%(E类)。
- 网络支付业务:12%(A类)、14%(B类)、16%(C类)、18%(D类)、20%(E类)。
- 预付卡发行与受理:16%(A类)、18%(B类)、20%(C类)、22%(D类)、24%(E类)。

2017年12月29日,中国人民银行发布《中国人民银行办公厅关于调整支付机构客户备付金集中交存比例的通知》,并且特别加印了"特急"字样。文件中以2018年1月8日、2月22日、3月12日、4月9日为4个时间节点,规定了银行卡收单业务、网络支付业务、预付卡发行与受理业务的交存比例,见表3-1。

2018年6月29日,中国人民银行发布《中国人民银行办公厅关于支付机构客户备付金全部集中交存有关事宜的通知》,同样特别加印了"特急"字样。文件要求自2019年7月9日起,按月逐步提高交存比例,直到2019年1月14日实现100%集中交存,交存时间为每月第二个星期一(遇节假日顺延),交存基数为上一个月客户备付金日均余额,但指出跨境人民币备付金账户、基金销售结算专用账户、外汇备付金账户余额暂不计入交存基数。

表 3-1 支付机构业务备付金缴存比例

交存时间	交存比例	交存基数
1月8日	**银行卡收单业务**:10%(A类)、12%(B类)、14%(C类)、16%(D类)、18%(E类) **网络支付业务**:12%(A类)、14%(B类)、16%(C类)、18%(D类)、20%(E类) **预付卡发行与受理**:16%(A类)、18%(B类)、20%(C类)、22%(D类)、24%(E类)	2017年第四季度客户备付金日均余额
2月22日	**银行卡收单业务**:20%(A类)、22%(B类)、24%(C类)、26%(D类)、28%(E类) **网络支付业务**:22%(A类)、24%(B类)、26%(C类)、28%(D类)、30%(E类) **预付卡发行与受理**:26%(A类)、28%(B类)、30%(C类)、32%(D类)、34%(E类)	2017年第四季度客户备付金日均余额
3月12日	**银行卡收单业务**:30%(A类)、32%(B类)、34%(C类)、36%(D类)、38%(E类) **网络支付业务**:32%(A类)、34%(B类)、36%(C类)、38%(D类)、40%(E类) **预付卡发行与受理**:36%(A类)、38%(B类)、40%(C类)、42%(D类)、44%(E类)	2017年第四季度客户备付金日均余额
4月9日	**银行卡收单业务**:40%(A类)、42%(B类)、44%(C类)、46%(D类)、48%(E类) **网络支付业务**:42%(A类)、44%(B类)、46%(C类)、48%(D类)、50%(E类) **预付卡发行与受理**:46%(A类)、48%(B类)、50%(C类)、52%(D类)、54%(E类)	2018年第一季度客户备付金日均余额

2018年11月底,中国人民银行支付结算司发布《中国人民银行支付结算司关于支付机构撤销人民币客户备付金账户有关工

作的通知》，同样特别加印了"特急"字样。文件要求除规定可以保留的账户之外，在 2019 年 1 月 14 日前，撤销所有的开立在备付金银行的人民币客户备付金账户。

中国人民银行在短短两年内接连发布多份加急文件，由此可以看出中国人民银行对备付金市场的强监管要求。而截至 2018 年 7 月，备付金市场余额规模已达到 7638.43 亿元。支付机构之前借助备付金，可以说是躺着赚钱，每年的利息收入高达百亿元。

此前，除了看起来还算正规的利息收入，支付机构还衍生出多种灰色空间玩法来创造收益。正常支付机构和清算机构的正常结算时间是 D+1 或 T+1，但因为有备付金的存在，结算时间被设计成以下几种形式。

- D+N 或 T+N，做成钱包账户余额，用于获取沉淀资金利息收入。
- D+0 或 T+0，用于获取提现手续费，在套现市场尤为常见。
- D–N 或 T–N，用于信贷产品，比如供应链金融领域根据企业流水提供授信。

由于备付金的集中存管，沉淀利息收入没有了，手续费中间收入没有了，资金错配信贷收入也没有了，支付机构必须调整盈利模式，拓展其他市场，寻求其他盈利。

3."断直连"抹平支付通道能力差距

这里先介绍下什么是直连与断直连。

在 POS 时代，我国银行卡大多是以银联作为卡组织的，通过银联进行交易和跨行结算。对于一笔交易，手续费会由收单机构、银联、发卡行一起分佣。

后来，支付宝、财付通等第三方支付机构发展起来。因为交易量巨大，支付成本巨大，加之银联管控没有渗入这个领域以及各地分行追求收入增长及指标等，第三方支付机构与这些银行一拍即合，绕过银联，对于银行发行的银行卡形成双方接口直连、交易直接发起、账单直接提供、资金直接结算的模式，也就是直连模式。

这种模式对于第三方支付机构与银行来说，降低了成本，提高了效率，但是也带来了信息不透明与不公平问题。

第一，加大了同业中小竞争者与大平台之间的成本差距。

直连费率与第三方支付机构的交易量、平台影响力、人脉关系都是关联的。同业中小竞争者因为没有像大平台、大商户那样的交易量，所以无法获得有竞争力的费率，带来了竞争力缺失；同时由于交易量方面不占优势，中小竞争者只能通过人脉关系去弥补，滋生了腐败空间。

第二，增加了中小支付机构接入工作量。

由于直连模式需要支付机构一一对接各家银行，甚至出于通道备份考虑，每家银行还需要对接多地分行机构。

不同的银行、不同的分行，报文格式不一样，支付能力不一样，接入地址不一样，结算方式不一样，而我国单全国性股份制银行就有十多家，每家借记卡和信用卡各接入一遍，备份一遍，加上不同的交易类型、不同的支付特性或者支付产品，单是这些银行的组合就有一百多个。

再加上对每家银行谈判、接入、测试、联调的时间，这对于中小支付机构来说在人力、资金、时间上都是巨大的负担，而大平台由于人手充足，没有多大压力。

第三，对国家监管来说，增加了信息的不透明。

在直连模式下，企业、支付机构与银行直接接入，国家无法摸底和兼顾实际交易情况，无法弄清楚每笔交易的流向，因而不利于国家进行反洗钱的监管，以及根据金融市场交易情况制定货币政策和行业政策。

基于上述原因，中国人民银行要求企业"断直连"，成立网联清算有限公司，要求支付机构不能直连银行，要接入网联或者银联。

2017年8月4日，中国人民银行发布《中国人民银行支付结算司关于将非银行支付机构网络支付业务由直连模式迁移至网联平台处理的通知》。文件要求所有支付机构在2018年6月30日前，必须完成受理的银行账户网络支付业务全部通过网联平台处理。

在支付领域，支付机构的优势除了支付成本外，还在于支付方式的多样性，支付各交易类型各产品能力的储备，网联作为开放平台，对所有支付机构开放，"断直连"之后直接抹平了大家在通道能力上的差距。

由于国内监管趋严以及支付市场一片红海，国内业务几乎到了天花板，再加上跨境市场蓬勃发展、监管的相对放松以及国内支付在国际上的领先水平，大家都在寻求新的增长点，探索更复杂、更高壁垒的市场，各个支付公司都把目光转向了跨境支付，积极进行海外布局。

3.4 跨境支付复杂性

支付是交易的基础，是交易的终点、货币流动的起点。在跨境贸易这些数以万亿计的灿烂数字背后是无数笔订单。每一笔订单就是一笔支付，是一笔资金和信息的流动与转移，跨境支付在促进业务发展方面发挥了重要作用。

跨境支付（Cross-border Payment）是指通过一定的结算工具和支付系统对于因贸易或投资发生的资金实现两个或两个以上国家或地区之间的转移行为。跨境支付包括境外线下支付、跨境转账汇款、跨境线上支付三种场景。

境外线下支付和跨境线上支付场景本质上都是基于交易进行的支付行为，底层驱动是商品与服务的跨国转移和流动。对于商品转移和流动场景，常见的有速卖通等B2B外贸交易支付、执御等B2C跨境电商交易支付；对于服务转移和流动场景，常见的有携程国际站、Booking、Agoda等的机票、酒店、餐饮等跨国旅游服务支付，留学、夏令营之类的跨国留学服务支付，以及Google、YouTube、Facebook等流量或广告平台的购买广告支付。

跨境转账汇款场景本质上是基于转账进行的支付行为，底层驱动是人口的跨国转移和流动。对于人口的跨国转移和流动场景，常见的有相对发达国家中原相对落后国家移民向原籍国家汇款这样的移民汇款支付和跨国劳工支付，有从原籍国家向留学生所在国进行汇款的汇款支付。

无论是基于交易场景还是基于汇款场景，资金发生的跨国转移复杂程度都远高于国内支付的。其复杂性主要体现在以下两个方面。

1. 复杂在跨币种的资金转移与流动

在跨境支付交易或转账的场景里，有交易币种，有结算币种，有卡本币，不同币种之间的转换需要考虑交易计价、汇兑损失及汇率方案。

常见的场景如下。
- 页面计价：要不要进行动态汇率转换，是选择 DCC 动态转换成用户卡本币还是 EDC 使用当地交易币种交易。
- 查汇：使用哪里的汇率，是中国银行汇率还是结算行汇率，查哪个国家的汇率。
- 计价汇率规则：是用买入价还是卖出价，是用现汇价还是现钞价，或者是中间折算价。
- 查询汇率频率规则：是一天一汇还是一天两汇，或者是交易实时汇率。
- 汇兑风险控制：要不要在查询汇率时加上上浮加成，上浮多少；要不要进行延期结汇；要不要买反向远期外汇期货。
- 结算时交易币种与结算币种处理：什么交易币种结算成什么结算币种，什么币种结算到哪个国家或地区的账户。

2. 复杂在跨地区的资金转移与流动

在跨境支付交易或者转账的场景里，不同地区对于支付处理的政策法律、处理机制、认知都不相同，需要考虑当地特殊性。

常见的场景如下。
- 不同地区所属时区不一样。双方账单的日切时间以哪个时区的时间为准。
- 不同地区监管环境不同。在有些地区，支付业务准入条件包括当地支付牌照，而有些地区则不包括；各地区在风控、反洗钱方面的要求也有差异。这种种不同点就要求支付机构在开展当地业务时要熟悉当地法规，而这给外来者带来了更高的合规成本。

- 不同地区语言和名词定义不同。不同地区语言不同，对于业务开展来说，跨境支付对人才储备能力的要求远超国内支付。交易双方对同一事情的名词定义不同，并且往往不能单从字面理解，比如同样是预授权，换成英文就成了 Capture 或 Delay-hours。
- 不同地区的交易处理机制不一样。比如有的地区是单信息流，以交易时的结果为准；有的地区是双信息流，以最终账单结果为准。
- 不同地区清结算体系和产业链参与方不同。需要了解每个地区产业链参与方与他们所提供的支付能力，需要耗费更多时间去熟悉当地收单方案，与更多参与方进行沟通和交流，这带来了更高的操作难度和沟通成本。

在处理跨境支付这样一个复杂场景的过程中，参与者主要有银行、换汇机构、专业汇款公司、第三方支付公司、卡组织、国际协会组织、代理银行和当地清分网络等。

- 银行提供银行电汇（Telegraphic Transfer，T/T）、信用证（Letter of Credit，L/C）、汇票（Money Order）、支票（Check）、信用卡（Credit Card）收款、第三方支付转账平台等方式。
- 换汇机构提供汇率查询、汇率兑换。
- 专业汇款公司中最为出名的是西联汇款。
- 第三方支付公司作为参与者提供国际支付服务，其中出色的参与者有 PayPal、Adyen、支付宝等。
- 卡组织进行交易清结算处理、发卡等工作，知名卡组织有 Visa、Mastercard、JCB、银联、美国运通等。

- 国际协会组织中最著名的是环球同业银行金融电信协会（SWIFT），协会的 SWIFT 系统为银行提供标准化通信服务。
- 代理银行建立代理账户，为汇出行与汇入行无直接账户关系资金流动提供服务。
- 当地清分网络是指当地处理金融机构之间交易的服务组织，如中国的大小额系统。

3.5 跨境支付方式及特性

对于跨境支付方式，我们就最主流的电汇和第三方支付具体展开介绍。

3.5.1 电汇

电汇是指汇出行应汇款人申请，通过电子报文（早期通过电报或电话）指示国外汇入行（目的地分行或代理行）支付对应金额给收款人的结算方式。电汇采用的系统网络是 SWIFT，SWIFT 是银行之间交换信息的基础设施。电汇流程如图 3-4 所示。

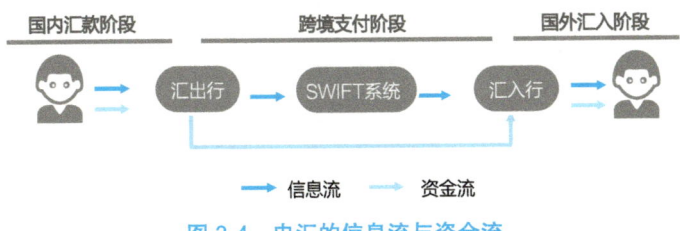

图 3-4 电汇的信息流与资金流

电汇主要有以下 3 个要素。

第一，费率。费率由手续费和电报费构成。

- 各银行收的手续费略有差异，约为1‰。以国内为例，手续费为20~1000元人民币，在汇出行、汇入行、代理行（如有）间分配。
- 各银行收的电报费也略有差异，为50~200元人民币/笔。
- 汇出款项必须换成外汇，汇出行会在汇差部分赚取利润，比如钞汇差价、汇率差价。

表3-2列出了部分银行的电汇收费情况。

表3-2 部分银行的电汇收费情况

银行	客户级别	手续费	电报费
中国银行	中银理财	汇款金额的0.08%，最低40元/笔，最高208元/笔	港澳台：64元/笔；其余：120元/笔
	普通客户	汇款金额的0.10%，最低50元/笔，最高260元/笔	港澳台：80元/笔；其余：150元/笔
平安银行	普通客户	汇款金额的0.10%，最低50元/笔，最高500元/笔	港澳台：80元/笔；其余：150元/笔
工商银行	普通客户电子渠道	汇款金额的0.08%，最低40元/笔，最高208元/笔	100元/笔
	普通客户	汇款金额的0.10%，最低50元/笔，最高260元/笔	港澳：80元/笔；其余：150元/笔
支付宝	普通客户	50元/笔	免费
交通银行	普通客户	汇款金额的0.10%，最低20元/笔，最高250元/笔	港澳台：80元/笔；其余：150元/笔
华夏银行	普通客户	汇款金额的0.10%，最低20元/笔，最高200元/笔	免费
宁波银行	普通客户	汇款金额的0.10%，最低20元/笔，最高200元/笔	港澳台：80元/笔；其余：150元/笔
江苏银行	普通客户	汇款金额的0.10%，最低20元/笔，最高250元/笔	80元/笔
浦发银行	普通客户	汇款金额的0.10%，最低50元/笔，最高250元/笔	80元/笔

（续）

银行	客户级别	手续费	电报费
民生银行	普通客户	汇款金额的0.10%，最低50元/笔，最高200元/笔	港澳台：100元/笔；其余：200元/笔
	普通客户网上及手机银行	汇款金额的0.05%，最低25元/笔，最高100元/笔	港澳台：50元/笔；其余：100元/笔
邮储银行	普通客户	汇款金额的0.08%，最低20元/笔，最高200元/笔	70元/笔
中信银行	普通客户	汇款金额的0.10%，最低20元/笔，最高250元/笔	港澳台：80元/笔；其余：100元/笔
农业银行	普通客户	汇款金额的0.10%，最低20元/笔，最高200元/笔	80元/笔
建设银行	普通客户	汇款金额的0.10%，最低20元/笔，最高300元/笔	80元/笔
兴业银行	普通客户	汇款金额的0.10%，最低50元/笔，最高200元/笔	100元/笔
	金卡客户	汇款金额的0.05%，最低50元/笔，最高200元/笔	100元/笔
	白金、黑金客户	免费	100元/笔
光大银行	普通客户	汇款金额的0.10%，最低20元/笔，最高250元/笔	港：80元/笔；其余：150元/笔
	财富客户	汇款金额的0.10%，最低20元/笔，最高250元/笔	免费
	准私客户	免费	免费
广发银行	普通客户	汇款金额的0.10%，最低20元/笔，最高200元/笔	50元/笔
上海银行	普通客户	汇款金额的0.10%，最低50元/笔，最高500元/笔	80元/笔
汇丰银行	普通客户	汇款金额的0.10%，最低100元/笔，最高500元/笔	120元/笔
招商银行	金葵花客户	免费	150元/笔
	普通客户	汇款金额的0.10%，最低100元/笔，最高1000元/笔	150元/笔

第二，时效。电汇一般会在 3~5 个工作日内到达，根据电汇模式具体细分，清算行模式下为 T+1 处理时间，代理行模式下为 T+3 处理时间（稍后介绍这两种模式）。

第三，金额限制。单笔金额小于 5 万美元，可以直接汇出；单笔金额大于 5 万美元，需要提供相关证明材料。

电汇总体手续费相对固定，小额汇款不太划算，一般用于较大金额的汇款。跨境资金电汇在日常操作中主要有两种模式：**清算行模式和代理行模式**。

清算行模式与代理行模式的差异主要在于资金处理地。我们结合下面的应用场景，看这两种不同的模式是如何处理的。

事项：美国的 Davy 要汇款 50 万元人民币给中国的小王。

业务发生银行：美国某地富国银行，中国上海工商银行。

我们先看清算行模式。**清算行模式相当于汇入行在汇出行当地有营业部**，属于走出去。汇出行在当地就可以进行资金处理，处理后由汇入行处理。流程如图 3-5 所示。

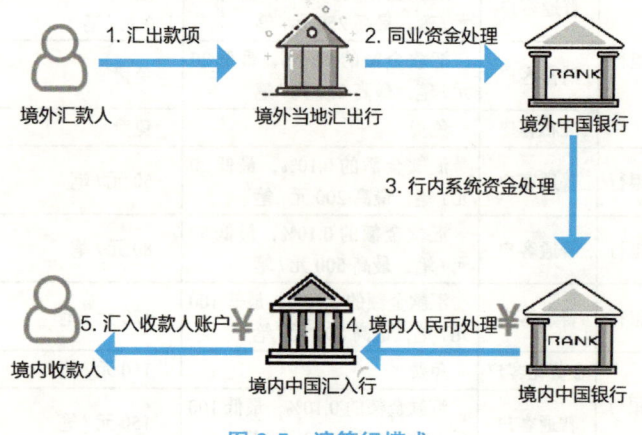

图 3-5　清算行模式

为了让图 3-5 所示的流程顺利进行下去，必须先完成如下前置条件。

- 中国人民银行指定某银行境外分行为当地人民币境外清算行，一般为中国银行。
- 中国某银行境外清算行与境外商业银行签订人民币代理结算协议，为其开立人民币同业往来账户。

在有了上述前置条件后，中国某银行境外清算行可以直接进行跨境人民币资金处理服务，流程如下。

1）境外汇款人 Davy 在美国某地富国银行汇出款项（如汇出与汇入为不同币种，需要自行兑换货币或者在银行进行兑换）。

2）富国银行通过 SWIFT 系统或者当地银行间结算系统与当地中国清算行（中国指定某银行境外分行）进行资金处理。

3）中国某银行境外分行与国内本行系统进行行内资金处理。

4）境内中国银行与汇入行工商银行通过 CNAPS（中国现代化支付系统）进行资金处理。

5）汇入行工商银行将款项汇入小王账户。

我们再看代理行模式，代理行模式相当于汇出行国家直接将款项汇入汇入国，在汇入过程中需要经过中转机构。这有点像改革开放初期，外商带着外资来了，但是人生地不熟，得先找个中介才能开展业务。流程如图 3-6 所示。

为了让图 3-6 所示的流程顺利进行下去，必须先完成如下前置条件。

- 中国人民银行指定某银行境内分行为境内清算行，一般为中国银行。
- 境外商业银行与境内清算行签订人民币代理结算协议，境内清算行为其开立人民币同业往来账户。

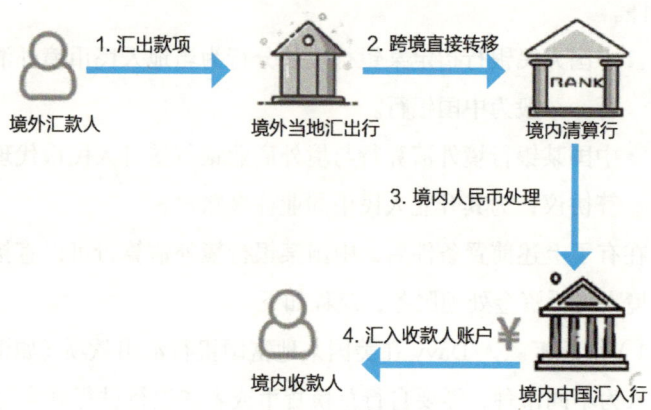

图 3-6　代理行模式

这样境外商业银行就可以在中国境内进行跨境人民币资金处理服务，流程如下。

1）境外汇款人 Davy 在美国某地富国银行汇出款项（如汇出与汇入为不同币种，需要自行兑换货币或者在银行进行兑换）。

2）富国银行通过 SWIFT 系统与中国境内清算行（中国指定的某银行境内分行）进行资金处理。

3）境内中国银行与汇入行工商银行通过 CNAPS 进行资金处理。

4）汇入行工商银行将款项汇入小王账户。

以上就是通过清算行模式与代理行模式实现跨境资金的电汇处理过程，其中反复提到 SWIFT 系统。SWIFT 系统在跨境支付中起着非常重要的作用，下面我们就来简单介绍下。

衍生小知识：SWIFT

SWIFT 系统作为一个连接了绝大多数银行的系统，为各成员提供标准化、安全、可靠、合规的报文传送和通信服务，它是与 SWIFT 组织同时建立的。1973 年 5 月，环球银行金融电信协会（SWIFT）成立。它是国际银行间非营利性合作组织，总部设在比利时布鲁塞尔，同时在荷兰阿姆斯特丹和美国纽约设立了交换中心（Swifting Center），并为各参加国开设集线中心（National Concentration）。

SWIFT 服务的对象众多，连接了超过 200 个国家和地区的 11 000 多家银行、证券机构、市场基础设施和公司客户。SWIFT 的成员分成持有股者（Shareholder，即会员）和非持有股者（Non-shareholder）。

根据 SWIFT 官方公布的信息，成员中 90% 是其会员，会员主要由银行、符合资格的证券经销商、符合规定的投资管理机构构成。会员拥有协会股份，具备选举权；而非持有股者主要由非参股会员、附属成员和参与者构成，没有股份，不具备选举权。官方对非持有股者的三类成员给出了以下定义。

- 非参股成员：符合成为会员的资格但是并未选择或不愿意成为会员的机构。
- 附属会员：持有股者控股的机构组织。持有股者对该机构组织拥有 50% 的直接控股权或 100% 的间接控股权。此外，该机构组织还需要满足附属会员条例中第 8 款第一节规定：从事业务必须与会员所参与的业务相同，且必须完全由参股人控制管理。
- 参与者：主要是来自证券业的各个机构，如证券经纪人和经销商、投资经理、基金管理者、货币市场经纪人等。

为了维护并保持系统健壮，SWIFT 组织中各类成员需要缴纳费用。收费内容由入会费、年费、报文使用费、增值服务费（可选）构成。

每个成员都拥有一个 SWIFT Code，SWIFT Code 就像每个人的家庭地址、电话、身份证号码一样，用于与其他成员进行区分，具有唯一性。SWIFT Code 一般由 8 位或 11 位数字或英文字母构成，包括银行代码、国家代码、地区代码、分行代码（适用于 11 位）。

以中国工商银行的 SWIFT Code ICBKCNBJ 举例。

银行代码：ICBK。每个银行品牌无论有多少分行，都只有一个银行代码。银行代码由银行自行设定，一般都是该行缩写，比如中国工商银行（Industrial and Commercial Bank of China）的缩写应该是 ICBC。但细心的读者会注意到，中国工商银行的银行代码是 ICBK 而不是 ICBC，原因是 ICBC 已经被占用，占用方是中国台湾的"中国国际商业银行"（International Commercial Bank of China，简称 ICBC）。

国家代码：CN（代表中国）。SWIFT Code 的第 5~6 位一般是英文字母，用来代表国家或者地区，比如 HK 代表中国香港，US 代表美国。

地区代码：BJ（代表北京）。第 7~8 位可以是数字也可以是英文，用来代表银行在当前国家或地区的总行所在地。

分行代码：BJM（代表北京分行）。第 9~11 位可以是数字也可以是英文，用来代表某地分行，如 ICBKCNBJBJM 代表中国工商银行北京分行，NATAAU33033 代表澳大利亚国民银行墨尔本分行。

SWIFT 报文服务是如何服务 200 多个国家和地区的 11 000 多家金融机构的呢？

SWIFT 报文服务命名为 SWIFTNet，用于定义标准化需求，用于各使用者转账、支付等交易相关报文传送。它由 FIN、InterAct、FileAct 和 WebAccess 这 4 个服务模块构成，满足不同客户对于报文的不同需求。

- FIN 是最早建立的服务，可以以逐条报文方式进行报文交换。它也支持报文复制、群组广播和在线检索之前的交换报文。
- InterAct 报文在 FIN 逐条报文基础上，支持实时报文传送及实时应答模式。
- FileAct 用于大批量报文传输，如批量支付文件、大型报告或大型操作数据。
- WebAccess 以浏览为基础，SWIFTNet 用户可以使用标准 Internet 技术和协议安全浏览 SWIFTNet 上可用的金融网站。

通过这些服务模块，SWIFT 建立了成员间安全、可靠、快捷、标准、自动化的通信服务，能够处理海量电文信息，成为世界级金融组织。

随着亚马逊、Wish、Shopee、速卖通等全球电商平台的兴起，消费者、平台方、卖家、批发商等在各电商平台进行商品与服务的直接交易，跨境交易越来越频繁，交易节点大幅精简，产生了小额、高频、快速、丰富的跨境支付场景与需求。

- 电子商务平台中间环节少、商品种类丰富，并且电商经常做活动，提供补贴与促销，所以出现了金额较小的交易场景，用户、商户和平台都需要小额且便宜的支付工具。
- 随着移动设备的普及、互联网技术的发展、人民生活水平的提高，在线购物逐渐普及，交易次数的增加使支付变得越来越高频。
- 市场竞争的激烈性、用户体验的重要性和业务场景的实时性都要求支付快速响应和反馈结果。
- 网站所在地不同，用户所在地不同，当地支付方式和用户习惯都不同，支付带有明显的地域性，需要丰富的支付品牌满足不同用户与平台的需求。

但传统的 SWIFT 电汇并不能很好满足这些场景，在这个背景下，第三方支付开始兴起并发挥越来越重要的作用。

3.5.2 第三方支付

第三方支付中的跨境支付平台是跨境付款、转账、汇款的三种主要途径之一，另外两种途径分别为银行和专业汇款公司。

国内外都涌现了很多优秀的第三方支付公司，国外有 PayPal、Adyen，国内有支付宝、连连支付、钱海等。围绕跨境付款、转账、汇款的场景，业内还衍生了很多具体的业务发展模式，比如独立站收单、增值税缴纳、国际退税、国际账户开户与收款、结合卖家信息做的供应链金融等。

在这些公司的业务模式中，在线跨境支付有两种最主要的表现形式，一种是通过独立品牌账户进行支付，一种是通过聚合多个品牌实现支付。PayPal 和 Adyen 分别是这两种表现形式中的佼佼者。

1. PayPal（账户支付）

第 2 章介绍过，账基支付是以账户作为支付工具、验证账户信息并进行支付的行为。资产存储在账户里，账基的核心是实名认证，账户可以有余额，可以绑定多张银行卡。

PayPal 成立于 1998 年，经过 20 多年的发展，现已服务全球 200 多个国家和地区，支持 100 多种交易币种，账户余额支持 20 多种货币，用户超过 2.37 亿。PayPal 是一个以账户为核心的支付工具，在其用户的账户里可以付款、收款和提现。图 3-7 显示了相应币种对应的账户余额。

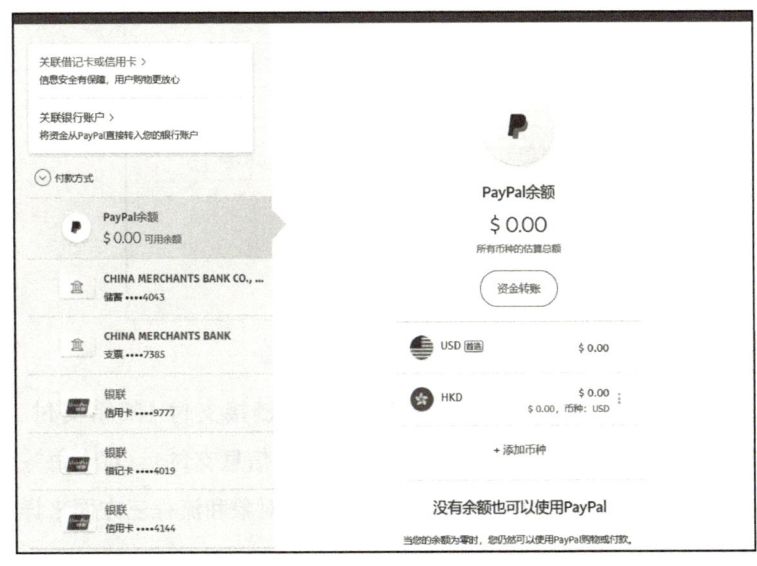

图 3-7　PayPal 账户余额界面

无论是使用 PayPal 开展收款业务还是付款业务，业务发起方都需要先建立账户。账户的建立如图 3-8 所示，填写个人基本信息、电子邮件并创建密码即可注册。

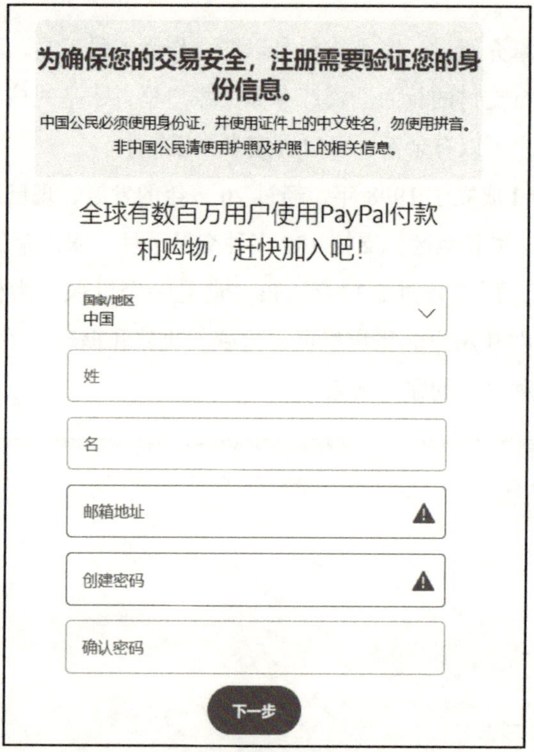

> **为确保您的交易安全，注册需要验证您的身份信息。**
> 中国公民必须使用身份证，并使用证件上的中文姓名，勿使用拼音。
> 非中国公民请使用护照及护照上的相关信息。
>
> 全球有数百万用户使用PayPal付款和购物，赶快加入吧！
>
> 国家/地区
> 中国
>
> 姓
>
> 名
>
> 邮箱地址
>
> 创建密码
>
> 确认密码
>
> 下一步

图 3-8　PayPal 注册界面

PayPal 的收付款方式主要有两类：链接支付（邮箱支付、PayPal.Me）和收银台支付（账户支付、卡信息支付）。对于每一类收付款方式，下面分别从是什么、适用对象和流程三方面来详细介绍。

（1）链接支付（邮箱支付、PayPal.Me）

第一，链接支付是什么。

邮箱支付和 PayPal.Me 都是链接支付，收款人可以通过邮箱或者社交软件、短信分享链接进行收款，付款人点击进入收款页面进行付款。

第二，链接支付适用对象。

链接支付适用于无独立网站的个人或卖家，比如自由职业者收取酬劳、社交平台卖家收取货款、传统供应商收取货款、博客主收取打赏之类。

第三，链接支付流程。

1）收款人创建并自定义收款链接。

对于账单支付，PayPal 系统会自行生成付款链接，发送至收款人或付款人的邮箱，由收款人点击链接收取款项，或者由付款人通过链接支付款项，如图 3-9 和图 3-10 所示。需要注意的是，对于付款人向收款人发起的付款链接，如果收款人一个月内没有点击收款，系统是会将款项退回给付款人的。

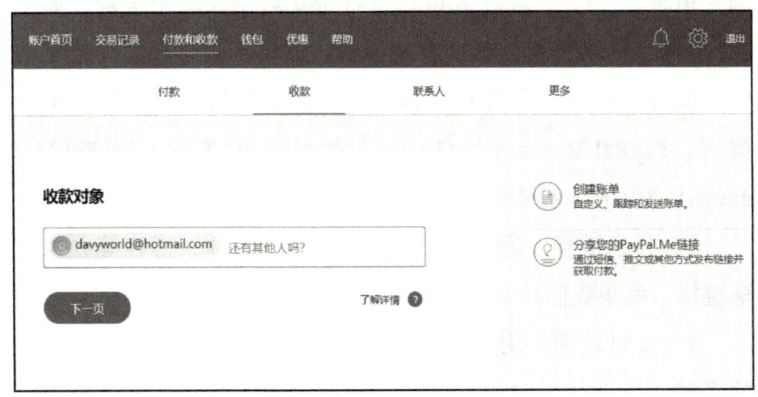

图 3-9　PayPal 收款界面

图 3-10　PayPal 付款界面

PayPal.Me 是收款人可以自行命名收款链接、向非指定人收款的支付工具。链接命名方式是 PayPal.Me/自定义后缀/金额+币种（可选），收款人可以自行定义后缀。关于金额，如图 3-7 所示，可以选择默认或首选币种，如果不在金额后面指定币种，就是指用默认币种付款或收款。如笔者的账户默认币种是美元，PayPal.Me/davylife/30 就是指收款 30 美元，PayPal.Me/davylife/30HKD 就是指收款 30 港元。

2）分享链接。通过邮箱、短信、社交媒体、博客等方式分享链接，就跟我们日常分享二维码一样。

3）支付款项。用户点击链接或者主动输入链接，完成款项的支付。注意，用户在支付的时候可以选择支付内容是否为商品：如果是商品，需要收取收款人的手续费；如果非商品，则不收取费用。

（2）收银台支付（账户支付、卡信息支付）

第一，收银台支付是什么。

收银台支付是在用户付款过程中需要商户打开PayPal收银台完成收款的支付行为。账户支付和卡信息支付都属于收银台支付。

账户支付是指付款人通过PayPal账户中余额或银行卡进行支付。以前PayPal只有标准收银台时，用户必须拥有PayPal账户才可以进行支付，也就是账户支付。对于商户来说，这样的支付流程会造成支付成功率不佳；而未注册PayPal的用户会因为支付流程烦琐、体验不佳、意愿不足而放弃支付，从而影响整体交易。

卡信息支付是指付款人在PayPal收银台可以无PayPal账户，只凭借卡信息完成支付。PayPal看到标准收银台支付的不足后，推出了PayPal Checkout（结账），如图3-11和图3-12所示，用户可以登录账户进行支付，也可以点击"使用借记卡或信用卡付款"按钮，进入卡信息输入页面进行支付。

图3-11　PayPal账户支付界面

图 3-12　PayPal 卡信息支付界面

第二,收银台支付适用对象。

收银台支付适用于具有独立建站能力的网站。

第三,收银台支付流程。

账户支付的流程如下:

1)用户进入商家支付页面,打开 PayPal 收银台;

2)登录 PayPal 账户;

3)使用账户余额或者银行卡进行支付。

卡信息支付的流程如下:

1)用户进入商家支付页面,打开 PayPal 收银台;

2)进入卡信息页面;

3)输入卡信息和账单信息,完成支付。

PayPal 收付款手续费构成

PayPal 手续费由收款人支付,付款人或转账人无须支付。手续费由收单手续费、货币转换费和提现手续费构成。

- 收单手续费包括交易金额手续费和固定费用。交易金额手续费由约定的手续费率乘以交易金额得到。固定费用因交易币种、商品种类的不同而不同，见表3-3。
- 货币转换费是指用户交易或者汇款时涉及不同币种，提供金融服务方所收取的费用。
- 提现手续费是指提现时所支付的手续费。

表3-3 不同交易币种与商品的固定费用㊀

币种	普通商品收款固定费用	数字商品收款固定费用
澳元	0.30	0.05
巴西雷亚尔	0.60	0.10
加元	0.30	0.05
捷克克朗	10.00	1.67
丹麦克朗	2.60	0.43
欧元	0.35	0.05
港元	2.35	0.39
匈牙利福林	90.00	15.00
以色列新谢克尔	1.20	0.20
日元	40.00	7.00
马来西亚林吉特	2.00	0.20
墨西哥比索	4.00	0.55
新西兰元	0.45	0.08
挪威克朗	2.80	0.47
菲律宾比索	15.00	2.50
波兰兹罗提	1.35	0.23
俄罗斯卢布	10.00	2.00
新加坡元	0.50	0.08
瑞典克朗	3.25	0.54

㊀ 表中数据均采用相应币种的基本单位，如0.30澳元、0.60巴西雷亚尔。

(续)

币种	普通商品收款固定费用	数字商品收款固定费用
瑞士法郎	0.55	0.09
新台币	10.00	2.00
泰铢	11.00	1.80
英镑	0.20	0.05
美元	0.30	0.05

2. Adyen（聚合支付）

Adyen 聚合了全球超过 250 种支付方式和支付品牌，实现"一点接入，多产品可用"，正是凭借这样的聚合支付能力，它已成长为行业内的明星企业。Adyen 成立于 2006 年。Adyen 在苏里南语中是"从头再来"的意思，公司希望在原有过时的支付基础架构上，简化并整合支付链路，建立一个连接世界各地的卡网络和本地支付方的现代支付基础架构，满足全球企业与用户的跨境支付需求。Adyen 模式如图 3-13 所示。

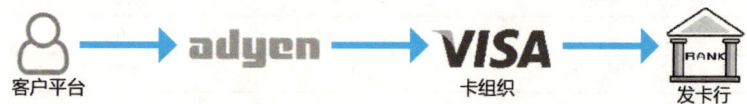

图 3-13 Adyen 模式

Adyen 每年处理的交易金额超过 1000 亿欧元，在全球有 17 个办公室，分别位于阿姆斯特丹、柏林、伦敦、纽约、上海、新加坡等地。2018 年 6 月，Adyen 在欧洲上市，募资额约 10 亿美元，成为当年欧洲新经济领域最大 IPO。同年，Adyen 还与 eBay 达成合作协议，约定 2020 年 eBay 与 PayPal 合同到期后，Adyen 将成为 eBay 的新支付服务商。

Adyen 没有账户开通费用，手续费由固定手续费和付款交易手续费构成。Adyen 将全球分为 5 个区域：亚太地区、北美地区、欧洲地区、拉丁美洲地区和非洲地区。手续费根据不同地区、不同支付方式均会不同。以亚太地区为例，对于 7-11，固定手续费 0.12 美元，交易金额手续费 4%；对于支付宝，固定手续费 0.12 美元，交易金额手续费 3%。

如图 3-14 所示，Adyen 提供聚合了多个支付方式和品牌的 API，对于商户来说，接入 Adyen 会比 PayPal 有更多控制权，控制点至少有以下 3 项。

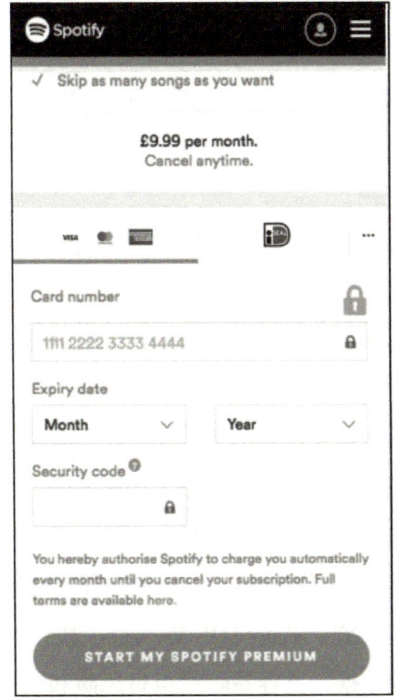

图 3-14　Spotify 商户支付页面——Adyen 提供

- 保持商户平台支付界面的统一性。通过 API 形式完成产品功能建设，商户只需要将支付要素上送到 Adyen 就可以完成支付，从而可以自己控制界面的展示方式，保持不同的支付方式与品牌的界面一致性，不会出现 PayPal 一个样子、Adyen 一个样子的情况。
- 方便商户自己处理支付逻辑。比如商户对于同一支付品牌，需要有多个通道进行备份以降低成本或者提高支付成功率，通过路由进行交易分配（第 4 章会介绍路由系统）。Adyen 作为支付通道存在，商户可以处理这些逻辑；而 PayPal 作为支付品牌存在，用户需要选择 PayPal 时，商户无法处理这些逻辑。
- 流程的简洁性。用户在商户平台无须注册 Adyen 账户就可以进行交易，而 PayPal 某种程度上需要用户注册 PayPal 账户。

此外，作为行业领头人，Adyen 还具有自己的核心优势，并通过这些优势建立了深厚壁垒。

Adyen 的核心优势是支付能力健壮，具体体现在以下几方面。

- 支持的支付方式多：支持超过 250 种支付方式。
- 支持的币种多：支持丰富的交易币种与结算币种。
- 支付合规性高：拥有新加坡、中国香港、澳大利亚、新西兰等多个国家和地区的支付业务许可证。
- 支付产品多：支持 API、SDK 等多种形态的支付产品。
- 抗风险能力强：提供 3DS 等风控手段，并对接众多平台获得大量数据，更容易降低拒付风险和欺诈风险。

Adyen 的壁垒深厚，具体体现在以下方面。

- 发展时间长：Adyen 已成立十余年，多年迭代使得其支付系统十分健壮，业务与技术人员资深，竞争对手需要投入巨额时间与成本，才能打造出同等质量的系统，培养或者招聘到同等素质的人员。
- 支付能力健壮：Adyen 支持超过 250 种支付方式，且支持丰富的币种，竞争对手需要花费大量时间才能建设与其相等的支付能力。
- 影响力大：Adyen 作为上市公司，客户多，数据多，资金多，品牌影响力大。在与行业新进者竞争的时候，可以凭借这些基础取得巨大的竞争优势。

PayPal、Adyen 这些新兴的支付形式改变了前端收单交易的形态，而在后端收款环节也存在很多变革空间。

在图 3-15 所示的传统跨境支付结算流程中，清分和结算这样的资金分发环节至少有以下痛点：速度慢、成本高、流程繁和模糊性。

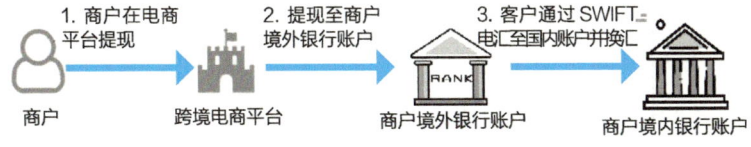

图 3-15　传统跨境支付结算流程

1）速度慢。在传统跨境支付模式下，整个支付链条参与方众多，每个环节均耗时较长，这增加了到账日期的不确定性。比如电商提现至境外银行账户需要 1~2 天，境外银行提现至中间行需要 1~2 天，中间行至国内银行账户需要 1~2 天，且都为工作日。

2)**成本高**。成本高体现在两个方面:交易手续费高,换汇手续费高。

在传统模式下,行业平均费率为3%,像SWIFT电汇这样的方式,对于个人来说,按次收费,既有手续费又有电报费,手续费高昂。

在国际换汇方面,通常会根据换汇金额和身份性质制定不同的汇率,个人换汇由于金额少和身份问题无法获得优惠汇率,换汇成本较高。汇率价分为基本买卖价、优惠买卖价、大额买卖价、贵宾买卖价和至尊买卖价(见图3-16),而同一时间美元与港币的汇率价分成多档,实时变化(见图3-17)。

汇率类型:	● 直盘汇率	○ 交叉汇率								
货币	基本买价(1)	基本卖价(1)	优惠买价(2)	优惠卖价(2)	大额买价(3)	大额卖价(3)	贵宾买价(4)	贵宾卖价(4)	至尊买价(5)	至尊卖价(5)
新西兰元/美元	0.6210	0.6262	0.6212	0.6260	0.6214	0.6258	0.6216	0.6256	0.6218	0.6254
澳大利亚元/美元	0.6665	0.6715	0.6666	0.6714	0.6667	0.6713	0.6668	0.6712	0.6669	0.6711

图3-16 外汇买卖价1

美元 港币	16:37:03
7.8294	7.8494
7.8296	7.8492
7.8299	7.8489
7.8301	7.8487
7.8304	7.8484
买入港币	买入美元

图3-17 外汇买卖价2

3)**流程繁**。在传统模式下,整个支付链路参与方众多,用户需要与不同参与方打交道,需要使用不同语言,了解不同系统,甚至需要了解不同地区的政策。比如在不同国家经营业务,去银行开户是必要的事情。拿亚马逊开店来说,它的开店流程是需要验证海外账户的，但对很多商户来说海外账户很难获得，他们需要借助一些第三方支付公司或者其他途径开伞形账户等方式实现海外账户认证。

4）模糊性。在传统模式下，资金管控力度不同。除了之前说到的到账时间的不确定性外，模糊性还包括到账金额多少、是否会到账等的不确定性。比如在部分国家和地区，模式是收款人支付汇款手续费，汇出 10 000 美元，收款人到账金额多少是模糊的；比如在部分国家和地区，资金是受管控的，需要报备用途等，存在拒收的可能。

在这些劣势下，市场竞争者正从不同的领域切入，改善跨境支付的现状。

在速度方面，能够将转账周期缩短至 1~2 天，甚至可以实时转账。以 PayPal 这样的账基支付举例，通过结合支付工具实时支付功能、自身账户体系中资金流和现金流分离的特性、资金发生国发生行的头寸管理，可以实现资金转账秒到收款方的账户。

在成本方面，手续费呈现逐年递减的趋势。2015 年之前行业平均费率为 3%，而越来越多的第三方支付新玩家加入后，目前行业平均费率已经普遍降到 1%。第三方支付公司利用大交易量及大商户与银行谈判，以获取优惠的外汇牌价；通过全球多地多币种账户，减少成本；通过报文汇总批量交易降低交易成本，批量交易相比客户单笔 SWIFT 成本大大降低。

在流程方面，由于账基的特性，一站式服务大大简化了流程。第三方支付公司一方面通过账基特性，减少流程中的参与方，使用户不需要再与多平台、多语言、多政策机构打交道；另一方面提供创新增值服务，解决用户痛点，拓宽一站式业务范围，比如：

- 建立企业钱包，方便从信息流维度体现实时到账；
- 与国际银行或卡组织合作，帮助用户开通海外实体账户或虚拟账户，解决用户开户痛点；
- 建立出口退税服务，简化客户退税流程，提升客户收益；
- 提供增值税代缴服务，帮助客户进行税收代缴，合法合规地开展业务；
- 提供供应链金融服务，与银行、机构和电商平台合作，通过获取商户在电商平台经营流水进行评估，对商户进行资金授信。

在模糊性方面，通过账户实时反馈支付结果，实时展示汇率，实时展示费用，给用户确定性结果。比如熊猫速汇会在每个汇款节点都进行展示，给用户一个确定性结果。

无论是国外的 PayPal、Adyen，还是国内的银联国际、连连支付，第三方支付公司作为跨境支付的重要参与方，在提供支付工具、处理支付交易、清分和结算跨境资金等方面做出了很大贡献。那么，在我国，第三方支付公司如何才能进行快捷支付展业呢？

3.6 跨境支付展业资质

国内支付机构要想进行跨境支付展业，需要具备以下资质：支付业务许可证、外汇管理局许可证、当地人行许可证、国际机构认证及本地化资质。

3.6.1 支付业务许可证

国内支付机构要想进行跨境支付展业,首先要获得由中国人民银行(简称"央行")颁发的《支付业务许可证》。《支付业务许可证》的业务类型包括互联网支付收单、移动电话支付收单、预付卡发行与受理收单、银行卡收单、固定电话支付收单、数字电视支付等。

2010年6月,央行正式对外公布《非金融机构支付服务管理办法》,对国内第三方支付行业实施正式的监管。

2011年5月26日,央行公布首批获得《支付业务许可证》的27家单位,包括支付宝、银联、财付通、快钱、盛付通、杉德电子等。未取得许可证的企业在当年9月1日后不得继续从事支付业务。

从2014年开始,牌照发放越收越紧,甚至只减不增,自此一证难求,市场上开始频繁出现注销、不续展、收购等现象。牌照收购价格起步几亿元,动辄数十亿元。其中互联网支付业务牌照由于支持进行跨区域交易结算,最受青睐。

2015年,牌照收购有10起。

2016年,牌照收购有11起。

2018年3月,央行发布公告,明确外商投资支付机构准入和监管政策,允许境外机构作为支付服务提供商,依据规定条件和程序获得《支付业务许可证》。

表3-4给出了首批获得《支付业务许可证》的单位名单。

表 3-4　首批获得《支付业务许可证》的单位名单

许可证编号	公司名称	发证日期
Z2000133000019	支付宝（中国）网络技术有限公司	2011 年 5 月 18 日
Z2000231000010	银联商务有限公司	2011 年 5 月 18 日
Z2000311000013	北京商服通网络科技有限公司	2011 年 5 月 18 日
Z2000444000013	深圳市财付通科技有限公司	2011 年 5 月 18 日
Z2000531000017	通联支付网络服务股份有限公司	2011 年 5 月 18 日
Z2000611000010	开联通网络技术服务有限公司	2011 年 5 月 18 日
Z2000711000019	北京通融通信息技术有限公司	2011 年 5 月 18 日
Z2000831000014	快钱支付清算信息有限公司	2011 年 5 月 18 日
Z2000931000013	上海汇付数据服务有限公司	2011 年 5 月 18 日
Z2001031000010	上海盛付通电子商务有限公司	2011 年 5 月 18 日
Z2001111000013	钱袋网（北京）信息技术有限公司	2011 年 5 月 18 日
Z2001231000018	上海东方电子支付有限公司	2011 年 5 月 18 日
Z2001344000012	深圳市快付通金融网络科技服务有限公司	2011 年 5 月 18 日
Z2001444000011	广州银联网络支付有限公司	2011 年 5 月 18 日
Z2001511000019	北京数字王府井科技有限公司	2011 年 5 月 18 日
Z2001611000018	北京银联商务有限公司	2011 年 5 月 18 日
Z2001731000013	杉德电子商务服务有限公司	2011 年 5 月 18 日
Z2001811000016	裕福网络科技有限公司	2011 年 5 月 18 日
Z2001912000014	渤海易生商务服务有限公司	2011 年 5 月 18 日
Z2002044000013	深圳银盛电子支付科技有限公司	2011 年 5 月 18 日
Z2002131000017	迅付信息科技有限公司	2011 年 5 月 18 日
Z2002211000010	网银在线（北京）科技有限公司	2011 年 5 月 18 日
Z2002346000018	海南新生信息技术有限公司	2011 年 5 月 18 日
Z2002431000014	上海捷银信息技术有限公司	2011 年 5 月 18 日
Z2002511000017	北京拉卡拉网络技术有限公司	2011 年 5 月 18 日
Z2002631000012	上海付费通信息服务有限公司	2011 年 5 月 18 日
Z2002744000016	深圳市壹卡会科技服务有限公司	2011 年 5 月 18 日

根据中国人民银行 2019 年发布的《〈支付业务许可证〉核发

服务指南》,《支付业务许可证》的申请要求如下。

(一) 申请人条件

1) 在中华人民共和国境内依法设立的有限责任公司或股份有限公司,且为非金融机构法人;

2) 有符合《非金融机构支付服务管理办法》规定的注册资本最低限额;

3) 有符合《非金融机构支付服务管理办法》规定的出资人;

4) 有 5 名以上熟悉支付业务的高级管理人员;

5) 有符合要求的反洗钱措施;

6) 有符合要求的支付业务设施;

7) 有健全的组织机构、内部控制制度和风险管理措施;

8) 有符合要求的营业场所和安全保障措施;

9) 申请人及其高级管理人员最近 3 年内未因利用支付业务实施违法犯罪活动或为违法犯罪活动办理支付业务等受过处罚。

(二) 符合如下条件,准予批准:

1) 申请人满足《非金融机构支付服务管理办法》(中国人民银行令〔2010〕第 2 号)、《非金融机构支付服务管理办法实施细则》(中国人民银行公告〔2010〕第 17 号)相关规定,提交的申请材料齐全、符合法定形式;

2) 符合支付行业发展状况和趋势;

3) 符合国家政策导向。

(三) 有如下情形之一的,不予批准:

1) 申请人提交的申请材料不齐全,或不符合法定形式,或存在明显错误、可信性较差;

2) 申请不符合法定条件、标准;

3）不符合支付行业发展状况和趋势，或不符合国家政策导向的。

（四）申请材料

申请材料清单（一式三份）：

1）书面申请，载明申请人的名称、住所、注册资本、组织机构设置、拟申请支付业务等；

2）公司营业执照（副本）复印件；

3）公司章程；

4）公司资本情况材料；

5）经会计师事务所审计的财务会计报告；

6）支付业务可行性研究报告；

7）反洗钱措施验收材料；

8）技术安全检测材料；

9）高级管理人员的履历材料；

10）申请人及其高级管理人员的无犯罪记录证明材料；

11）主要出资人的相关材料；

12）申请资料真实性声明。

（五）申请接收流程

1）在人民银行网站（www.pbc.gov.cn）下载填写《支付业务许可证申请信息表》(一式三份)。

2）申请人向所在地中国人民银行副省级城市中心支行以上分支机构（以下简称"分支机构"）提出申请，并将申请材料提交至办公室。目前不支持网络提交。

3）申请人领取接收单。

（六）办理方式

1）接收申请材料

a）办公室接受申请人提交的申请材料和《支付业务许可证申请信息表》，并清点材料数量。

b）清点无误的，办公室向申请人出具接收单，并将收到的全部材料移交本分支机构支付结算部门。

2）出具受理意见

分支机构支付结算部门将相关材料分发科技、反洗钱部门。科技和反洗钱部门向支付结算部门反馈审核情况，由支付结算部门视以下不同情况出具受理意见：

a）对于申请材料齐全、符合法定形式的，应当向申请人送达《受理行政许可申请通知书》，并通知申请人及时按规定进行公告；

b）对于申请事项依法不需要取得行政许可的，应当及时告知申请人不受理，向申请人送达《不受理行政许可申请通知书》；

c）对于申请事项依法不属于人民银行职权范围的，应当及时做出不予受理的决定，向申请人送达《不予受理行政许可申请通知书》；

d）对于申请事项属于人民银行职权范围但不属于本级机构受理的，应当及时向申请人说明情况并告知其向有权受理的机构提出申请；

e）对于申请材料不齐全或者不符合法定形式的，应当向申请人送达《行政许可申请材料补正通知书》，告知申请人补正材料后交支付结算部门。

3）材料审查

科技、反洗钱部门分别审查技术安全检测认证证明、反洗钱措施验收材料,支付结算部门审查申请材料的其他内容。

4)现场核查

经本行行领导批准,支付结算部门组织科技、反洗钱部门对申请人进行现场核查,并负责提前告知申请人有关核查事项。现场核查应通过询问工作人员、调阅档案材料、实地调查确认等方式开展。

5)出具初审意见

在综合各部门意见的基础上,以行发文形成初审意见。

6)上报人民银行总行并归档

支付结算部门将本分支机构形成的支付业务许可初审意见、申请人提交的《支付业务许可证申请信息表》和修改完善的申请材料整理成档案材料一式三份。一份材料报送总行,其余两份材料分别在本行办公室和支付结算部门归档。档案材料至少保存5年。

(七)办理时限

所在地中国人民银行副省级城市中心支行以上分支机构在受理之日起20日内审查完毕。其中,办理过程中的材料增补、检测等不计入时限。

人民银行自接到分支行初审报告20日内审查完毕。其中,办理过程中的材料增补、检测等不计入时限。

(八)收费依据及标准

申请人不需向中国人民银行及分支行交纳费用。

3.6.2 外汇管理局许可证

支付机构或者大型商户要想跨境展业,必须拥有国家外汇管理局发放的,允许其进行外币交易、结售汇及相关资金收付等业务的许可证。

2007年,银联成为国内首家开展跨境支付业务的第三方支付公司。

2012年,由于银联是唯一可以开展跨境支付业务的公司,中国为了规避垄断以及更好地发展第三方支付市场,确定允许其他第三方支付公司进入跨境支付服务领域。

2013年9月,国家外汇管理局发放了首批17张跨境支付牌照。支付宝、财付通、银联电子商务、快钱、汇付天下等17家机构成为首批获得跨境电子商务外汇支付业务试点资格的企业。

2014年,第二批共5家第三方支付平台获得跨境支付牌照。

2015年1月,国家外汇管理局出台《支付机构跨境外汇支付业务试点指导意见》和《国家外汇管理局关于开展支付机构跨境外汇支付业务试点的通知》(汇发〔2015〕7号)。通知中将支付机构跨境外汇支付业务试点范围扩展至全国,允许支付机构为跨境电子商务交易双方提供外汇资金收付及结售汇服务,并将网络购物单笔交易限额由等值1万美元提高至5万美元。

到2015年年底,获得该资格的支付平台数量为27家。

2017年春季,新增3家参与跨境试点。

国家外汇管理局发布的《支付机构外汇业务管理办法》规定如下。

国家外汇管理局分局、外汇管理部(以下简称分局)负责支付机构名录登记管理。

(一)支付机构申请登记条件

1)具有相关支付业务合法资质;

2）具有开展外汇业务的内部管理制度和相应技术条件；

3）申请外汇业务的必要性和可行性；

4）具有交易真实性、合法性审核能力和风险控制能力；

5）至少5名熟悉外汇业务的人员（其中1名为外汇业务负责人）；

6）与符合要求的银行合作签约，条件如下：

a）具有经营结售汇业务资格；

b）具有审核支付机构外汇业务真实性、合规性的能力；

c）至少5名熟悉支付机构外汇业务的人员；

d）已接入个人外汇业务系统并开通相关联机接口。

7）支付机构应根据外汇业务规模等因素，原则上选择不超过2家银行开展合作。

（二）提交申请材料

支付机构申请办理名录登记，应按照本办法向注册地分局提交下列申请材料：

1）书面申请，包括但不限于公司基本情况（如治理结构、机构设置等）、合作银行情况、申请外汇业务范围及可行性研究报告、与主要客户的合作意向协议、业务流程、信息采集及真实性审核方案、抽查机制、风控制度模型及系统情况等；

2）行业主管部门颁发的开展支付业务资质证明文件复印件、营业执照（副本）复印件、法定代表人有效身份证件复印件等；

3）与银行的合作协议（包括但不限于双方责任与义务、汇率报价规则、服务费收取方式、利息计算方式与归属、纠纷处理流程、合作银行对支付机构外汇业务合规审核能力、风险管理能力以及相关技术条件的评估认可情况等）；

4）外汇业务人员履历及其外汇业务能力核实情况；

5）承诺函，包括但不限于承诺申请材料真实可信、按时履行报告义务、积极配合外汇局监督管理等；

6）如有其他有助于说明合规、风控能力的材料，也可提供。

3.6.3 当地人行许可证

跨境人民币支付业务不需要外汇管理局的批复，由各地央行分支机构发布相关文件即可。下面以上海跨境支付企业举例。

2014年2月18日，央行上海总部发布《关于上海市支付机构开展跨境人民币支付业务的实施意见》（下称《实施意见》）。上海银联、通联、东方电子、快钱、盛付通共计5家第三方支付机构取得了首批跨境人民币支付业务资格。

《实施意见》规定如下。

（一）适用业务主体

1）上海市注册成立并有互联网支付业务许可的支付机构，包括在试验区内注册成立和试验区外、上海市内注册成立的支付机构，上海市以外地区注册成立并有互联网支付业务许可的支付机构在试验区内设立的分公司（以下简称"支付机构"）。

2）上海市以外地区注册成立的支付机构在试验区内设立分公司须按照《非金融机构支付服务管理办法》等制度规定向中国人民银行上海总部（上海分行）进行备案。

（二）申请条件

1）支付业务许可范围包括互联网支付；

2）有健全的跨境人民币支付业务内部控制制度和风险管理

措施；

3）有支持跨境人民币支付业务的互联网支付业务技术等基础设施；

4）有针对跨境人民币支付业务的反洗钱、反恐融资、反逃税等具体制度和措施；

5）获得《支付业务许可证》以来，合规经营，风险控制能力较强，最近两年未发生严重违规情况；

6）中国人民银行规定的其他条件。

（三）备案材料

符合开办业务条件的支付机构须在开展跨境人民币支付业务之日起7天内向中国人民银行上海总部（上海分行）提交以下备案材料：

1）备案报告；

2）支付业务许可证（副本）复印件；

3）跨境人民币支付业务处理流程；

4）跨境人民币支付业务内部控制制度和风险管理措施，包括支付、技术、反洗钱等方面；

5）与备付金银行的业务合作协议；

6）材料真实性声明。

（四）业务范围

支付机构可依托互联网，为境内外收付款人之间，基于非自由贸易账户的真实交易需要转移人民币资金提供支付服务，跨境人民币支付业务为双向支付，包括境内对境外的支付和境外对境内的支付，不得轧差支付。

（五）禁止业务范围

支付机构不得为以下交易活动或业务主体提供跨境人民币支付服务：

1）没有真实交易背景的商品或服务；

2）不符合国家进出口管理规定的货物、服务贸易；

3）货物贸易项下不具备进出口经营资格的企业；

4）被人民银行等六部委列入出口货物贸易人民币结算重点监管名单的企业；

5）服务贸易项下交易标的不具有市场普遍认可对价的商品，以及其他定价机制不清晰、存在风险隐患的无形商品；

6）资本项目下的交易；

7）可能危害国家、社会安全，损害社会公共利益的项目或经营活动；

8）法律法规及人民银行、外汇管理局规章制度明确禁止行为及未予许可项目。

（六）备付金管理

支付机构跨境人民币客户备付金管理须遵照《支付机构客户备付金存管办法》及中国人民银行其他相关客户备付金监管要求执行。

支付机构应通过增设业务种类等方式，对境内和跨境人民币支付业务进行有效识别，并按中国人民银行上海总部（上海分行）有关要求报送信息。

（七）风险管理

1）支付机构向备付金银行申请办理跨境人民币资金收付前，须与备付金银行签订《关于办理跨境人民币支付业务合作协议》，内容包括但不限于以下方面：

a）支付机构应在规定的客户备付金账户体系内独立开立跨境人民币专用账户，资金独立使用，不以各种形式占用、挪用客户资金。

b）支付机构应建立健全和执行身份识别制度，不得办理无真实贸易背景的跨境人民币支付业务，并留存完整的交易真实性证明材料备查。

c）支付机构应对大额、拆分等可疑交易建立监测模型，并将相关商户或客户列入重点关注名单进行核查。经核查属于异常交易的，支付机构应停止为其办理业务。

d）支付机构应与备付金银行约定包含交易信息、物流信息、资金信息的交易明细清单内容，并及时提交给备付金银行，备付金银行应审核交易明细清单的合规性、完整性。

e）备付金银行为支付机构办理完跨境人民币支付业务之后，应按照中国人民银行上海总部（上海分行）要求及时、准确、完整报入人民币跨境收付信息管理系统，并进行相应的国际收支统计申报。

f）支付机构和备付金银行应明确差错和争议处理、纠纷和事故处置方法，明确客户权益保障措施、风险及责任承担，明确协议终止、违约责任等。

2）支付机构须通过所掌握的交易信息、物流信息、资金信息等进行业务真实性检查，不得办理无真实贸易背景的跨境人民币支付业务。

3）支付机构须根据交易的真实场景，正确选用交易类型，准确标识交易信息并完整发送，确保交易信息的完整性、真实性和可追溯性，同时保存完整的交易真实性证明材料备查。

4）支付机构须建立、健全和执行身份识别制度。支付机构发展特约商户要落实实名制和商户准入核查制度，检查特约商户提供的商品及服务内容、服务条款是否符合相关法律法规规定，调查了解商户经营背景、经营状况、资信等。支付机构要登记客户的姓名、性别、国籍、职业、住址、联系方式以及客户有效身份证件的种类、号码和有效期限等身份信息，并对客户姓名、性别、有效身份证件的种类和号码等基本身份信息的真实性进行审核。

5）支付机构应严格执行中国人民银行有关跨境人民币支付业务限额管理的规定。

6）对存在大额、可疑交易的商户或客户，支付机构应将其列入重点关注名单进行核查。经核查属于异常交易的，支付机构应停止为其办理业务。

7）备付金银行为支付机构办理完跨境人民币支付业务之后，应按照中国人民银行上海总部（上海分行）要求将相关信息及时、准确、完整报入人民币跨境收付信息管理系统，并进行相应的国际收支统计申报。

8）支付机构开展跨境人民币支付业务应符合国家有关法律规章制度。一经发现支付机构存在违反相关法律法规、规章制度的情形，中国人民银行上海总部（上海分行）将按有关规定追究责任。

3.6.4　国际机构认证及本地化资质

国际各卡组织以及一些地区均有收单认证资质要求，未获得相关资质不允许处理其交易，主要标准如下。

1. 支付卡产业数据安全标准

2006年下半年，五大支付公司美国运通、美国发现金融（Discover Financial）、JCB、Mastercard和Visa国际组织共同筹办设立了统一且专业的支付卡产业信息安全标准委员会（Payment Card Industry Security Standards Council，PCI SSC）。PCI SSC维护的标准主要有以下3类。

- PCI PTS（PIN Transaction Security）是用户密码交易安全的标准。标准要求制造商设计、制造的设备必须符合这个标准，要求金融机构、商家、交易处理商仅使用经过PCI PTS认证的设备或者组件。
- PCI PA-DSS（Payment Application-Data Security Standard）是支付应用系统传输的数据安全标准。
- PCI DSS（Data Security Standard）即支付卡产业数据安全标准，是支付安全、信息存储要求的标准。PCI DSS是领域内最为权威且全球广泛采用的信息安全合规建设以及安全评估的最佳实践，被视为支付卡行业最高级别的安全标准认证，也是产品经理接触最多、最为关切的标准，因为允许存储哪些字段不仅涉及支付安全，还会影响到信息打捞范围以及根据信息捞取展开的一些应用（如常用卡服务、信息反显、重试服务等）。

最新的PCI DSS 3.4版本规定了账户信息中的哪些字段可以存储，见表3-5。

表 3-5 PCI DSS 要求

数据字段分类	数据字段	3.4 版本是否允许存储	3.2 版本是否允许存储
持卡人数据	账户号（PAN）	是	是
	持卡人姓名	否	是
敏感验证数据	业务码	否	是
	有效期	否	是
	磁道数据	否	否
	CVV2/CAV2/CVC2	否	否
	密码	否	否

PCI DSS 的六大要求和 12 项操作细则如下。

要求一：建立和维护安全的网络

1）安装并维护防火墙配置以保护持卡人数据。

2）系统口令和其他安全参数不使用厂商默认设置。

要求二：保护持卡人数据

3）保护存储的持卡人数据。

4）对公共网络上传输的持卡人数据进行加密。

要求三：维护漏洞管理程序

5）使用并定期更新防病毒软件。

6）开发和维护安全的系统和应用。

要求四：实施访问控制措施

7）限制对持卡人数据的访问：限制到必需的业务访问。

8）为计算机访问用户分配唯一的账号。

9）限制对持卡人数据的物理访问。

要求五：定期监控和测试网络

10）跟踪并监控对网络资源和持卡人数据的所有访问。

11）定期测试安全系统和流程。

要求六：维护信息安全策略

12）维护信息安全策略，以解决内外部的安全问题。

PCI DSS 认证是需要进行现场审核的，认证分成 3 个阶段。

第一阶段：准备阶段

1）确定范围：确定参与评估认证项目的范围。

2）差距分析：根据 PCI 标准要求进行一一比对，评估满足程度。

3）整改：对于不足之处进行整改。

第二阶段：正式评估

4）QSA 评估：合格安全评估员（QSA）查验系统，评估其符合程度。

5）报告：合格安全评估员根据结果出具报告。

第三阶段：维护与监控

6）持续监控与升级：存储机构持续监控运行情况和根据新的要求与技术升级设备和标准。

PCI 认证的审核工作一般需要以下角色配合。

- 网络设备管理员
- 系统管理员
- 数据库管理员
- 应用开发人员/测试人员
- 安全设备管理员
- 安全测试相关人员
- 信息安全管理体系管理人员
- 负责背景调查、入职和离职、安全培训的人员
- 项目负责人及认证内容对应的产品经理

审核内容一般包括应用与数据库系统、操作系统、网络设备、安全技术管理、安全管理环境，而这些内容的检查重点是最需要关心的。

应用与数据库系统的检查重点如下：

1）持卡人数据的显示、存储和传输保护；

2）用户账号和密码存储的安全性；

3）日志的集中管理与审计。

操作系统的检查重点如下：

1）管理协议的安全性；

2）账号和密码的安全性；

3）日志的集中管理与审计；

4）防病毒管理；

5）安全加固与配置。

网络设备的检查重点如下：

1）管理协议的安全性；

2）账号和密码的安全性；

3）日志的集中管理与审计；

4）访问控制规则；

5）安全加固与配置。

安全技术管理的检查重点如下：

1）安全扫描与渗透测试；

2）日志、文件完整性、时间的集中管理；

3）物理安全；

4）介质管理。

安全管理环境的检查重点如下：

1）人力资源与培训是否到位；

2）风险评估覆盖面是否全面；

3）安全职责是否明确；

4）安全管理体系是否健全。

全球出现了很多数据泄密事件，比如2014年某在线旅游企业的泄密门事件。这些事件除了造成持卡人重要资料泄露外，对于存储数据的公司自身也有很大的负面影响，比如需要向支付公司或者卡组织和持卡人支付巨额赔款、机构安全性遭到质疑、商誉受损、客户信任度降低、销售额下降、股价下跌、媒体负面报道、争议交易和欺诈交易上升、法律支出增加等，甚至可能关系到公司存亡。

因为这些方面，现在商户越来越重视 PCI DSS 和 PA-DSS 认证，很多卡组织强烈推荐甚至强制要求合作方要经过 PCI 认证。比如 Visa 组织不仅规定其合作的机构必须使用 PA-DSS 合规的支付应用，还要求其收单机构必须确保所有商户都使用 PA-DSS 合规的支付应用。

2. 合格服务提供者

合格服务提供者（Qualified Service Provider，QSP）为 Visa 支付收单资质认证。

Visa 于 2013 年 4 月 1 日发布 QSP 计划，对从事 Visa 国际卡网上收单服务的第三方机构进行资质认证。中国区收单会员可以同其签署或继续履行 Visa 国际卡网上收单业务协议。截止到 2019 年，获得 QSP 资质的机构如下：

❑ 迅付信息科技有限公司（IPS）

- 快钱支付清算信息有限公司（99BILL）
- 易智付科技（北京）有限公司（PES）
- 深圳市财付通科技有限公司（TENPAY）
- 汇元银通（北京）在线支付技术有限公司（MASAPAY）
- 广州市易票联支付技术有限公司（EPL）
- 上海银联电子支付服务有限公司（CHINAPAY）
- 重庆易极付科技有限公司（YJF）
- 通联支付网络服务股份有限公司（AIP）
- 支付宝（中国）网络技术有限公司（ALIPAY）
- 北京百付宝科技有限公司（BAIDUPAY）
- 中金支付有限公司（FTP）
- 网银在线（北京）科技有限公司（JDPAY）
- 金运通网络支付股份有限公司（DLP）
- 先锋支付有限公司（UCF）
- 深圳市快付通金融网络科技服务有限公司（KFT）
- 广州银联网络支付有限公司（GPAY）
- 上海汇付数据服务有限公司（PNR）
- 商盟商务服务有限公司（SUMPAY）
- 上海银生宝电子支付服务有限公司（UNSPAY）

3. 支付服务商

支付服务商（Payment Facilitator，PF）为 Mastercard 支付收单资质认证。截止到 2018 年，国内获得 PF 资质的有支付宝、财付通、通联支付等 20 多家机构。

3.7 汇率和购结汇

汇率是一国货币兑换另一国货币的比率,亦可视为一国货币对另一国货币的价值。

跨境支付中涉及交易币种、结算币种、卡本币,所有非同币种之间的交易都离不开汇率,而在这些交易过程中离不开3个环节:查汇、购汇和结汇。

3.7.1 查汇

我们看看实操中有哪些汇率定价的模式。

1. 实时汇率

实时汇率是指某一时刻的即时汇率。汇率本身是24小时不断波动的,商户和通道方可以约定以实时汇率进行计算。另外,汇率还有买入价、卖出价、中间价、批发价、现汇价、现钞价等不同的挂牌价,双方也可以约定以哪个挂牌价为准。

- 买入价(Buying Rate)的方向是从银行到客户,指银行从客户手中买入外币对应的汇率价格。
- 卖出价(Selling Rate)的方向是从客户到银行,指客户从银行手中买入外币对应的汇率价格。
- 中间价(Standard Price)也叫作基准价,是银行根据国际金融市场各币种流通与交易情况制定的汇率价格,在我国一般由外汇管理局发布。值得注意的是,一般由全球主要货币充当中间价计价币种,比如美元、欧元、日元、英镑、港元等。中间价汇率介于买入价与卖出价中间，相对公允，是通常商户与金融机构、金融机构与金融机构之间进行资金结算的汇率。
- 批发价也叫作大额价格，是指单笔买入或者卖出金额较大时使用的汇率。就像生活中商品的批发价更便宜一样，汇率的批发价通常也会更划算一些。
- 现钞价是指钞票发生实物交割，买卖外币现钞时不同币种汇率的计价价格。现钞是实实在在的资金流、信息流，甚至物流同时发生交割，由于外币我国并不发行，现钞在交割之前需发生国际运送、保管、保险、资金占用利息等费用支出，所以客户向银行买入现钞的汇率价格一般是高于现汇价的，即现钞卖出价＞现汇卖出价；而反过来，客户向银行卖出现钞时，银行同样要发生国际运送、保管、保险等费用支出，所以向银行卖出现钞的汇率价格一般也是低于现汇价的，即现钞买入价＜现汇买入价。
- 现汇价是指钞票并不发生实物交割，只是在银行与银行、银行与客户之间发生信息流、资金流交换，而物流交割与资金流、信息流交换不是发生在同一节点，买卖外币现汇时不同币种汇率的计价价格。

图 3-18 所示为招商银行香港分行现汇买卖价格分类。

汇率类型：	*自由汇率	交易汇率							
货币	基本买价(1)	基本卖价(1)	优惠买价(2)	优惠卖价(2)	大额买价(3)	大额卖价(3)	贵宾买价(4)	贵宾卖价(4)	至尊买价(5)	至尊卖价(5)
新西兰元/美元	0.6210	0.6262	0.6212	0.6260	0.6214	0.6258	0.6216	0.6256	0.6218	0.6254
澳大利亚元/美元	0.6665	0.6715	0.6666	0.6714	0.6667	0.6713	0.6668	0.6712	0.6669	0.6711

图 3-18　现汇外汇多种挂牌价

对于个人来说，要买入外币使用，最划算的方式是先通过银行系统以现汇卖出价买入现汇，然后取现；要卖出手上持有的外币，最划算的方式是先存入银行，再通过银行系统以现汇买入价卖出现汇。

2. 加价汇率：DCC（卡本币汇率）

DCC（Dynamic Currency Conversion，动态货币转换）是指将商品挂牌交易币种转换成用户卡本币计价的一种定价模式，而中间转换的汇率通常是由第三方或者通道方提供。卡本币是指用户所使用银行卡的计费币种，一般除非特别注明，默认为开户行所在地当地币种。

举个例子，老王在东南亚某地机场购物，当地商品以当地币种进行计价，老王不知道当地币种与人民币之间的转换汇率，不便于计算价格。于是商户通过 POS 机选择 DCC 方案，可以查询用户所使用银行信用卡的卡本币是什么币种并以此计算价格。最后查出来老王的银行卡卡本币是人民币，根据老王要购买的商品进行汇率转换后是 2000 元人民币，老王可以以此判断是否划算，是否以此交易币种进行交易。若交易，账单生成后，老王直接偿还信用卡账单 2000 元人民币，不需要再进行汇率转换和应对期间的汇率波动。

消费者第一次接触到 DCC 的时候也许会觉得这种模式很好，不仅可以将交易价格及币种转化为自己本国币种计价，清楚地知道是多少钱，并且还款的时候也是以自己本国币种还款，不需要再进行汇率转换，也规避了汇率波动带来的不确定性，很方便。但其实绝大多数情况下，DCC 对消费者来说是不划算的。DCC 是以同业拆借利率为基准，有第三方的参与，第三方为了规避汇率波动风险或者自身增加的一些成本，采用的汇率往往会在基准之上增加一些加成。加成后的汇率是高于在银行直接进行币种兑换的汇率的，而由于汇率本身数值较小，难于察觉，一般消费者都不太会注意到被多收了费用，而商户和收单方从中获得了收益。

总的来说，DCC 是优缺点并存的。

DCC 的优点如下。

1）方便消费者清楚知道对应自己卡本币计价的价格，便于汇率转换和价值评估。

2）在交易国或者当地国汇率不稳定时，动态汇率便于消费者在购物时提前锁汇，规避波动风险。比如某段时期，土耳其汇率波动，每天大幅贬值或者升值。信用卡还款规则一般是以交易币种进行计价，在还款日当天进行汇率转换或者自动还款。土耳其国民在海外旅行或者消费支出时，愿意用 DCC，以便锁定汇率，因为相比汇率波动带来的损失，DCC 的汇率加成可以忽略不计。

3）商家和收单方获得汇率加成带来的额外收益。

DCC 的缺点如下。

1）消费者在支付节点支付更多费用。

2）商家和收单方的收入可能会因汇率波动减少。比如某段时期，汇率不稳定，消费者使用 DCC 交易后，其卡本币大幅升值，远超当时 DCC 汇率加成费用，商户和收单方的收入会大幅减少。

3. 锁汇

锁汇是指交易方和结算方约定汇率结算规则，一天按某个时间或者多个时间的固定汇率计算，以方便进行资金结算。比如一天一汇,约定以中国银行 9 点挂牌中间价进行结算,那么当天整个日切时间周期内均以此汇率结算。或者一天两汇,约定以中国银行 9 点和 17 点挂牌中间价进行结算。如果日切时间是 24 点,那么 0 点至 9 点,交易汇率以上一日 17 点挂牌中间价进行结算;9 点至 17 点,交易汇率以当日 9 点挂牌中间价进行结算;17 点至 24 点,交易汇率以当日 17 点挂牌中间价进行结算。

3.7.2 购汇和结汇

那么如何进行购汇和结汇呢?从事跨境支付业务的平台主要通过以下 3 种方式开展购汇和结汇业务。

1. 与境内银行合作

已获得外汇管理局跨境支付业务试点许可的企业,在受理境内买家业务时按照规定,在境内银行进行购汇业务,境内银行根据资质及业务凭证等资料,兑换相应外汇,许可企业兑换完成相应外汇后,结算给境外商户,如图 3-19 所示。

图 3-19　已获得资质企业与境内银行合作流程

2. 与境内外银行或境外第三方支付机构合作

未获得试点许可的支付企业是不是就不能开展跨境业务呢?

目前存在"曲线救国"方案,即与境内外银行或境外第三方支付机构合作,实现曲线跨境支付。未获得试点许可但又从事跨境支付业务的企业作为代理,为境内买家进行代理购汇,货币兑换和付款流程由其托管银行完成,购汇的主体是个人买家,并由境内外银行或者境外第三方支付机构支付给商户,如图 3-20 所示。

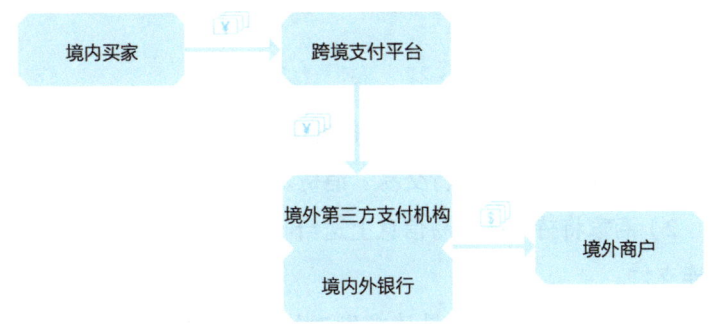

图 3-20　未获得资质企业与境内外银行或境外第三方支付机构合作流程

3. 与卡组织合作

未获得试点许可但又从事跨境支付业务的企业可与各大国际卡组织合作,卡组织作为网络转接的一环,进行货币转换、资金清结算,如图 3-21 所示。

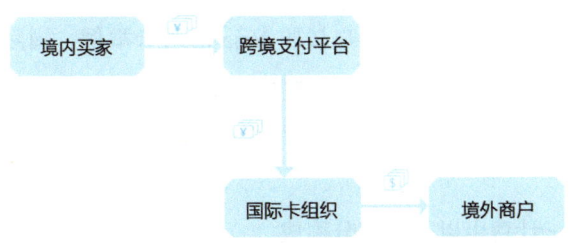

图 3-21　未获得资质企业与卡组织合作流程

与国内各支付企业直连银行扮演转接清算角色不同的是，境外市场基本不存在支付企业直连银行的情况，整个流程如图3-22所示。

图 3-22　境外支付流程

未获得资质企业与卡组织合作的流程说明如下。

1）持卡人在商家进行交易、消费。

2）商家将持卡人交易信息上送给收单服务商，如银联国际、连连支付。

3）收单服务商将交易请求发送给网络转接机构，如Visa、美国运通、Mastercard等卡组织。

4）网络转接机构收到交易请求后经过汇率转换，将扣款请求发送给发卡行。

5）发卡行收到扣款请求，将交易金额及币种记在持卡人的账户上。

在上述交易过程中，收单手续费的构成是怎样的呢？

以美国地区零售业商户接收Visa信用卡举例，国际卡组织收单费用有两种计费方式：一种称为IC++计费，每一项收费都单独罗列；另一种称为blended计费，打包成一个价格，便于商户计算。

IC++计费由以下3部分构成。

❑ 发卡行收入，约占75%。

- 国际卡组织费,约占 7%。
- 收单机构服务费,约占 18%。

以一笔 100 美元的交易举例。

- 发卡行收入:(100 × 1.65% + 0.10)美元。
- 国际卡组织费:(100 × 0.13% + 0.02)美元。
- 收单机构服务费:(100 × 0.25% + 0.10)美元。

总费用为 2.25 美元。其中除了最后一项为收单机构收益外,其余两项为发卡行和卡组织的固定收益,无论与哪一家收单机构签约,均需收取。

3.8 外卡支付怎么接

外卡(国外银行卡)相对来说比较小众,目前主要是一些海淘的个人用户或者支持多交易币种的大商户在使用。针对线上支付,一些卡组织甚至做出规定,不允许在中国境内网站使用外卡。

需要特别说明的是,这里所说的外卡支付狭义上单指卡基支付,广义上包含卡基与账基。卡基如使用的银行卡,美国运通卡、Visa 卡、Mastercard 卡等。账基如境外一些本地化支付,据不完全统计,有美国 PayPal、日本 7-11 和 Line Pay、德国 Giropay 和 SofortBanking、东南亚 Mol 集团下的 MOLPoints 和 MOLPay、印尼 UniPin、英国 Maestro 和 Solo、荷兰 iDEAL、爱尔兰 Laser、法国 Carte Bleue、丹麦 Dankort、西班牙 4B、意大利 CartaSi、越南 VTC Pay、俄罗斯 Yandex 和 Qiwi、巴西 Boleto、中东 OneCard 和 CashU 等。

外卡有以下 3 个主要特征：

1）发卡行为境外银行或者中资银行的境外分支机构；

2）卡本币为外币；

3）卡组织为银联、Visa、Mastercard、JCB 等。

外卡通道是指支持受理境外发行的银行卡交易的通道。与内卡通道一样，接入外卡通道时也需要确认很多细节，才能保证通道的可用性和成功率。这些细节有的与内卡通道一样，有的则不同，我们将其中与内卡通道不同的细节采用问答的形式单独整理如下。

1）支持的交易币种有哪些？

交易币种一般是指页面计价显示的币种，商户会以此币种及其对应的交易金额上送给支付服务提供商。

常见的交易币种见表 3-6。

表 3-6 常见交易币种

交易币种	三字码	交易币种	三字码
美元	USD	泰铢	THB
加拿大元	CAD	日元	JPY
新西兰元	NZD	新台币	TWD
瑞士法郎	CHF	里拉	TRY
英镑	GBP	韩元	KRW
欧元	EUR	卢布	RUB
澳大利亚元	AUD	澳门元	MOP
港元	HKD	马克	DEM
新加坡元	SGD		

2）结算币种是什么？结算币种对应关系是怎样的？

结算币种是指支付服务提供商在外币交易里结算给商户资金所对应的币种。

在外币交易的支付过程中，商户和支付服务提供商约定好以某种币种交易的金额结算成某种币种，并约定好按照何种汇率进行结算。

外币交易有两种常见的结算方式。

第一种：本币结本币。

本币原本的含义是某个地区或国家的法定货币。比如在我国人民币是法定货币，那么本币就是人民币。但是在外币交易中本币的含义被扩大化，所说的本币结本币是指同一币种之间的结算，不进行货币转换。比如对于某个商户来说，美元结美元、港元结港元都是本币结本币，但美元、港元并不都是其本币。

考虑本币结本币的一个原因是在当地拥有业务，如扩大生产、资金结算、汇率对冲、人员工资发放等，有款项支出需要。本币结本币既满足储备当地货币需要，又能避免因汇率转换造成资金损失。

第二种：外币结美元。

美元是全球通用货币。对于一些小交易币种，或者支付服务提供商的某交易币种储备不足时，一般会统一结算成美元。商户也乐意接受，作为外币储备。

3）不同币种之间的结算采用什么汇率规则？是否锁汇？

当交易币种与结算币种不同时，必然要按照一定汇率进行货币转换。

通常商户会与支付服务提供商确定好汇率规则，是实时汇率还是锁汇（实时汇率又分交易时汇率和结算时汇率），是中间价、批发价、买入价还是卖出价，采用哪国发布的汇率等。

交易时汇率是指每次发起交易时，以交易时间点为节点，向汇率查询服务提供方发起请求，查询当前汇率，并以此作为汇率值进行结算。

结算时汇率是指收单方每次结算给商户时，以结算时间点为节点，向汇率查询服务提供方发起请求，查询当前汇率，并以此作为汇率值进行结算。

锁汇是指锁定汇率，即双方约定好汇率或者当天根据约定规则得到固定汇率，无论汇率如何波动，所有交易均以此进行结算。常见规则有一日一汇、一日多汇。

支付服务提供商一般会进行4步操作：查汇、锁汇、购汇和结汇。有的支付服务提供商为了对冲汇率波动风险，还会增加一步：买卖远期外汇。

a）查汇：商户和支付服务提供商约定好以每天几点银行公布的汇率作为当日结算汇率；商户或支付服务提供商在约定时间向银行发起查汇请求，银行返回实时汇率；查询方记录汇率并同步。

b）锁汇：支付服务提供商与商户锁定汇率，当天所有交易均以此汇率进行记录。

c）购汇：支付服务提供商将交易业务报备外汇管理局，并进行购汇。

d）结汇：支付服务提供商根据约定好的汇率和结算币种，汇总统计应结款项及币种，并结算给商户。

e）买卖远期外汇：商户或支付服务提供商向银行买进或者卖出远期外汇以对冲风险。

4）预授权是否有 Delay Hours 或 Auto Capture？有的话，时间是多久？

我们知道预授权和预授权完成是紧密相关的。在外卡支付通道里，预授权是 Authorization，但预授权完成对应的英文是 Capture，并非我们容易想到的 Pre-authorization Completion。

外卡通道基本都有 Auto Capture 功能，既可作预授权也可作消费，有的通过 Delay Hours 来实现，有的通过 Auto Capture 来实现。

Delay Hours 的字面意思是延迟时间，指规定多少小时后预授权交易自动转完成。

Auto Capture 也一样，规定多长时间后若没有撤销，直接将预授权自动转完成。

5）支付服务提供商日切时区问题。

日切就是指上一个工作日结束的时间点。

在内卡通道接入的时候，时区一致，大家用的都是东八区北京时间，不用进行时间转换；但是在外卡通道接入的时候，由于外卡支付服务提供商提供的日切时间一般是其所在时区的时间，但商户与它通常不在一个时区，所以不能直接用，商户需要根据对方提供的时区进行时间转换。

比如伦敦位于零时区，北京位于东八区。某支付服务提供商位于伦敦，提供日切时间是 24 点。它的一个中国商户在接入通道时需要进行时间转换，换算后日切时间是北京时间次日 8 点。

为什么要明确日切时间呢？主要有两个原因：对账需要用到日切时间，不转换，账会对不平；发起退货或撤销也需要用到日切时间，不转换，请求会失败。

6）外卡通道多语言问题。

外卡通道中，返回报文和报错码都会出现当地语言文字。比如表3-7是一家韩国支付通道返回的报错码,里面返回的是韩文。因此,在系统设计时需要注意对多语言的支持,不能乱码,要实现各语言之间的映射转译,否则会让用户看不懂报错,甚至可能造成系统乱码。

表3-7 外卡通道返回码

返回码	描述
1	당사&카드사부담 일반 무이자 할부 이벤트 Free installment with INICIS & card issuer expense
12	카드사부담 일반 무이자 + 상점 일반 할인 이벤트 Free installment with card issuer expense + discounting with merchant expense
14	카드사부담 일반 무이자 + 카드번호별 할인 이벤트 Free installment with card issuer expense + discounting for certain credit card
24	카드사부담 일반 무이자 + 카드 Prefix별 할인 이벤트 Free installment with merchant & card issuer expense + discounting for certain card prefix
A1	상점부담 일반 무이자 할부 이벤트 Free installment with merchant expense

7)支付服务提供商的最小单位问题。

系统里的最小单位也是一个重要但容易被忽视的问题。还是拿上面的韩国支付通道举例,韩元的最小单位是元,因此商户系统在上送交易时无论如何都要精确到元,如果由于某种原因上送交易金额有小数,就会造成交易失败或者账款对不平。

比如经过汇率转换得到2000.54韩元,上送交易时要么抹零,要么进位,上送2000韩元或2001韩元,商户在自己的结算数据中也记录为2000韩元或2001韩元,这样交易成功,对账的时候两边账款也是平的。

如果不这么做，直接上送 2000.54 韩元，对方系统如果不接受这样的请求，那么会导致交易失败；如果对方系统容错性强，允许交易上送并完成交易，但因为韩元的最小单位是元，对方可能会将上送金额视为 2000 韩元或 2001 韩元，而商户在自己结算数据中记录为 2000.54 韩元，在账账对账的过程中，两边就会由于账无法对平产生一系列问题。

最小单位为元的主要币种有韩元（KRW）、冰岛克朗（ISK）、日元（JPY）、越南盾（VND）等。

8）支付查询时的流水号问题。

在支付交易中，商户侧会生成一个流水号，支付服务提供商收到请求后也会返回给通道侧订单号。

内卡支付中支持用商户侧流水号（Merchant OrderNo）查询交易状态，好处是遇到系统异常、通道侧无返回结果时，不会由于无订单号而无法查询。

而外卡支付中是不一样的。查询大部分不能用商户侧流水号，只能用通道侧返回的 TID（Transaction ID，或者叫 BankRef No），这样，因系统异常或其他原因导致商户没有接收到返回结果时，就无法进行该笔交易的查询，从而容易导致重复扣款或者等待时间过长。

9）是否支持 3DS 认证问题。

3DS（Three Domain Secure）是一种安全认证方式，用户通过发卡行或卡组织提供的补充验证信息来完成支付以进一步提高支付安全性。图 3-23 所示为 Adyen 3DS 输入页面。

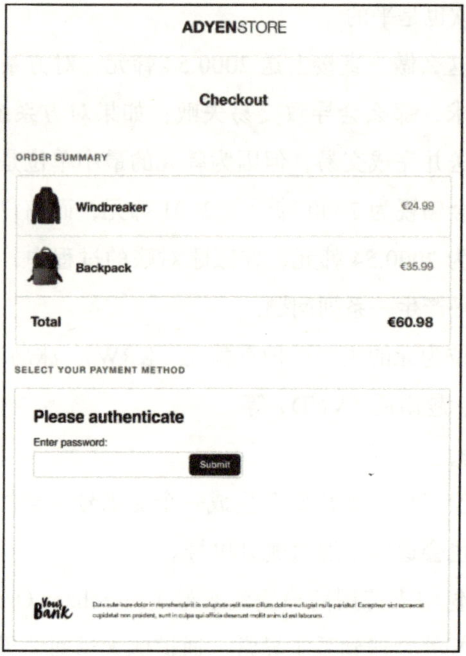

图 3-23 Adyen 3DS 截图

在接入的时候，支付服务提供商如果提供 3DS 认证，有助于对于风险用户交易的筛选验证，但是大多数情况下，商户不愿意使用或者只在进行风险交易时才会使用。这主要有以下三方面的原因。

首先，目前很多地区使用的还是 3DS 1.0，在 3DS 1.0 的使用流程中需要用户跳出商户网站，进入卡组织或发卡行页面进行验证，流程中的跳出与返回会导致支付成功率降低。

其次，用户需要输入更多要素，在卡组织或发卡行页面，除了原有的支付卡要素，用户还需要填写银行密码、家庭住址等要素，输入过多的要素会造成用户的耐心下降、出错率升高，而这些都将导致支付成功率降低。

最后，跳出会带来页面和体验的不一致性。

对于风险交易使用 3DS，有两种情况。

第一种：商户主动发现是风险交易，主动使用 3DS。

商户主动发起 3DS 的流程如下。

a）用户在平台交易并输入卡信息，商户根据用户使用情况、卡信息、地区或者卡组织规定等因素判定此次交易风险较大。

b）用户输入完卡信息，平台将卡号上送给通道方。

c）通道方收到卡信息，根据自身设定或者将卡号上送给发卡行判断是否支持 3DS。

d）如果此卡支持 3DS，页面跳转至 3DS 页面进行验证，进入步骤 e；如果不支持，根据商户上送请求是必须 3DS 还是优先 3DS 判断是使交易失败还是继续验证卡信息。

e）用户在 3DS 页面输入更多要素进行要素认证，若认证通过，3DS 页面会自动跳回商户平台提供的返回页面，商户显示支付结果。

第二种：通道主动发现是风险交易，主动使用 3DS。

在交易的风险中，风险控制由两侧构成：一侧是商户侧，另一侧是通道侧。前面说的是商户侧监控到风险主动发起 3DS，通道侧在很多场景中也会对风险交易进行处理，3DS 也是它们的一项手段。

在通道侧，从信息丰富度上来说，由于触达的是全部商户，有更多的交易数据、更多的信息，可以得到更全面的画像，从而可以更准确地判断风险；从利益关系上来说，在通道与大商户的关系中，通道是乙方，处于弱势地位，往往会为了达成合作而与大商户签订包赔协议，为了降低风险交易中持卡人拒付所造成的损失，它们更为重视风险交易。

通道主动发起 3DS 的流程如下。

a）用户在支付平台交易并输入卡信息。

b）支付平台将卡信息及交易情况（如浏览器信息、地理信息等）按照契约参数上送给通道方。

c）通道方收到卡信息及其他参数，然后结合自身平台数据进行风控判定。

d）判定属于风险交易，需要进行 3DS 判断，这时会根据与商户的约定情况，判断是需要拦截交易、让交易通过，还是再次握手并告知商户需要进行 3DS。若协议约定商户不支持 3DS，那么通道方会直接返回结果，是交易成功、交易拦截还是交易失败；若协议约定商户支持 3DS，那么会通过返回码告知支付平台需要进行 3DS 验证。

e）支付平台得知需要进行 3DS 验证，跳转至 3DS 链接页面，通道与卡组织或发卡行进行后续的 3DS 验证。

f）用户在 3DS 页面输入更多要素进行要素认证，若认证通过，3DS 页面会自动跳回商户平台提供的返回页面，商户显示支付结果。

10）是否支持 DCC？

交易发生时金额所对应的币种叫作交易币种，用户办理银行卡的账户记账币种叫作卡本币，将商品的交易币种价格转换成用户所用的银行卡卡本币价格的过程叫作动态货币转换（DCC）。在跨境消费的场景里，消费者在不同国家消费可能会使用与自己信用卡卡本币不同的币种，不同的币种之间就存在货币转换。

比如这样一个场景,用户在携程网站购买上海—巴黎往返机票,页面价格是 12 160 元人民币,而用户银行卡记账币种是澳元。在发起交易的时候,页面提供了两个选项,一个是以人民币计价,一个是以澳元计价,如图 3-24 所示。

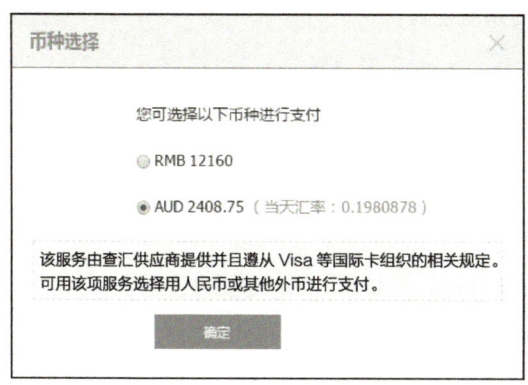

图 3-24 跨境支付时的币种选择界面

如果选择澳元(AUD),那么这次交易就是 DCC 交易,将人民币计价产品转换为了澳元计价产品。商户发起交易的时候,以澳元作为交易币种发起,因为转换后与卡本币一致,所以发起多少钱,到时候信用卡还款就还多少钱或者账户就扣多少钱。注意,这里的汇率转换是在发起交易前完成的。

如果选择人民币(RMB),那么这次交易就是 EDC(当地币种交易),也就是商户的当地币种或者显示币种作为计价币种或者交易币种。商户发起交易的时候,以人民币作为交易币种发起,发卡行根据自身卡本币记账规则,在交易完成时或者信用卡账单生成时以结算日期汇率进行转换。注意,这里的汇率转换是在发起交易后完成的。

第 2 章和第 3 章分别介绍了国内支付通道和国际支付通道的接入方案与特性，它们相当于食材。没有食材，就一定做不出好菜；而只有食材，没有菜谱，也只能保证把菜做熟能吃，还是做不出各种好菜。在支付中这个菜谱就是路由机制，第 4 章我们就来说说路由系统。

第 4 章 CHAPTER

路由系统

4.1 楔子：老王管理杂货店

老王有家杂货店，承蒙街坊照顾，生意一直非常红火，慢慢地店面从一家，到两家，到三家，到最后基本上哪里有商业中心，哪里就有老王的店。店面也从当初只有几十平方米的杂货店变成几千平方米的老王连锁超市。

店面大了，大家都喜欢来老王的店里买东西，老王要管理的事情越来越多，要打交道的人越来越多，遇到的问题也越来越多。

店越来越多是个问题。

老王有社区店,有中心店,有旗舰店;有的店开在省会城市,有的开在三四线城市,也有一些开在农村或者城乡接合部。"百里不同风,千里不同俗。"不同级别、不同区域的店,不同类型的客户偏好的商品不一样。

老王要考虑给什么店铺什么样的货,一开始自己亲力亲为制定每个店的货品种类;后来生意越来越忙,只能手把手指导店长怎么做;再后来生意大了,店越来越多,连指导也没时间了。

不同客户的付款要求也不一样,比如个人客户肯定都一手交钱一手交货,企业客户基本都要求有账期。老王有成千上万个企业客户,需要管理大量的客户付款方式和账期,老王很是头疼。

订单越来越多是个问题。

最开始只是街坊来买日常用品,现在各大集团、大企业都来老王这里定点采购。每天人流量也大,资金流也大,一家店一个小时处理的交易笔数就可能高达几千笔。"人无远虑,必有近忧。"老王就担心要是临时哪个供货商货供应不上来,或者哪家店里人手不够,导致收银台排队太长,客户不愿等待就直接走了,那可就损失惨重了。

供应商越来越多是个问题。

店越开越大,商品种类越来越多,提供这些商品的供应商也越来越多,甚至同一个商品也有不同渠道给老王供货。之所以选择这些供应商,有的是因为关系好,有的是因为价格低,有的是因为地理位置好,有的是出于商业风险考量。总之这些关系都要维护好,为了拿到好的折扣和便于开展生意,老王在进货的时候除了考量商业利益外,还要平衡好各方利益。

还有很多诸如此类的问题。"顾客就是上帝。"对于这些问题，老王有着朴素的想法，就是希望服务好顾客，让顾客再满意一点，自己赚得再多一点。

发现问题，就要解决问题，我们看看老王是怎么解决这些问题的。

方法一：老王有模板。

店面越来越多，分布越来越广，老王就把全国的店按照地理位置分成不同的区，将所有店的级别简单分成一级店、二级店、三级店。老王根据不同地区不同级别的店设计了多套模板，每套模板配置了一些品种和备货数量。店长们新开了店，可以直接选用一套模板，如有特殊需求再单独配置。自从有了这些模板，实现备货方案秒生成，老王开多少店都能应对。

对于客户的付款账期也是一样，老王把企业客户分成了大客户、中客户、小客户，账期设置成 60 天、45 天、30 天三档。如果客户需要有账期就按照这个模板来，不支持其他账期和要求。

方法二：老王有分流和备份。

订单越来越多，基于客户体验和未知风险的考量，老王规定收银台排队人数到达一定的量就必须新开收银台进行分流，减少每个队伍的排队人数。另外，对于每一类供应商，老王建立长期合作关系的不止一家，保证如果有一家出了问题，供不上货，其他家能够迅速补上。

方法三：老王采购有策略。

老王合作的渠道越来越多，有因为关系好合作的，有因为成本低合作的，有因为返点促销多合作的，还有出于备份考量合作的。从商业合作角度考虑，老王需要平衡各供应商对于进货量的要求,不能"有事钟无艳,无事夏迎春"。

老王定了 3 条策略,要求每个店长严格按照策略优先级执行。

策略一:把合作的渠道分成组,保证每个合作渠道哪怕再差,每个月都能得到最低进货量。

策略二:在满足最低进货量之后,老王就要考虑自己的成本和利润了,谁家的进货成本低、货好卖,就进谁家的货。

策略三:有时候,有的供应商虽然成本不占优势,但是贴补营销费用,给的返点多,从那里进货反而划算;还有的时候,货要得急,只有某个供应商能及时供货,那就什么都不看了,就指定这个供应商。

策略优先级:策略一、策略三、策略二依次递减。通过这些策略,老王兼顾了自身和供应商的利益,维护了供应商关系,实现了自身利益的最大化。

故事讲完了,这是老王开店的事儿。老王遇到的问题、处理问题的方式,其实就类似于路由做的事:合作渠道分组对应路由算法里的分组路由算法;按成本最低选择供应商对应路由算法里的基础路由算法;根据营销费用有返点找供应商对应路由算法里的短路路由算法;设置进货模板给不同的店使用对应路由的引导路由规则;多开收银台对应路由算法里的流量路由算法。

对于老王,收益管理是既要看得见的利润,也要看不见的口碑。对于支付,收益管理是既要看得见的真金,也要看不见的体验。

4.2 支付路由概述

在通信工程领域中,"路由"被定义为一个交换中心呼叫另一个交换中心时,在多个可传递信息的途径中进行选择。选择途径的过程就是路由。生活中,我们常常见到各种路牌,如图4-1所示。路牌的作用是指示目的地的方向,有的路近但比较崎岖,有的路远但比较平坦。路由就像智能路牌一样,作用就是指路,根据每个人的具体情况在无数的道路中选择最优的路。

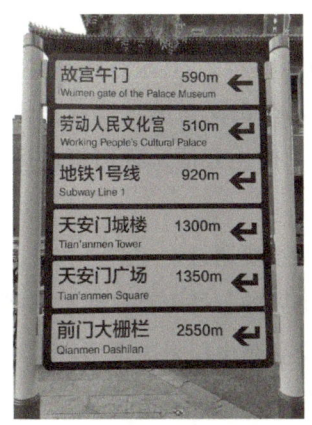

图 4-1 北京路牌

在支付里,路就是接入的支付通道,比如银联、工行上海分行直连等。支付路由就是要找到既符合客户支付要求也符合自身收益最大化的路。路要求是有效的,不能是处于维护中的;路要满足客户需求,不能客户要快捷支付(好比客户要求坐飞机),你给个无磁无密支付(安排坐汽车)。

4.2.1 路由定义

在支付领域，我们这么定义路由：路由系统是支付核心系统，对商户支付页面进行管理与输出、根据商户需求及通道特性基础对交易进行处理，并在此基础上对支付中的异常情况进行支付灾备处理。路由系统在满足用户支付交易需求的前提下，从下单到支付，进行了多处细节及系统处理，是一种以提升用户需求体验满意度、支付成功率、收益率指标和支付安全度为目的，实现效益最大化的收益管理机制。

另外，支付路由一般并不会直接对接前端的支付平台或者后端的支付渠道，都由支付网关或者支付系统内的支付引擎等服务调用，但为了描述方便，我们将调用服务方都统一称为"支付平台"。

路由系统的机制主要通过引导路由和交易路由运作。引导路由用来决定用户看得到的，每个商户展示哪些支付品牌以及这些支付品牌的排序；交易路由用来决定用户看不到的，每笔交易走什么支付通道，如图 4-2 所示。

交易订单经过引导路由系统时，系统会向支付平台返回支付引导方案，具体包括以下方案。

- ❏ 推荐支付方式：支付平台高亮推荐给用户支付方式。
- ❏ 生成支付品牌列表：生成在支付产品下各个支付品牌的排列次序。
- ❏ 推荐常用卡策略：向客户推荐常用卡的策略，如上次使用或成本优先。

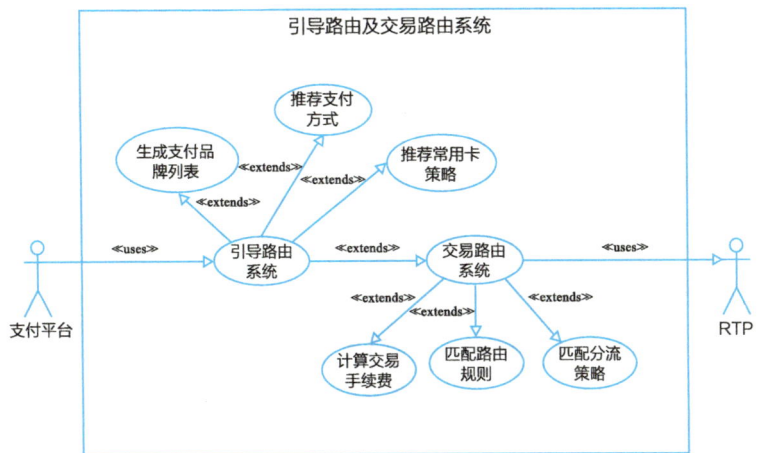

图 4-2　引导路由及交易路由系统用例图

交易订单经过交易路由系统时，系统会向支付平台返回支付品牌所支持的支付通道方案，决策过程如下。

1）计算交易手续费。交易路由系统调用计费模块，计算当前交易在每个可用通道中所需的手续费，并将通道按此次交易成本从低到高排序。

2）匹配路由规则。交易路由系统根据交易请求，将可用通道按照路由算法优先级进行匹配，与规则匹配的目标通道会进行交易转发。

3）匹配分流策略。如果交易需要分流，那么按分流策略进行转发。

4.2.2　路由规则发布机制

上述引导路由与交易路由的规则与方案，甚至支撑这些系统的基础信息，都是通过运营配置后台系统来实现的。首先在配置后台录入规则，然后依次将所有规则批量提交、批量审核、批量发布。发布机制生效流程如图 4-3 所示，主要操作环节说明如下。

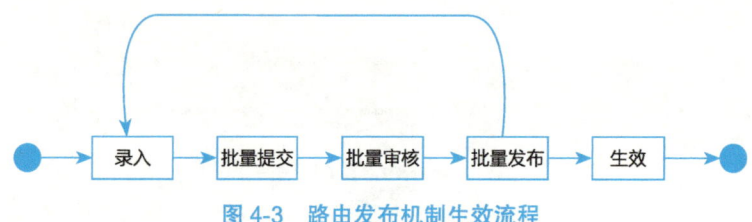

图 4-3　路由发布机制生效流程

（1）录入

- 在录入操作中由管理员先行配置，为不同用户分配不同角色和模块权限（如查看、编辑、审核）。
- 录入状态包括新增、编辑、设置规则状态（生效／失效）。此外，在规则尚未提交时均可再编辑，提交后则不可编辑，需要整体撤回或者等审核被拒绝后才可再编辑。

（2）批量提交

- 要确定生效的路由规则，必须将所有规则按照优先级顺序一起计算，因此需要将规则批量提交。在各个模块对应页面下方均有提交按钮，可进行整体批量提交，不可单一或者部分提交。
- 整体批量提交后，无法进行此规则的增删改。
- 提交被驳回或者主动撤回后，录入状态恢复为可编辑。
- 提交后，流转至批量审核环节。

（3）批量审核

- 对提交后的规则进行审核，审核结果要么是整体通过，要么是整体被拒绝，不支持单独规则审核通过。
- 由于有些规则是提前维护的，或者策略不是当下执行的场景，在设定规则时，需要设定生效时间。审核通过后流程流转至批量发布环节，可以设定规则生效时间。

（4）批量发布

- 整体批量发布可以用来进行规则的发布、驳回操作。所有成功发布的内容进入生产线上，而被驳回的内容则进入规则配置模块，规则配置模块内容变为可操作。
- 发布完成后，每个批量发布都会有一个批次号，规则按照生效时间定时生效。
- 我们把每次整体批量发布的规则称为一个版本，比如版本1、版本2。发布后，可以进行发布内容的查看、版本回退和数据同步。

回退代表应用于生产的规则内容回退到此版本，但此时配置后台中的数据不会变动。之所以有这个功能，主要是因为当发布的新版本有问题时，需要先回退到原版本，对新版本规则内容进行查看、修改、复盘。

数据同步则代表配置后台的库数据同步为此版本数据，也就是后台系统模块看到的数据都批量更新为此版本数据。这样做是希望数据直接同步更新成某个版本的规则内容。

发布确认页及版本操作页分别见图4-4和图4-5。

有些公司出于某种考虑，会让开发人员直接把路由逻辑写在代码逻辑里，等到需要调整时再通知开发修改并发布。笔者不建议这样做，从时效性和操作性来看都不合适，原因如下。

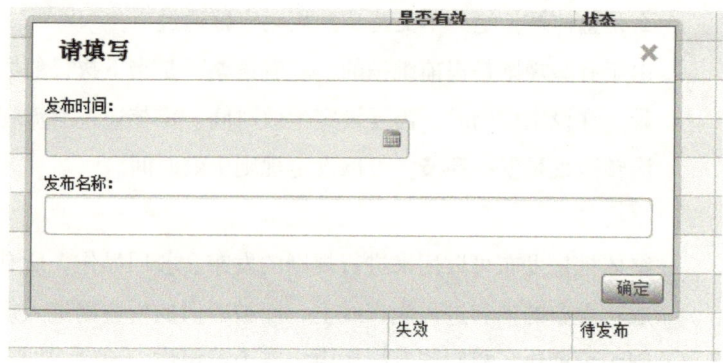

图 4-4　路由发布确认页

批次号	发布名称	发布人	发布类型	状态	同步状态	发布时间	创建时间	操作
25	我	系统管理员	品牌列表	发布中	同步完成	2015-6-29 23:36:28	2015-6-29 23:35:36	查看 回退 数据同步
24	通道组27	系统管理员	通道组	发布等待中	同步完成	2015-6-27 15:28:31	2015-5-27 15:28:41	查看 回退 数据同步
23	0527发布	系统管理员	引导规则	发布等待中	同步完成	2015-5-27 15:22:25	2015-5-27 15:22:36	查看 回退 数据同步
22	品牌列表发布	系统管理员	品牌列表	发布等待中	同步完成	2015-5-27 14:33:11	2015-5-27 14:33:29	查看 回退 数据同步
21	路由规则24	系统管理员	路由规则	已回退	同步完成	2015-5-27 13:35:55	2015-5-27 13:36:02	查看 回退 数据同步
20	通道发布28	系统管理员	通道信息	已发布	同步完成	2015-5-27 13:27:49	2015-5-27 13:28:14	查看 回退 数据同步
19	26	系统管理员	品牌列表	已发布	同步完成	2015-5-27 9:52:14	2015-5-27 9:52:22	查看 回退 数据同步
18	20150526	系统管理员	通道组	已发布	同步完成	2015-5-31 20:47:21	2015-5-26 20:47:31	查看 回退 数据同步
17	测试发布2	系统管理员	引导方案	已发布	同步完成	2015-5-26 20:25:12	2015-5-26 14:25:21	查看 回退 数据同步
16	通道信息	系统管理员	通道信息	已回退	同步完成	2015-5-21 19:40:00	2015-5-21 19:33:42	查看 回退 数据同步

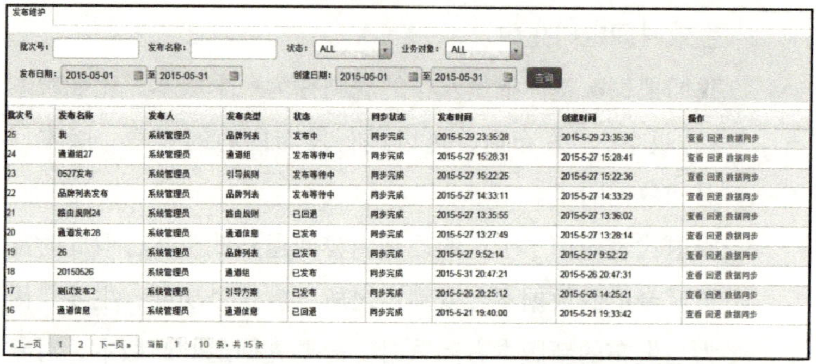

图 4-5　路由规则版本操作页：查看、回退、数据同步

第一，支付需要接入大量的支付通道，是高频操作，每个通道接入后都需要配置规则及策略。

- 支付里涉及支付品牌多。全国性银行、中小行、地方城乡行、外卡组织、外卡银行，每家银行都要单独接一个通道的话，量级就是几十个乃至上百个通道。
- 支付里涉及交易产品多。出款产品、收款产品、转账产品、鉴权产品，不同的产品都需要接入不同的通道。每个产品里又有多个细分，比如出款产品中，同一家银行可以

分快捷（协议）支付产品、代扣支付产品、无磁无密支付产品。

- 支付里涉及交易类型多。支付里有预授权、消费、代扣、代付、鉴权等交易类型，有些通道无法满足所有类型，比如只有消费，没有预授权，这时就需要为不同的交易类型分别接入相应的通道。
- 支付里涉及通道互备。平台出于风险、成本、交易稳定性等方面的考虑，对于同一银行特性完全相同的产品，也会接入多个通道。比如通道之间会出现系统维护，一旦维护，该通道支持的银行就不能用了，所以需要有备份通道。

第二，支付需要接入大量商户，部分大商户的规则与策略需要定制。

支付里如果是对外提供收单服务，需要接入大量商户。利用引导路由的模板方案可以解决单独配置的问题，但是有很多大商户的规则与策略是需要定制的，所以就需要单独配置，且配置频率高。

第三，支付需要频繁处理日常事务。

- 路由系统维护需要配置处理。支付通道因为系统发布、系统维护等原因，会有固定维护时间和临时维护时间。维护时间内，支付交易是无法处理的。对于这些情况，每次收到支付通道方通知，路由系统就需要进行维护，如果接入的通道数量多，那么维护就是一件很高频的事，因此需要配置处理。
- 当出现支付通道问题时，相关的配置上下线需要操作。由于自身系统原因、商户原因或者支付通道问题本身的原因，会出现故障，造成支付成功率下降甚至不能支付。有的是系统有监控系统，可以自动下线通道，然后核查问题；有的是人工发现或者客户反馈问题，需要手动下线通道，核查问题，在将问题处理完成后再上线。

第四，路由系统的操作和配置复杂，需要有专门的运营人员负责。

路由系统配置复杂，需要专门人员来配置及审核。路由系统中存在多个维度规则（如短路路由规则、基础路由规则、风控路由规则、分组路由规则等），且每个维度规则中又存在多个优先级，这些规则叠加呈现路由效果。

每个规则都与通道流量分配、商户展示有关，配错了，轻则通道或自身收益受影响，重则交易无法支付成功。因此在日常配置中，除了有专门人员进行后台配置外，还需要有人进行审核，审核通过后才能生效，甚至于还要有整体规则回滚机制。

4.2.3　路由收益管理

路由系统通过引导路由与交易路由，从支付成本管理、支付能力覆盖面、支付通道健康度等方面做出贡献，实现自身的收益管理，如图 4-6 所示。

1. 支付成本管理

支付成本管理是指路由系统通过自身处理机制实现手续费成本最优、人力成本下降、以不同策略保证不同场景下的偏好，达到成本最低。

第 4 章 路由系统

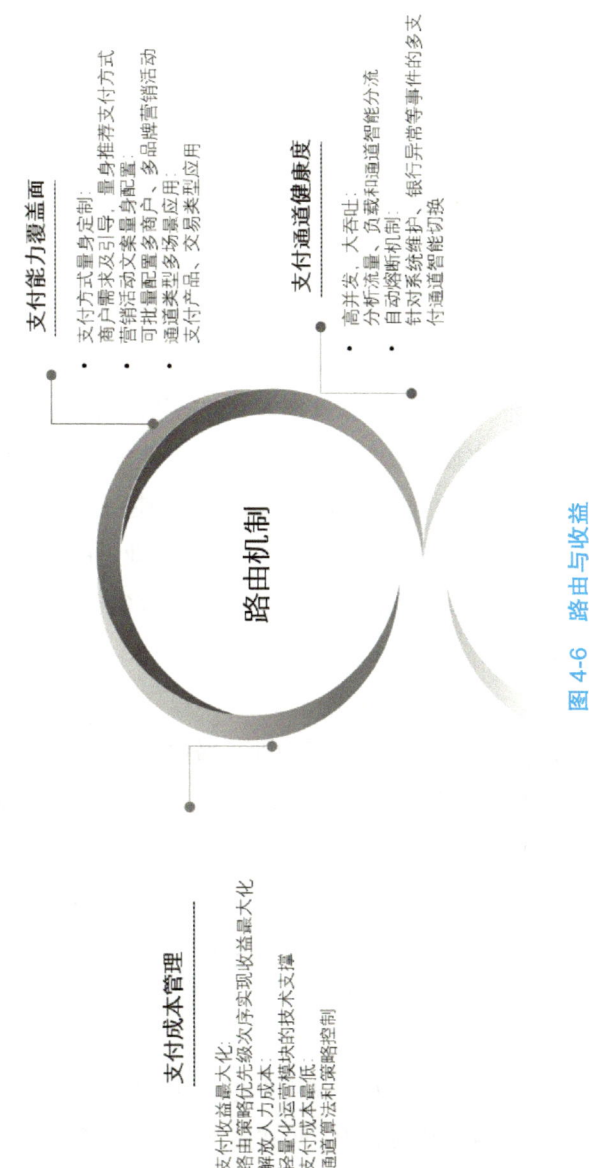

图 4-6 路由与收益

支付能力覆盖面
- 支付方式量身定制：商户需求及引导，量身推荐支付方式
- 营销活动文案量身配置：可批量配置多商户、多品牌营销活动
- 通道类型多场景应用：支付产品、交易类型应用

支付通道健康度
- 高并发、大吞吐：分析流量、负载和通道智能分流
- 自动熔断机制：针对系统维护、银行异常等事件的多支付通道智能切换

支付成本管理
- 支付收益最大化
- 路由策略优先级次序实现收益最大化
- 解放人力成本
- 轻量化运营模块快的技术支撑
- 支付成本最低
- 通道算法和策略控制

（1）支付成本最低

一个支付品牌可以有多个支付通道。比如有的按笔收费，有的按百分比收费；有的采用固定费率，有的采用阶梯费率；有的有封顶手续费，有的没有。路由机制在运作时，会根据通道属性和算法策略（此算法见 4.3 节），实现支付成本最低。

（2）降低人力成本

系统会将商户进行抽象，比如抽象出行业这个维度，有酒旅、零售等。有了这些抽象后的维度，在后续配置引导路由和交易路由模板时，可以极大解放人力。比如按照行业维度配置模板，将全国商户抽象成 20 个行业，每个行业配置一个统一模板，提前配置完成。这样商务或者运营团队即使一天接入上万家商户，因为每个商户都可以归属到某个具体行业，所以路由系统不需要额外配置，就能支撑交易的进行，达到轻量化运营，降低人力配置成本。

（3）支付收益最大化

这里的收益是仅针对通道商业策略而言的。在商业策略上，对于交易流量的分配，除了绝对成本，还有很多需要考虑的因素，包括但不限于：

- 日常的合作关系维护，需要每天保证合作通道固定量；
- 通道方营销费用补贴，需要分配给指定的通道等；
- 对于风险客户的交易，需要加强验证或者将风险转移至包赔通道；
- 用户体验优化，如根据用户的常用品牌进行个性化展示。

路由系统在决策过程中，可按照路由策略组合的优先级实现收益的最大化。下面通过几个不同方面的例子来进一步了解交易流量的分配问题。

<u>合作关系维护方面</u>。商户日常都会接入多个通道进行备份，也许有些通道成功率或者费率不占优势，但是也不能"有事钟无艳，无事夏迎春"，对方商务人员也需要对内交代；否则，对方长期无量，会终止合作，商户就会失去备份通道。出于合作的考虑，每天需要保证合作方有个基本量，通过路由系统可以实现给合作通道分配最低保障量，可以按交易额总量保障，也可以按交易笔数保障。通过这样的方式，维护好长期合作关系。

<u>通道指定方面</u>。出于一些原因考虑，有时候我们需要强制指定交易走某个通道。

比如出于营销补贴的考虑。拿工行的银联通道和直连通道举例，虽然银联通道手续费成本不占优势，但由于银联会出营销费用补贴给用户或者商户，对用户和商户来说，体验或者收益是最好的，那么路由系统就会指定走这个通道。

再比如出于验证新通道质量的考虑。某新通道刚上线，成功率和稳定性都不确定，需要验证这个通道质量。路由系统会在上线初期配置规则，划定一部分商户走此新通道，以此来对比新旧通道表现。

还有的时候，领导或者大商户要求某个业务走指定通道。

<u>风险控制方面</u>。支付交易时，风险程度不一样，需要针对不同风险程度进行针对性处理。比如支付通道 A 对风险交易进行赔付，但需要验证的要素多、费率高；支付通道 B 验证要素少、体验好、费率低，但对风险交易不赔付。那么一笔交易如果经风险评估有潜在风险，路由就会将交易输出到支付通道 A 而不是 B，因为 A 对风险交易包赔；反过来，一笔优质客户交易无风险，路

由就会将交易输出到支付通道 B 而不是 A，因为 B 的费率更低。

成功率保证方面。在支付里，成功率是最为看重的指标，通过路由系统可以实现通道自动切换，保证交易稳定性。比如工行直连通道、工行银联通道均支持工行信用卡，工行直连 21:00—23:00 临时维护，而银联不维护，那么在此期间工行信用卡交易就会自动切换到工行银联通道，实现自动熔断，从而保证成功率。

商户与用户的需求和体验满意度方面。支付里有多种支付方式，商户与支付方式亲近关系不一样，用户偏好不一样，都会要求按照自己的意愿展示支付方式。

在商户层面，比如有的商户和微信合作关系密切，希望微信展示在前面，支付宝放在后面；有的和支付宝合作关系密切，希望支付宝展示在前面，微信放在后面。路由通过为不同商户配置不同的模板来实现这样的需求。

在用户层面，比如用户希望自己常用的支付品牌展示在前面，路由系统就会在输出支付品牌时，结合常用卡服务，先输出用户常用的支付品牌。对于每个支付品牌，还可以选择是用户最近使用的通道优先还是成本最低的优先。

2. 支付能力覆盖面

路由系统作为支付核心系统，可以为商户在不同维度输出不同结果，覆盖各商户与业务所需能力。

（1）支付方式量身定制

在支付展业、接入大量商户的过程中，大中小不同体量、不同业务的商户对支付方式的需求存在差异。引导路由会根据行业、指定商户、平台等可拆分的原子级属性配置不同的模板，以满足用户的个性化需求。

下面来看几个具体的场景。

场景一：不同商户需要的支付方式和支付品牌可能不一样。

比如有些不要外卡支付，有些则需要；有些需要城商行，有些不需要。引导路由可以在同样条件下配置两套模板，比如内卡支付一套，内卡加外卡支付一套。如果只有极少数商户需要外卡支付，也可以直接为这些商户定制模板。

场景二：不同商户需要的支付品牌相同但要求展示的顺序可能不一样。

比如有些商户因为战略合作关系希望微信展示在前面，支付宝放在后面；有些则相反，希望支付宝展示在前面，微信放在后面。可以通过支付品牌排序来影响用户的交易行为。引导路由可以在同样条件下配置两套模板，比如支付宝排序在前、微信在后一套，反过来一套。如果只有极少数商户需要支付宝在前或者剔除微信支付，也可以直接为这些商户定制模板。

场景三：同一商户对于接入不同支付平台的需求也可能不一样。

比如在 PC 平台上允许有网银支付，而在 IVR（电话语音平台）上则不允许。引导路由会根据这个商户的业务模式，在 PC 平台模板上配置网银支付，在 IVR 模板上不配置。（如果有合同系统，这部分职能会由合同系统来充当，由引导路由品牌列表模板和合同系统配置取交集实现。）

（2）支付营销能力——活动文案量身定制

在支付业务中，银行、卡组织或者商户本身时常会有一些营销活动，用于提升其业务或者支付品牌的交易量。这时可在支付引导路由的品牌列表中通过配置展示相关的活动说明，也可控制对哪些商户展示营销文案，对哪些不展示。(引导路由只展示营销文案，具体营销的减免由营销系统完成。)

（3）支付产品能力多场景应用

在商户接入支付服务商的过程中，支付服务商会为其开通支付产品，而支撑支付产品的是一个个具体的支付通道，如图4-7所示。比如商户开通信用卡快捷产品，对应这个产品的通道可以有信用卡代扣通道、信用卡快捷/协议支付通道、无磁无密（不需要输入CVV和短信验证码）通道。根据商户接入时签订协议开通的支付产品，路由配置商户所支持的通道，而每个支付通道决定了能支持哪些支付品牌，这些品牌属于什么支付方式。

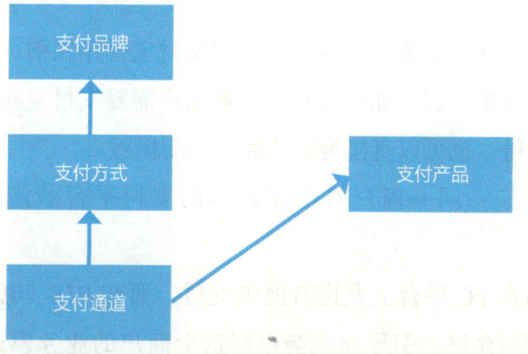

图4-7 支付通道、产品、方式、品牌的映射关系

此外，在支付交易中存在多个交易类型，如预授权、消费等。在酒店商户交易场景中使用预授权交易较多，交易路由系统中为酒店配置的通道一般需要支持预授权交易类型。

3. 支付通道健康度

在支付交易的过程中会遇到通道故障、网络掉线、服务不好、流量过大等异常情况，进而造成支付成功率低。针对这些异常情况，路由系统需要通过其处理机制保障通道健康与高可用。

（1）高并发、大吞吐

在支付业务的开展中会出现以下情形。在一些特定的时间点或者大促（如618、双11）期间，商户的订单量会比平常高出很多倍；支付展业方拓展的商户越来越多，支付交易笔数也就越来越多。路由会分析当前流量及通道的负载，进行智能分流，以保障交易的高可用。

前端收单交易笔数越来越多，但是后端接入的每个支付通道的交易处理量是限定的，银行通道的TPS（Transactions Per Second，每秒处理量）一般为10~15笔/秒。遇到交易量太大、后端交易完全处理不过来的情况，如果不管不顾而直接提交交易请求，会遭遇交易失败或者系统繁忙之类的报错。即便后端支付通道处理系统进行了队列处理，也要等待较长时间，而支付交易又是极度讲究成功率和实时性的。

为了解决以上问题，前后端都做出了各种努力，比如进行队列处理、由公网接入改为专线接入等，这里说一下交易路由如何处理。

路由系统在处理一笔支付交易时，如果存在多个通道均支持该交易，那么在其策略优先级里，可以做如下处理。

1）每个通道都在路由系统里配置TPS容量。

2）建立一个计数服务，用于记录各个通道目前在一定时间内的每秒平均交易笔数，比如最近一分钟内。

3)路由系统计算交易可用通道时,筛选出多个通道可用,按照算法计算出最优通道的同时,调用计数服务,校验该通道目前的每秒交易笔数,看看是否已经满负荷或者触发阈值。

4)如果该通道 TPS 满负荷或者触发阈值,则路由系统筛选出次优通道,依次校验;如果 TPS 还未满负荷或者触发阈值,则通过,输出该通道。

(2)不良通道自动熔断

在金融领域,熔断机制(Circuit Breaker)是指当股指波幅达到规定的熔断点时,交易所为控制风险而采取的暂停交易措施。在支付交易系统中也存在熔断点,路由系统根据熔断点自动下线不良通道,切换至优秀通道,以保证成功率和交易可用性。

支付交易系统中的熔断点有以下 3 个维度。

1)通道维度。整个通道因为系统维护或升级,或者因为系统成功率较低,触发了系统阈值,而被认为不可用。这个维护时间或者阈值就是熔断点,自动下线的机制就是熔断机制。

比如工行储蓄卡直连通道 21:00–24:00 临时维护,那么在这个时间段内系统就会将交易自动切换到另一个通道工行储蓄卡银联通道,等过了 24:00 后,该通道再自动上线,重新变为可用。

又比如系统规定通道可用的标准是,非客户自身原因的通道交易处理成功率应该达到 95% 以上。注意这里说的是通道交易处理成功率,不是客户支付成功率。不论支付处理是成功还是失败,只要是合理的,都算作交易处理成功。如果交易结果是失败,但返回原因是客户卡信息有误或者余额不足,那么客户支付算作失败,但是交易处理是成功的,因为通道明确做出了反馈,并给出了对应返回码。而如果交易结果是失败,但返回原因是系统繁忙或者系统异常之类的错误,那么客户支付算作失败,通道交易处理也是失败的,因为非客户自身原因,是通道原因造成的失败。对于这种场景,支付通道每处理一笔交易,就会根据结果进行计数统计,用于计算通道健康度,触发阈值时进行下线或者降权处理。

2)支付路由系统维度。整个交易路由系统因故障而导致不可用,需要有个托底方案。因故障而导致不可用就是熔断点,托底方案就是熔断机制。比如在交易系统正常时,所有交易通道均应由路由输出;但是在路由系统故障、整体不可用时,前台收单网关收不到反馈,就会输出事先配置好的一套托底方案。托底方案中包括最小可用也最稳定的一些支付品牌及与之对应的通道,以保证系统可用性。

3)商户维度。某商户交易支付不成功,可能是商户自身原因,也可能是收单方系统原因。监控报警机制中有两个指标维度,一个是某商户连续多少笔交易失败,另一个是某商户在某个通道上连续多少笔交易失败。如果监控到只有某个商户或某个商户的某个通道有问题,而其他商户在该通道上的交易表现良好,那基本可以定位是商户问题,而不是通道问题。

支付路由作为支付核心中的重要机制,通过引导路由和交易路由,完整承担了由用户需求体验满意度、支付成功率和收益率所构成的支付的收益管理职能。下一节介绍引导路由和交易路由(见图4-8)是怎么设计的。

图4-8 路由构成:引导路由与交易路由

4.3 引导路由

支付平台或者网关系统向服务请求获得所支持支付方式及品牌展示,然后服务对这个请求做出处理,并向商户返回涵盖支付方式及品牌、营销文案、推荐支付方式、常用支付习惯等信息的一揽子方案,这个服务被称为引导路由。

简单来说,引导路由用来决定用户看得到的,即每个用户看到什么样的支付列表,这个列表包含推荐支付方式下各支付品牌以及高亮、顺序、营销文案等信息。通过引导路由来实现支付列表从千人一面演进成千人千面乃至一人千面。就像老王开店一样,不同的店面进货策略决定了用户是先看到北冰洋汽水还是可口可乐。

那么整个机制是如何实现的呢?我们先回顾一下图4-2。引导路由由3个核心模块构成,分别是品牌列表、引导方案和引导规则,如图4-9所示。

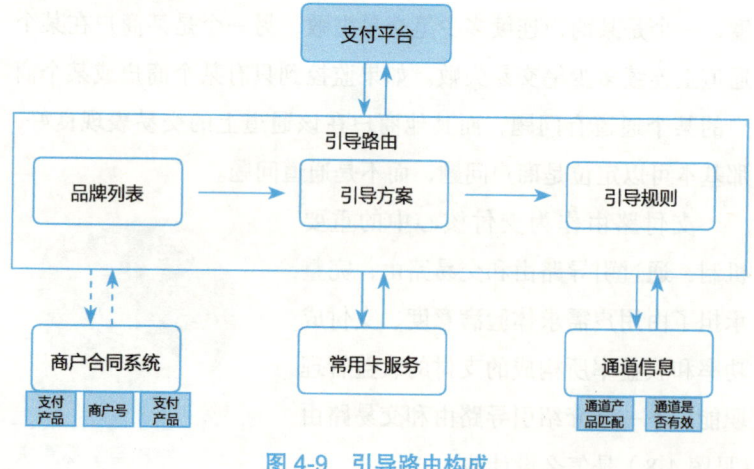

图4-9 引导路由构成

这 3 个模块是包含与被包含关系，并且是依次进行的：先配置品牌列表，再在引导方案中设置（方案中包含品牌列表分流配置），最后在引导规则中配置规则（规则中包含配置使用哪一套方案）。如果只是公司内部业务，因为业务线单一，无须再与合同系统中商户所配置支付内容取交集，所以图 4-9 中用虚线表示商户合同系统。

4.3.1 品牌列表

品牌列表是一个支付品牌列表的集合，其主要职能有两个：其一，配置各个支付品牌的排列次序；其二，配置具体支付品牌的营销文案说明。

品牌列表的具体设计如图 4-10 所示。

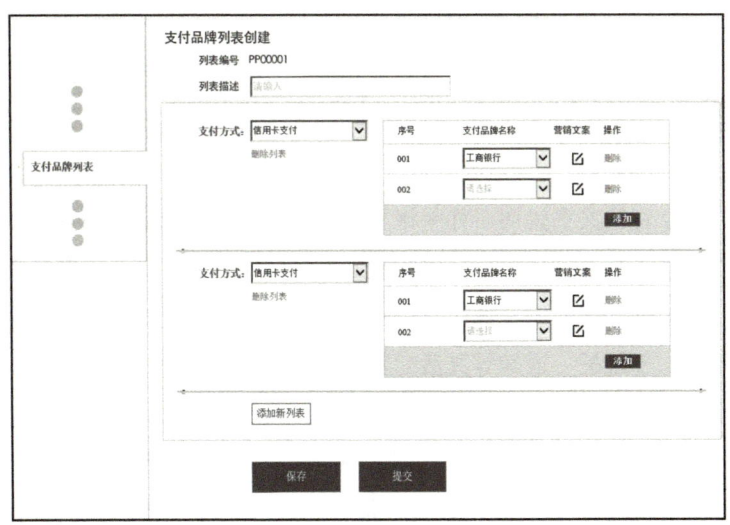

图 4-10　品牌列表配置界面

关于"支付品牌列表"创建，说明如下。

1）配置"列表编号"项。作为"品牌列表"主键，为方便检索和有问题时定位，列表编号一般是在定义好命名规则后自动生成。

2）配置"列表描述"项。这一项由编辑人员自己定义，以便于规则查找和通过描述知道规则内容。

3）配置"添加支付方式"项。每个列表由支付方式和品牌构成，可以添加一种或多种支付方式，每种支付方式可对应多个支付品牌（见图4-10）。

- 支付方式。在全集支付方式中选择配置支付方式，支付方式的配置顺序就是最终展示给用户的排列顺序。比如第一行配置支付方式信用卡支付、第二行配置支付方式借记卡支付，那么最终展示的支付方式就是信用卡支付排序第一，借记卡支付排序第二。
- 支付品牌。根据选择对应支付方式，展示该支付方式下所映射的支付品牌。支付品牌的顺序就是最终展示给用户的排列顺序。
- 营销文案说明。如果该支付方式有卡组织或者银行贴补营销活动，可根据需要配置好营销文案，定义好交互触发条件，比如用户选中时展示活动文案。当然此文案也可以用于维护、通知等灵活配置。
- 配置交互设定说明。交互可以很灵活，如直接拖动调整排序，在添加支付方式或者支付品牌时指定序号，或者将每种支付方式做成单张表，这些就看具体的交互设计和产品要求了。例如，配置001为工商银行信用卡，002

为农业银行信用卡。那么用户在使用信用卡支付时,就会看到排在第一的是工商银行信用卡,排在第二的是农业银行信用卡。

4)编辑完成后,保存内容留作后续操作,也可以提交,待审核后生效。

通过上述步骤,一个品牌列表就编辑完成了。根据不同分流需要、不同行业需要等场景,可以继续编辑,完成多个品牌列表。

> 注意:品牌列表是个全集,包含用户可能看到的所有支付方式和品牌以及它们的顺序,但这并不代表用户最终看到的就是全部的支付方式和品牌。用户会看到什么,由引导方案、引导规则及交易路由配置共同决定。

4.3.2 引导方案

引导方案是设置"支付方式"与对应"品牌列表"偏好的集合,其主要职能如下:

- 设置方案支持的支付方式;
- 配置支付方式推荐高亮;
- 向用户推荐常用卡的策略,是最近使用优先还是成本优先。

具体设计如图 4-11 所示。

关于"引导方案"创建,说明如下。

1)配置"方案编号"项。作为"引导方案"主键,为方便检索和有问题时定位,方案编号一般是在定义好命名规则后自动生成。

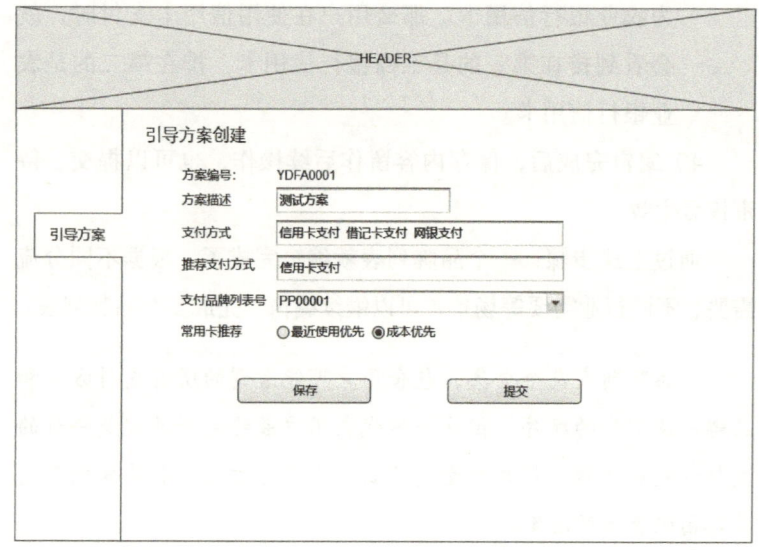

图 4-11 引导方案配置界面

2）配置"方案描述"项。这一项由编辑人员自己定义，以便于规则查找和通过描述知道规则内容。

3）配置"支付方式"项。选择该方案支持的支付方式，一个方案里可以允许添加一种或多种支付方式。

4）配置"推荐支付方式"项。可配置一种或多种推荐支付方式，用于表明优先推荐这些支付方式。展示效果由前台控制，常见的效果有高亮等。

5）配置"支付品牌列表号"项。选择具体使用的品牌列表集合。品牌列表配置时并不需要配得很精细，或者与方案一一对应，最后呈现给用户的支付方式是交集——这套方案里支付方式与支付品牌列表号的交集。例如，配置品牌列表时为了减轻工作量和可复用，一个品牌列表号中配置了信用卡、借记卡和网银支付,而应用给商户时配置的方案里只有信用卡支付。那么"支付方式"与"品牌列表"的支付方式交集只有信用卡支付,用户只会看到信用卡支付下的各品牌。

6)配置"常用卡推荐"项。常用卡是指经过用户授权,平台保存的用户使用过的银行卡。常用卡的作用是方便用户下次快速使用。保存的银行卡数据有卡号、姓名、手机号、证件类型、证件号、有效期等。

当用户有多张常用卡时,前台可根据"常用卡推荐策略"展示这些卡。若配置的是"最近使用优先",那么就会按照常用卡的使用时间排序,优先展示使用时间近的;若配置的是"成本优先",那么就会按照本次交易时常用卡中各支付品牌的手续费排序,优先展示成本低的。常见的展示效果有排序、高亮、隐藏等。

7)编辑完成后,保存用户留作后续操作,也可以提交,待审核后生效。

通过上述步骤,一个引导方案就编辑完成了。同样,根据不同分流需要、不同行业需要等场景,可以继续编辑,完成多个引导方案。

4.3.3 引导规则

引导规则用来根据所设置条件匹配传参,并根据命中的规则输出对应的方案。其主要职能有两个:一是配置行业或者商户命中条件规则,二是配置该规则下依权重输出单一或者多种引导方案。

引导规则的具体设计如图 4-12 所示。

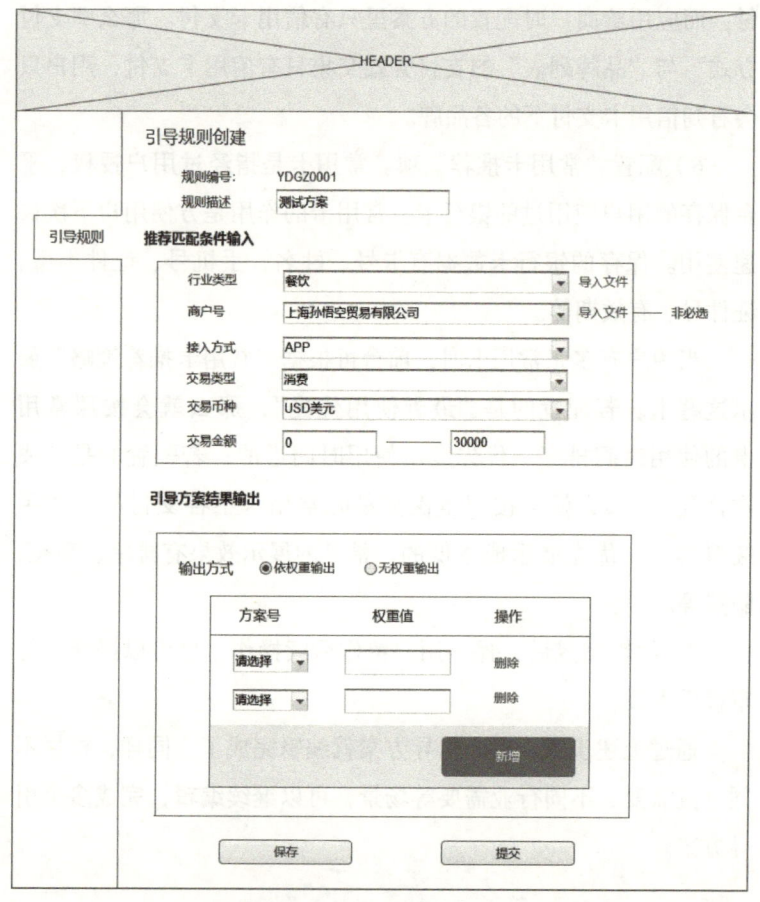

图 4-12　引导规则配置界面

关于"引导规则"创建，说明如下。

1）配置"规则编号"项。作为"引导规则"主键，为方便检索和有问题时定位，规则编号一般是在定义好命名规则后自动生成。

2）配置"规则描述"项。这一项由编辑人员自己定义，以便于规则查找和通过描述知道规则内容。

3) 配置 "推荐匹配条件输入" 项。

- 行业类型。业务展业中，一般接入商户均可按照行业分类。运营人员会根据行业事先在路由系统中配置引导规则。这样若商户无特殊需求，则均按此行业规则进行输出，实现规则可复用，轻量化运营。
- 商户号。出于某些考虑，运营人员会给大商户等配置定制规则，以满足定制需求或者便于重点关注。在该商户进行交易请求时，引导规则会判断是否配置了此商户号具体规则，若有，直接输出此商户号规则；若没有，再去检索此商户号所对应行业的配置规则并输出。注意，"商户号" 并不是必须配置的。
- 接入方式。同样行业或者同样商户会有多种接入方式，不同接入方式下的配置方案会存在差异。比如在网页或者移动端可以支持网银支付，但是在 POS 里就无法支持。常见的接入方式有 App、H5、Web、IVR（语音支付）、SDK 等。
- 交易类型。如消费、预授权、鉴权等。
- 交易币种。如人民币、美元、英镑等。如果只涉及国内业务或者支付处理能力只有人民币的，可以去掉此字段。
- 交易金额。可设置该交易币种下交易金额区间范围内对应的规则，用于商户分流或者 A/B 测试。

4) 配置 "引导方案结果输出" 项。

- 引导方案输出。根据上述匹配规则条件输出对应配置的引导方案，可按权重输出多种方案，也可以输出单一方案，如图 4-13 所示。

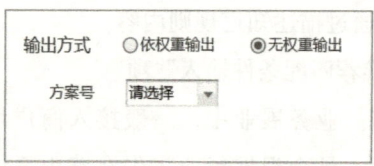

图 4-13 无权重输出

❑ 配置方案。

- 依权重输出：如希望进行 A/B 测试，输出多种方案，可选择依权重输出。比如引导方案 12 的权重值为 30，引导方案 29 的权重值为 60，那么 1/3（30/(30+60)）的用户会看到引导方案 12，2/3（60/(30+60)）的用户会看到引导方案 29。
- 无权重输出：如无特别要求，一套方案就能满足需求。在该条件下选择无权重输出即可输出唯一方案。

5）编辑完成后，保存用户留作后续操作，也可以提交，待审核后生效。

通过上述步骤，一个引导规则就编辑完成了。同样，根据不同分流、不同行业、不同币种、不同接入方式需要等场景，可以继续编辑，完成多个引导规则。

4.4 交易路由

支付平台或者网关系统向服务请求可用通道，服务根据通道信息配置及规则优先级进行决策，向支付平台或者网关返回最优支付通道方案，这个服务被称为交易路由。

简单来说，交易路由与引导路由正好相反，用来决定用户看不到的部分，比如计算交易手续费、匹配最优通道等。就像老王开店的例子里，用户只关心饮料是什么牌子的，并不关心是谁提供的。

4.4.1 交易路由整体思想

在 4.2.3 节中，我们提过支付关注成本、风险、成功率、体验、合作关系等。在交易路由中，有不同算法来处理这些收益或者关注点，具体为基础路由算法、短路路由算法、风险路由算法和分组路由算法。同时，还有一些用于支持整个系统的基础或辅助服务，如通道健康度系统、通道信息配置。

那么交易路由的整个服务与机制是如何实现的呢？这要从两个维度来看，路由算法优先级和路由调用节点，如图 4-14 所示。下面先来大致了解一下这两个维度，后面会详细介绍。

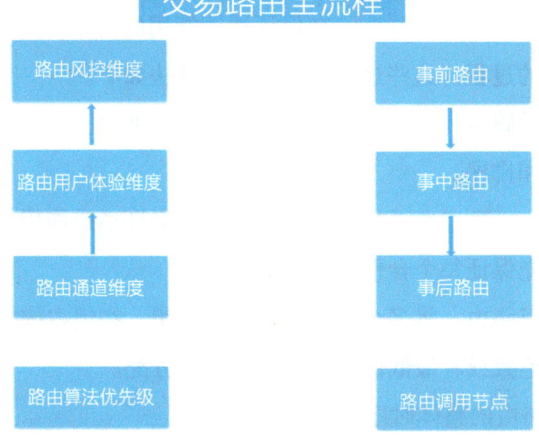

图 4-14 交易路由维度

维度一：按路由算法优先级。交易路由服务涉及的维度有风控维度、用户体验维度、通道自身特性维度、每天保量维度。按照这些维度，交易路由服务分成风险路由算法、短路路由算法、基础路由算法和分组路由算法。

这些算法之间是有优先级顺序的。比如公司更注重于保证满足合作方的最低量，那么算法优先级就会是风险路由算法优先于分组路由算法，分组路由算法优先于短路路由算法，短路路由算法优先于基础路由算法。

- 风控维度：根据交易风险等级匹配对应通道。常见的有根据用户、商户、金额等多维度打分得出的风险结果（高风险、中风险、低风险）来匹配通道。

  风险路由：在可用通道内匹配与交易风险等级相符的通道。

- 用户体验维度：根据用户或者商户的特定需求匹配通道。常见的如一些 VIP 用户需要匹配要素少、支付快的通道。

  短路路由：在可用通道内强制指定通道优先交易分配。

- 通道自身特性维度：在保证通道能用的前提下寻求更优通道的过程。这些过程涉及的路由算法如下。

  基础路由：按照交易请求匹配能用的通道，并进行成本计算和排序。

- 每天保量维度：根据合作关系，在保证通道能用的前提下优先保证每个合作通道的交易量。

  分组路由：将多个通道设置成一个组，在组内按权重、固定笔数或者最低保障金额进行交易分配。

交易路由的整体时序如图 4-15 所示。

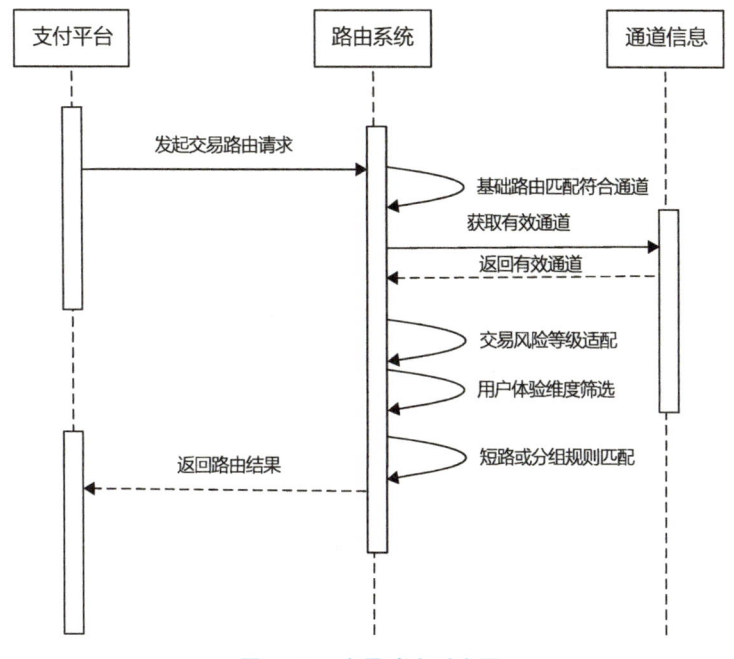

图 4-15 交易路由时序图

交易订单经过路由系统时，系统处理时序如下。

1）支付平台上送交易信息，包含商户信息、行业、交易金额、交易类型、支付品牌、用户信息和卡号等参数。

2）匹配可用物理通道。根据交易请求参数和通道配置信息进行匹配筛选。

3）风险路由匹配。在可用通道中按照风险等级进一步筛选符合风险要求的通道。

4）用户体验维度筛选。根据用户与卡信息，按照体验优先（如外卡通道优先不需要姓名通道）进一步筛选候选最优通道。

5）短路规则维度筛选。按照是否设置短路优先规则，进一步筛选候选最优通道。

6）分组规则维度筛选。按照候选通道是否已设置及满足限额要求，筛选最终的最优通道。

7）路由系统返回给交易平台命中通道及信息。路由系统返回最优通道所涉及信息，包括支持的支付品牌列表以及这些支付品牌所需的卡要素内容等。

维度二：按路由调用节点。前台系统与路由系统在交互中会发生多次握手，按照前台系统调用路由服务的不同节点，路由调用节点分为以下三类。

- 事前路由：用户输入支付信息前，先请求获得支付方式和品牌所需信息。
- 事中路由：支付过程中，因为卡BIN不符等问题，需要重新调用路由进行请求。
- 事后路由：支付过程中，因为超限等通道自身问题，需要在用户无感的情况下重新进行路由计算并支付。

交易路由在维度一和维度二中涉及的路由服务有通道信息、基础路由、短路路由、风险路由、分组路由、重试服务，涉及的非路由服务有卡BIN服务、卡服务、返回码服务、计数服务等。下面介绍路由服务是如何实现的。

4.4.2 维度一：路由算法优先级

不同路由算法侧重方向不同，这些算法叠加在一起后，保证了支付收益的最大化。

1. 通道信息

通道是指接入的具体实体对象的通道，类似物理上不可拆分的对象，可以理解为具体的某个实体服务商或者供应商。比如银联通道、招行直连通道，一般我们也称之为"物理通道"。通道信息就是将这些物理通道的支付能力和特性进行拆解细分后的属性及具体参数。

通道信息的主要职能如下。

- 建设配置基础数据。在通道信息模块中设置通道命名与名称，将其作为后续各配置模块配置数据的依据和交易信息中的查询内容。比如后续配置基础路由时，需要选择对应物理通道，日常支付报表也需要统计支付通道交易情况。
- 匹配通道风险等级。根据通道自身验证要素多少、是否要验短信验证码、是否包赔等因素，设置相关风险等级。
- 匹配对应支付产品。根据自身产品和接入的通道属性，归类支付产品，比如通道是快捷或者无磁无密（无须验证短信验证码和CVV类型），那么我们就可以配置免密支付这样的支付产品。
- 匹配物理通道支持的支付品牌。这项是可选的，如果不希望做双重校验，完全在基础路由中控制，那么这项可以不配置。
- 匹配物理通道支持的交易类型，如消费、预授权。这项也是可选的，如果不希望做双重校验，完全在基础路由中控制，那么这项可以不配置。
- 设置物理通道相关联系人。比如对方业务、运营或者开发人员相关信息。

❏ 设置辅助信息，如是否是专线等。

通道信息的具体设计如图 4-16 所示。

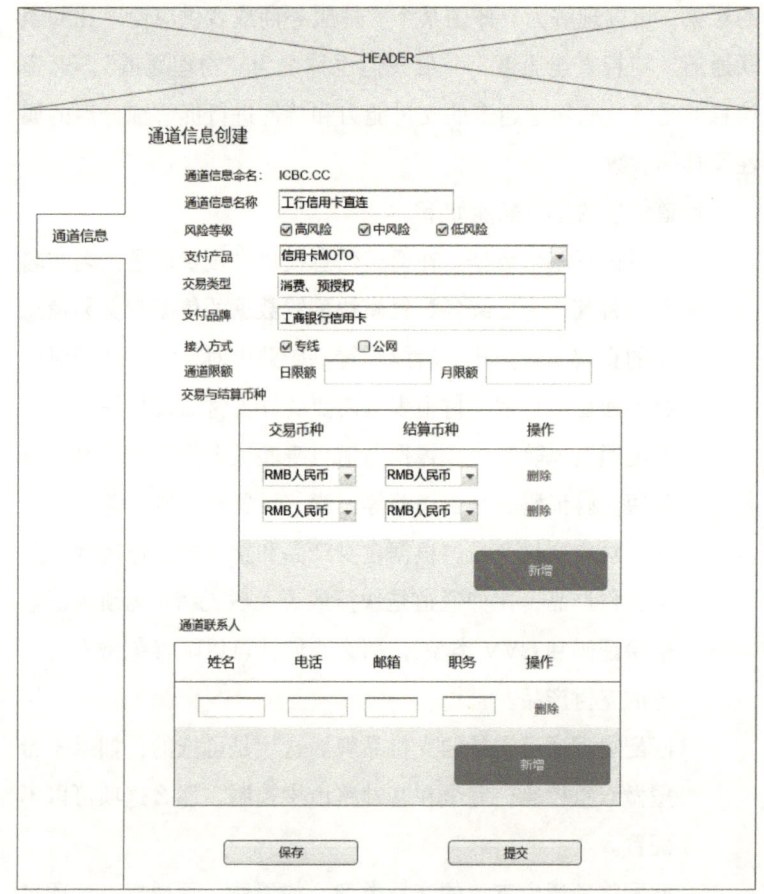

图 4-16　通道信息创建图

关于"通道信息创建"，说明如下。

1）配置"通道信息命名"项。通道通常都会有一个系统命名，用作系统识别，比如图 4-16 中的 ICBC.CC。通道名称唯一，不可以配多个。这里的通道是工商银行直连通道信用卡通道，工商银行的英文缩写是 ICBC，信用卡（Credit Card）的英文缩写是 CC，所以命名为 ICBC.CC。这样无论是产品、开发、运营还是运维，在后续数据或者监控等场景中，看到 ICBC.CC 就知道是工行直连信用卡了。同理，看到 ICBC.DC 就知道是工行直连借记卡。

2）配置"通道信息名称"项。配置与命名相对应的中文名称，以便于规则查找和通过名称知道通道内容。

3）配置"风险等级"项。一般根据每个公司的风险评分及评分对应的措施来划分风险等级，常见的有高风险、中风险和低风险。一个通道如果承诺风险交易包赔，那么我们就可以将它定义为适用于高风险，因为对于支付平台或者商户来说是无风险的，风险进行了转移。或者某个通道验证要素多，需要手机短信验证码，在交易识别为中风险、要加强验证时，即使这个通道的交易手续费不占优势，我们也会将交易分配给它。

4）配置"支付产品"项。配置该通道支持的支付产品，如图 4-16 中配置信用卡 MOTO。支付产品有信用卡快捷、信用卡 MOTO、信用卡分账通道、鉴权通道等，根据通道自身属性和支付能力，配置对应支付产品。

5）配置"交易类型"项。配置物理通道支持的交易类型，如消费、预授权、鉴权等。需要说明的是，在后续基础路由算法中也会配置交易类型，这里相当于圈定一个范围，后面在配置时只能在这个范围内配置，以避免错误。所以如果对于运营人员的配置放心或者建立有合理的审核机制，能够避免配置错误，那么这里可以不配置此项内容。

6）配置"支付品牌"项。配置通道支持的支付品牌，如图4-16中的"工商银行信用卡"。如果是第三方支付（如银联、连连支付等），支持多个支付品牌，那么这里就要配置多个。

7）配置"接入方式"项。常见接入方式有专线或公网，通道信息这里配置完成具体接入方式后，就成了案头资料，便于查找。如果需要，这里甚至还可以配置专线数量、接入地点、价格。

8）配置"通道限额"项。在交易中，通道往往是有限额的，比如日限额、月限额，不是针对单笔交易，而是针对通道自身，一天最多能进行多少笔交易，再多就不可以了。一些包年性质的通道更有可能遇到这样的限定。如果一个通道超过限额，那么就不可以再将交易发送给它，否则会因为通道超限而造成此交易失败，而交易失败不符合支付收益最大化（支付成功率是支付里的一个很重要的指标）。单笔的限额会在基础路由中配置。

9）配置"交易与结算币种"项。交易时，支持的收单币种就是交易币种，收单行结算时用的币种是结算币种。如果业务都在国内，那么基本上不需要这个字段，因为基本都是人民币结算人民币；如果涉及跨境支付或者境外展业，那么就要设置交易币种与结算币种的对应关系。

10）配置"通道联系人"项。这项不必多说，配置各种合作相关人员的电话、职务、邮箱，方便沟通、查问题、联系等。配置一分钟，可省去日后工作中不停地回复联系方式。

通过上述配置，一条通道信息就配置完成了。这是路由的第一步，是基础配置，就像烹饪中的原材料一样，如果没有这个配置，再厉害的菜谱、再好的路由规则也无从开展。

2. 基础路由算法

基础路由算法是指根据配置规则匹配可用逻辑通道。配置的规则是根据同一物理通道不同属性的具体内容进行配置，如不同支付品牌、交易类型、交易金额、限额、商户、计费方式和费率等。这样的配置规则是与物理通道相对的，我们将其称为"逻辑通道"。后面我们将更多地用"逻辑通道"来代指"基础路由中的配置规则"。物理通道与逻辑通道是一对多的关系。逻辑通道是配置内容，基础路由算法是计算过程。

基础路由是最底层的路由规则，虽然优先级最低，但是它就像台基。没有台基，再好的大楼、再精美的设计蓝图都是空想；同样，没有基础路由，那么风险路由、短路路由、分组路由就都无从实现。基础路由与它们是包含和被包含的关系，如图4-17所示。

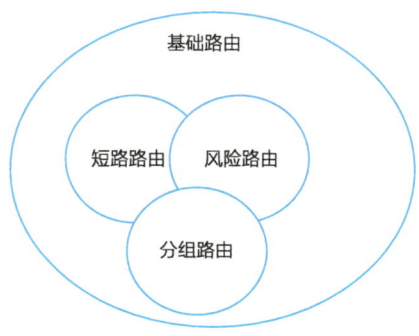

图4-17　基础路由算法与其他算法的关系

基础路由的主要职能如下。

- 建立查询主键。逻辑通道规则号会作为后续问题定位、数据交易查询的依据。比如后续交易记录需要查询时，会直接在日志中查询逻辑通道的规则号，通过规则号定位当时配置情况或者问题。因为逻辑通道是颗粒度最细的维度，所以内部查询一般都用逻辑通道。
- 匹配通道可用性。根据商户、行业、交易金额、交易类型、支付品牌、通道是否可用、验证要素等条件匹配支持交易的逻辑通道。
- 通道熔断自动上下线处理。可以设置固定维护时间、临时维护时间，进行自动上下线。

基础路由的具体设计如图 4-18 所示。

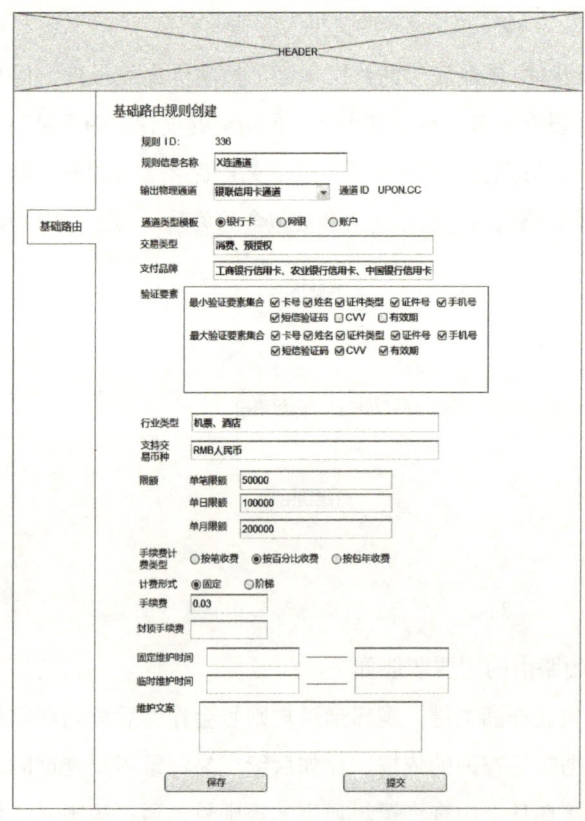

图 4-18　基础路由规则创建页

关于"基础路由规则创建",说明如下。

1)配置"规则 ID"项。逻辑通道规则 ID 可以直接由小到大自动生成,只要不重复就可以。规则 ID 被作为后续查询、定位等用途的依据。

2)配置"规则信息名称"项。配置与规则 ID 相对应的中文名称,以便于规则查找和通过名称知道通道内容,如图 4-18 中的"×连通道"。

3)配置"输出物理通道"项。符合此条件集合后输出所配置通道。

4)配置"通道类型模板"项。从用户交互角度,通道形态分为三类,分别为银行卡、网银和账户。为什么要区分不同的类型模板?我们先看下三者的含义。

- 银行卡:卡类支付,需要用户在支付平台输入卡要素。页面交互等多由用户自己控制。
- 网银:需要根据用户选择不同的银行品牌,跳转到对应的银行网站,用户在银行网站完成支付,支付完成后再跳转回支付平台。网银不需要选择"验证要素",可以增加"跳转链接地址"。
- 账户:账户是指账基支付,常用的微信支付、支付宝均属于这一类,支付时需要生成二维码或者移动端唤起微信、支付宝。这一类也不需要选择"验证要素"。

根据三类形态的不同特性,配置模板会有些微差别,图 4-18 中是以银行卡模板来说明的。

5)配置"交易类型"项。配置逻辑通道支持的交易类型,如消费、预授权、鉴权等。只要费率等其他条件都一样,就可以在一条规则中配置多个交易类型。只有在交易请求为配置中支持的交易类型时，此逻辑通道才可用。

例如，商户发起交易时交易类型为预授权，客户使用工商银行信用卡，基础路由有两条配置规则。规则 A：工商银行信用卡，交易类型为消费，费率为 1‰。规则 B：工商银行信用卡，交易类型为预授权，费率为 3‰。交易路由时虽然都支持工商银行信用卡，但只能命中规则 B，即使规则 B 的费率再高也只能命中它，原因是规则 A 的交易类型不符合。

6）配置"支付品牌"项。配置逻辑通道支持的支付品牌，如图 4-18 中的工商银行信用卡、农业银行信用卡等，支持配置多个。路由时会根据基础路由中商户所属行业的配置品牌与引导路由中配置商户的品牌的交集下发通道。

7）配置"验证要素"项。验证要素就是此次交易需要客户填写的要素。

支付时，通道有可选要素和必选要素。必选要素是为保证支付正常进行最少需要提供的要素，可选要素是为了进行更多检验而需要提供的要素。如果提供了可选要素，通道会进行验证；如果没有提供，则不验证。需要额外说明的是，几乎所有的通道都不支持验证部分可选要素，也就是说，可选要素要么都不提供，要么全部提供。

另外支付平台也有一些自有鉴权通道，可以通过"交易通道+鉴权通道"组合支付的形式进行。

根据以上所述，要素如图 4-18 所示，有最小验证要素集合和最大验证要素集合。最小验证要素集合用于正常交易，输入最小项完成支付；最大验证要素集合主要用于风险交易，在有风险的交易中发最大验证要素集合，要求客户多输入要素。

填写的要素一定要有渠道进行验证，无论是平台自有验证渠道还是对接支付通道。如果有要素没有经过验证，而客户无意或者故意输入错误，那么万一支付成功，持卡人是可以拒付的。

在图 4-18 中，常见的要素集合如下。

- 卡号：客户需要填写的借记卡或者信用卡号。这里涉及卡 BIN 服务，也就是事中路由（会在稍后介绍）。
- 姓名：持卡人姓名。
- 证件类型与证件号。需要客户填写证件类型与证件号，常见的证件类型见表 2-3。注意，在通道接入时，一定要确认清楚通道方是只验"卡号"还是验证"证件类型 + 卡号"。通道方经常只验证证件号而不验证证件类型，这样会造成以下后果：客户填写错误但支付成功；客户拒付成功率高，因为信息错误却支付成功；系统保存信息错误，不利于二次路由、免密支付等应用场景的使用。
- 手机号。这里的手机号是指银行预留手机号，而不是客户常用手机号。因此当某支付通道不支持验证手机号码，而支付平台出于风险考虑需要验证时，不能客户填写什么手机号码就下发短信到这个手机号，然后验证通过，而是需要背后接入鉴权通道，确认与银行预留手机号一致才可以下发短信验证码。
- 短信验证码。短信验证码用来验证客户身份，是持卡人本人操作的一个重要依据。在这里配置短信验证码的时候，从配置全面的角度考虑，还需要配置短信发送方，如是平台方发送还是通道方发送。

- 有效期。一般都用于信用卡，极少数外卡借记卡也有有效期。需要注意，一般为了避免退款或者预授权交易因为有效期过期而无法退扣款等情形，在临近有效期时，支付平台通常都会进行交易控制，如临近 10 天提示换卡等。
- CVV。信用卡安全码，也叫作 CVC（Card Verification Code）。根据 PCI 认证标准，CVV 是不可以存储的，所以我们在接入非快捷支付通道时，一般都要求或者倾向于通道方不需要 CVV，甚至宁可为此支付更高的费率。

  在快捷、代扣、二次路由支付这些场景中，无法应用要求输入 CVV 的通道，因为数据在支付能力上缺少 CVV，无法支付成功。
- 其他信息。如果是外卡或者有风险要求，还会需要输入一些其他信息，比如邮箱或者收件人地址等要素。

8）配置"行业类型"项。根据公司所处的业务范围，一般把商户分成若干行业。根据客户所在的行业类型去匹配通道。

基础路由是根据商户所处的行业来进行配置的。至于为什么是根据行业而不是商户来配置，有以下两个原因。

其一，行业的数量级比商户小得多，行业可能就有几十个，而商户是不计其数的。支付展业的过程中可能每天接入商户的数量巨大，为了支持轻量化运营，减少配置，需要直接根据行业来配置。

其二，支付系统设计足够健壮，能力足够支持统一与灵活。首先，我们认为大多数行业中的商户对于支付能力的要求应该是一样的。其次，通过商户合同系统配置商户支持的支付产品和支付方式；通道配置所属支付产品；如果有特别需求或者有大商户需要定制，路由中的短路路由能够通过为商户配置逻辑通道优先级来满足需求。

9）配置"交易币种"项。交易币种一般是指页面计价显示的币种。交易时，商户会将此币种及其对应的交易金额上送给支付服务提供商。基础路由会根据上送的交易货币来匹配路由规则。如果业务都在国内，那么基本上不需要这个字段，因为基本都是人民币交易。常见的交易币种见表 3-6。

10）配置"限额"项。这里配置的限额是指通道对于支持的各银行卡的限额，与前面的物理通道限额不一样。就像老王开店进货，供应商限定每天最多能为老王供多少货，这是物理通道限额；供应商卖很多品牌，有康师傅，有统一，除了限定整体最多能为老王供应多少货外，还限定每个品牌供多少货，这是逻辑通道限额。

交易时，根据上送的交易金额匹配限额，在满足限额条件的情况下输出可用的通道。逻辑通道限额有单笔限额、日限额、月限额，意思分别是单笔、单日、单月、交易不能超过多少钱。简单的做法是在交易上送时只匹配单笔，至于单日和单月就看通道返回码，如果报超限那就超限。但支付收益最大化的其中一项就是成功率，比较完善的系统会有个计数服务来统计限额，先看物理通道是否超限，如果没有，再看用户交易卡有没有超过逻辑通道设定的单日、单笔、单月限额，如果也没有，再输出通道，这样就能保证每一笔路由交易都可用。

11）配置"手续费计费类型"项。基础路由的一个重要职能是从按照条件匹配出的多个可用通道中路由最优的那个。假定没有分组、短路等其他规则，那么最优的标准就是成本最低（路由费率最低）的通道。费率就是按照这里的手续费计费方式定的，也有的系统把手续费计费方式放在计费服务中配置。为了避免计费服务配置两次费率，可以将路由系统配置的这个费率同步推送给计费服务。

费率的计费方式有多种，有单笔固定手续费，有单笔按百分比计手续费，有包年手续费。每种手续费又可以分为固定手续费、阶梯费率或固定费率。

简单说下各类手续费的含义和计算逻辑。

单笔手续费：对每笔交易收取固定的手续费，在设定的区间内不分金额多少，一笔都是这么多费用，常用在代扣、代付性质的通道。比如代扣按笔收费，一笔1元，交易金额5万元的成本是1元，交易金额2元的成本也是1元。

百分比手续费：按交易金额的百分比收费，常体现在快捷、无磁无密通道上。比如设定费率为3‰，那么交易金额5万元的成本是150元，交易金额2元的成本不到1分钱。

假设上述两种规则都适用于同一笔交易，交易金额为5万元的时候走按单笔收费的通道更划算，手续费少了149元；交易金额为2元的时候走按百分比收费的通道更划算，手续费少了近1元。基础路由交易会计算出各自的成本，找出成本最低的通道，保证收益的最大化。

包年手续费：包年手续费是指按年计算一个总费用，用多用少都是这个价。根据这个特性，我们在手续费配置时，通常配置成本为0，应走尽走。

固定手续费：无论交易金额是多少，手续费都是一样的，没有区间，与阶梯相对。如果是固定手续费，费率可以是固定的费率（如3‰）或固定的金额（如1元）。

阶梯手续费：设定金额区间，不同区间对应不同的手续费或者费率，但一般多用于按单笔收费的通道。以单笔为例，比如 0~10 000 元，手续费是 1 元；10 001~50 000 元，手续费是 3 元；50 000 元以上，手续费是 5 元。路由需要根据不同的交易金额对应不同的手续费。

封顶手续费：手续费有个上限金额，无论交易金额多高，手续费都不会超过这个金额，多见于按百分比收费的通道。假如手续费为 3‰、50 元封顶，交易金额为 50 000 元，按照 3‰计算手续费是 150 元，但是因为有封顶手续费，最终只会收 50 元。

12）配置"维护时间"项。维护时间分为固定维护时间和临时维护时间，加上相关维护文案，用于控制逻辑通道自动上下线。到了维护开始时间后会自动下线，通道不可用，或者系统在维护时间内截留交易请求，等过了维护时间，再发起交易请求给通道方；到了维护结束时间后自动上线，恢复通道可用性。固定维护时间一般不需要设置日期，只需要设定具体时间点，默认每天在这个时间点进行维护。临时维护时间需要精确到秒级维度，具体什么日期的什么时间会发生，可以设置多条。

在通道维护时，路由应用如下。

支付通常都有备份或者次优通道，以保证交易的可用性。当某个逻辑通道处于维护状态时，会有以下两种情况。

❑ 在逻辑通道处于维护状态时，同一支付品牌有备份通道。

对于这类情况，将该维护通道设为不可用即可，路由到备份通道，不会影响交易。

❑ 在逻辑通道处于维护状态时，同一支付品牌无备份通道。

对于这类情况，维护通道无可用备份，那么有两种处理方式。

第一，直接隐藏该支付品牌，因为它没有可用通道。隐藏的处理方式适合直接以卡BIN匹配银行的前台支付处理机制,不太适合前台展示品牌列表,用户选择具体支付品牌再进行支付的支付方式。由于隐藏后用户看不到支付品牌,所以也就不需要维护文案了,但是这会造成用户的困惑。比如工商银行信用卡维护,无备份通道,将其隐藏,用户会困惑为什么这么主流的支付方式都不支持,或者疑惑昨天还有的,怎么今天就消失了。这种方式的用户体验会不太好。

第二,支付品牌还是正常展示,路由可以随机选择,可以输出通道正常时的最优选择,可以输出维护时间最短的逻辑通道对应的文案,还可以采用统一的维护文案。这样,用户选择该品牌或者进行卡BIN识别时,就会知道原来该品牌是在维护而不是不支持。

根据以上描述,在只有基础路由的条件下,时序如图4-19所示。

交易订单经过路由系统时,系统处理时序如下。

1)支付平台上送交易信息,包括商户信息、行业、交易金额、交易类型、支付品牌、用户信息和卡号等参数。

2)获取物理通道信息,包括通道是否关闭、通道支持行业、通道支持交易产品、通道支持交易类型、通道风险等级。

3)匹配可用物理通道。根据交易请求参数和通道配置信息进行匹配筛选。

4)筛选物理通道是否超限。根据匹配出的可用物理通道和是否有限额,查询计数服务通道是否超限,并筛掉已超限通道。

5)筛选用户卡号在可用物理通道是否超限。根据用户信息及卡号查询用户在该物理通道和银行是否超限,并筛掉已超限通道。

第4章 路由系统

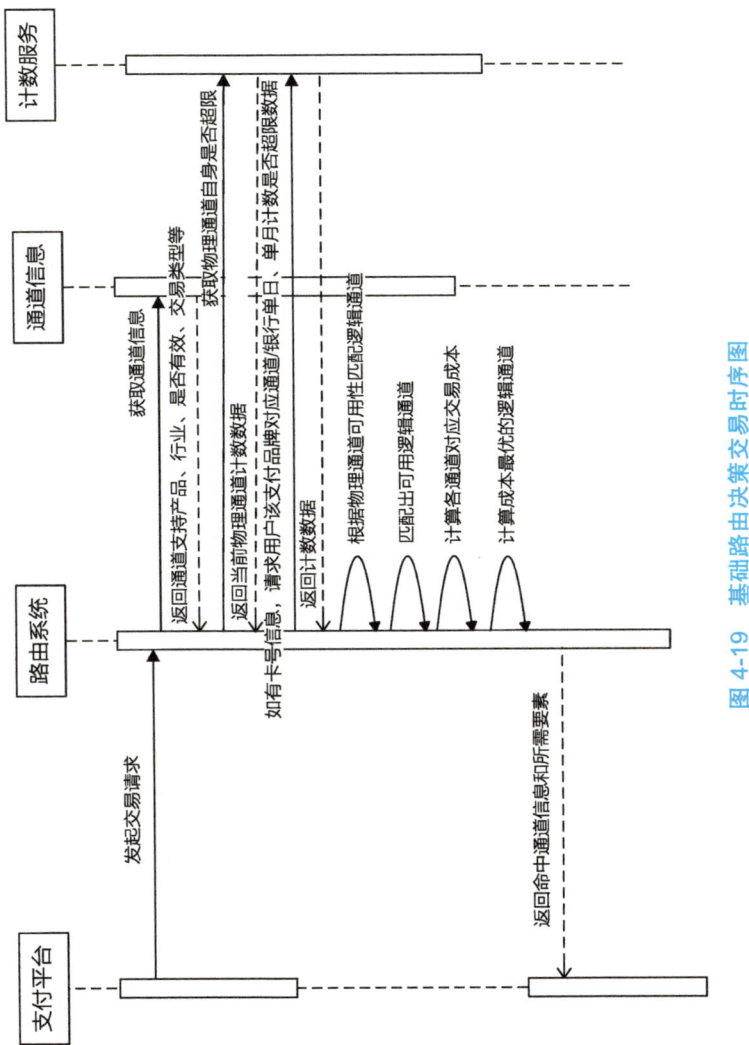

图 4-19 基础路由决策交易时序图

6）筛选可用逻辑通道。对于筛选出的最终符合限额规则的物理通道，根据配置行业、交易类型、单笔限额、通道是否关闭、卡要素等条件匹配对应的逻辑通道。

7）筛选成本最低通道。假设命中多个逻辑通道，对可用通道成本进行计算并对比，筛选出成本最低通道。

8）返回给交易平台命中通道及信息。路由服务返回最优通道的信息，如交易所需卡要素是什么。

通过上述配置及应用，一个基础路由规则就完成了。基础路由是最基础的算法规则，根据条件匹配可用的逻辑通道，在可用逻辑通道中计算成本，输出成本最低通道。

3. 分组路由算法

分组路由算法是指有多个物理通道或者逻辑通道可用，根据分组规则中保量金额或者权重比例进行路由计算，分配交易至目标通道。分组路由主要是出于商业合作考虑，通过保证合作方交易量来保持长期稳定的合作。"不能把鸡蛋都放在同一个篮子里"，同样，老王的一件商品也需要有多个供应商。但有多个就有比较，不同供应商的商品品质有好有坏，价格有高有低，老王如果"有事钟无艳，无事夏迎春"，那么很多供应商就不愿意与老王合作了，所以老王在保证供应商产品可用的基础上，也需要时不时向商品较贵的供应商进点货，以保证合作关系的长期稳定。

在分组路由中，将多个物理通道或逻辑通道分成一组，在组内可以按照固定金额进行限额，比如按照每日或每月进行限额；也可以在多个通道之间按照权重进行分配，比如某两个通道按照3∶5的比率进行分配；还可以同时采用这两种方式，即先保证每个通道的最低量,再按照比率进行分配。

注意,如果有多个通道可用,且既存在组内通道也存在组外通道,那么路由服务需要再按照基础路由将筛选出的组内最优通道与组外通道进行成本比较,从而得出最终的最优通道。

分组路由的具体设计如图 4-20 所示。

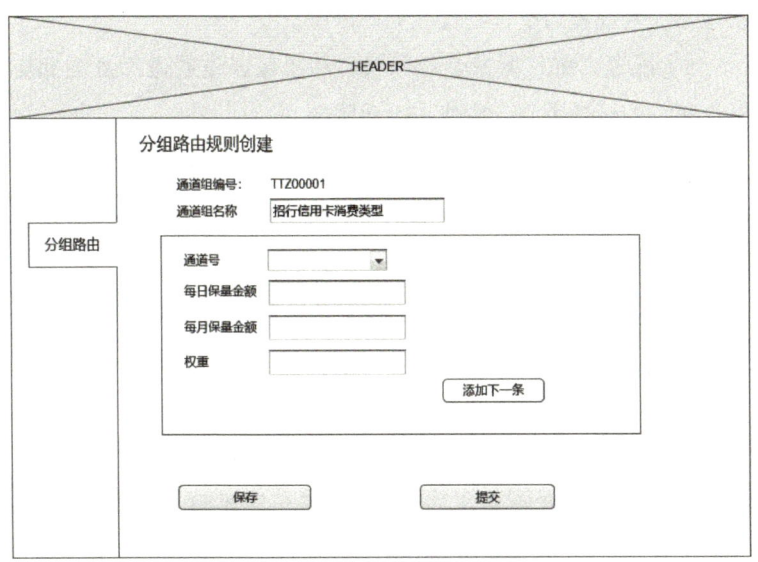

图 4-20　分组路由规则图

关于"分组路由规则创建",说明如下。

1)配置"通道组编号"项。通道组编号可以直接由小到大自动生成,只要不重复就行。通道组编号是后续查询、定位等用途的依据。

2)配置"通道组名称"项。配置与通道组编号相对应的名称,以便于规则查找和通过名称知道通道内容,如图 4-20 中的"招行信用卡消费类型"。

3）配置"通道号"项。此通道号按照各平台实际业务发展，可以是物理通道，也可以是逻辑通道。它用于将多个通道划至这个目标通道组内，在组内，按照设置的权重或者保量金额匹配目标通道。

4）配置"每日保量金额"项。用于保证该通道每日最低交易金额，若设置为空，则代表无此限制。

5）配置"每月保量金额"项。用于保证该通道每月最低交易金额，若设置为空，则代表无此限制。

在每日和每月保量额度中是有算法计算的，一般不会全部满足某一个通道保量额度后再强制走其他通道，原因是这样会显得人为操作痕迹太明显。

例如，在一个通道组内有 A、B 两个通道，通道 A 每日保量金额为 10 万元，通道 B 每日保量金额为 5 万元，通道 A 与通道 B 相比在成本、成功率方面处于劣势，因此通道 A 为备份通道，通道 B 为主通道。如果直接将所有交易都先分配给通道 A，等满足后再分配交易量给通道 B，那么从系统交易数据上可能会看到：通道 A 只有 0 点~1 点有交易，1 点后无交易；通道 B 0 点~1 点无交易，1 点后有交易。这样虽然满足了合作伙伴对交易量的要求，但由于人为操作的痕迹太明显，会引起一些通道的不满。

更好的做法是分组路由进行分布均衡算法，根据两边未完成度进行分配，谁未完成度高分配给谁。

还是看上面例子中的 A、B 两个通道。0 点开始，初始值都是 0，一笔 5000 元的交易过来，随机给通道 A，这时候通道 A 的未完成度是 $(100\,000-5000)/100\,000$ 即 95%，通道 B 的未完成度还是 100%。第二笔 3000 元的交易过来，因为通道 B 的未完成度 100% 大于通道 A 的未完成度 95%，所以第二笔交易会分配给通道 B，分配后通道 B 的未完成度为 (50 000−3000)/50 000 即 94%。再下一笔交易过来，无论金额多少都会分配给通道 A，依次循环，直至完成所有保量金额。

6）配置"权重"项。用于该通道组内按照此权重分配交易。如果设定了每日保量金额，那么这里可以为空，也可以设置，但不能两者都为空。注意，大家在进行路由设计的时候可以根据需要定义这里的权重含义，比如是按笔还是按金额。下面的例子中，我们按照系统定义权重为交易金额。

在一个通道组内有 A、B 两个通道，通道 A 的权重设置为 30，通道 B 的权重设置为 50，那么命中的交易会按照 3∶5 的比率分配给这两个通道。一笔交易进来，路由服务会计算通道 A 当前累计交易金额与通道 B 累计交易金额的比值是否大于 3/5，如果大于，就会将这笔交易分配给通道 B，如果小于，就会分配给通道 A。

如果同时配置了最低保量金额和权重，那么优先满足保量金额，金额满足后再按权重分配。

还是看上面例子中的 A、B 两个通道，假设通道 A 设置保量金额 50 000 元，通道 B 未设置保量金额。交易开始，第一笔交易金额为 3000 元，命中通道 A，通道 A 保证金额还有 47 000 元未完成；第二笔交易依旧会分配给通道 A，直至通道 A 分配金额 50 000 元完成，才会按照权重分配。因为两边按照 3∶5 的比率进行分配，所以后面交易都会先分配给通道 B，直至通道 A、通道 B 金额比例小于 3/5，才会再分配给通道 A。

另外还存在这样的情况，基础路由匹配的可用通道部分在通道组内，部分不在通道组内。这时需要组内通道匹配出的唯一目标通道再和组外进行对比,以筛选出最优通道。

例如,对于一笔交易请求,基础路由匹配出可用通道 A、B、C,其中通道 A、B 归到同一通道组中,通道 C 不在通道组内;通道 A、B、C 手续费分别为 5‰、4‰、3‰。假设组内 A、B 两个通道筛选出的分配通道为通道 A,那么还需要将其与组外通道进行对比。在只存在基础路由的情况下,还有其他组外通道 C 可用,对比两者的手续费,通道 C 为 3‰,低于通道 A 的 5‰,所以最终路由通道为 C。

7)添加下一条。增加下一个通道并将其归类到此通道组。

根据以上描述,在基础路由算法基础上叠加分组路由算法后,时序如图 4-21 所示。

交易订单经过路由系统时,系统处理时序如下。

1)支付平台上送交易信息,包含商户信息、行业、交易金额、交易类型、支付品牌、用户信息和卡号等参数。

2)获取物理通道信息,包括通道是否关闭、通道支持行业、通道支持交易产品、通道支持交易类型、通道风险等级。

3)匹配可用物理通道。根据交易请求参数和通道配置信息进行匹配筛选。

4)筛选物理通道是否超限。根据匹配出的可用物理通道和是否有限额,查询计数服务通道是否超限,并筛掉超限通道。

5)筛选用户卡号在可用物理通道是否超限。根据用户信息及卡号判断用户在该物理通道和银行是否超限。

6)筛选可用逻辑通道。对于筛选出的最终符合限额规则的物理通道,根据配置行业、交易类型、单笔限额、通道是否关闭、卡要素等条件匹配对应的逻辑通道。

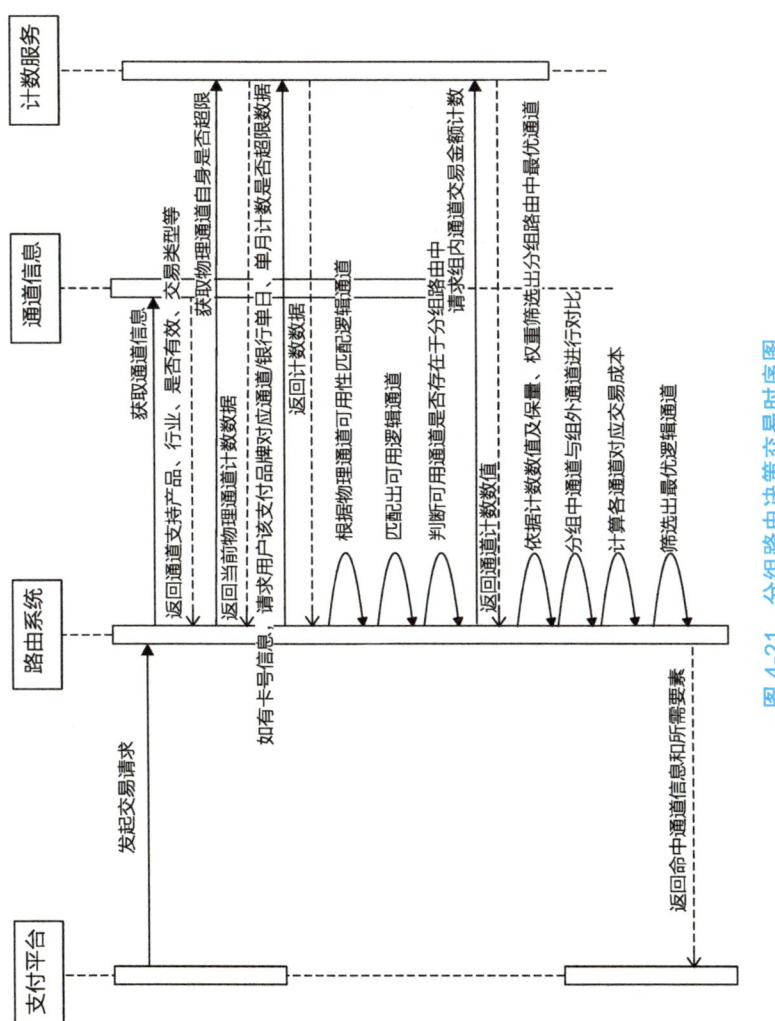

图 4-21 分组路由决策交易时序图

7）判断可用通道是否存在于分组路由规则组内。在可用通道中选出在通道组内的通道。

8）向计数服务请求组内通道数据。比如筛选出目标通道，向计数服务请求日交易金额、月交易金额等。

9）计数服务返回请求通道对应计数数据。

10）分组路由分配组内最优通道。按照计数数据和组内配置每日保量金额、每月保量金额与权重设定计算出组内最优通道。

11）组内最优通道与未在同一组内的通道对比。组内分配通道与组外的可用通道按照成本计算，筛选出最优通道。

12）返回给交易平台命中通道及信息。路由服务返回最优通道的信息，如交易所需卡要素是什么。

通过上述配置及应用，在基础路由规则基础上增加的分组路由规则就完成了。基础路由是最基础的算法规则，根据条件匹配可用的逻辑通道，在可用逻辑通道中计算成本，输出成本最低通道；而分组路由是效率优先、兼顾公平的机制，保证了合作关系的长期稳定。

4. 短路路由算法

"短路"顾名思义是最短的路。短路路由算法是指有多个物理通道或逻辑通道可用时，匹配规则优先级最高的通道，不看费率，不看分组，忽略其他规则。短路路由中的匹配条件有行业、商户号、交易类型、支付品牌、交易金额、卡号段、有效时间段等。注意，短路路由中的规则是优先原则，如果短路中的通道不可用，还是会按照基础路由和分组路由规则分配交易量。

短路路由一般作用于以下 3 种情形。

情形一：某通道不占优势，但是贴补营销费用后，用户或平台的整体体验或者收益反而最高。比如招行信用卡交易，银联通道虽然不占优势，但有段时间有大规模贴补市场的活动，平台出于保证用户体验的原则，在活动期间会将交易分配给银联通道。

举例：拿老王开店来说，某商品有江苏和江西两个供应商，江苏供应商价格略高于江西供应商，平常老王都会找江西供应商进货。但江苏供应商推出了一个营销活动：价格不变，但是用户每买一个商品，都会随机发一个红包。这时候老王为了用户体验最大化，虽然成本高点，但是这段活动期间就会选择向江苏供应商进货。

情形二：某新通道上线，通道质量未知，所以不能全量放开，需要先选择某个行业下的具体小商户进行测试。比如配置短路路由，交易优先走新通道，观察交易稳定情况，再评估是否全量放开。

举例：拿老王开店来说，刚谈了一家江苏新供应商，为了检验供应商供应链情况和客户反馈，挑了一个分店做摸底，这个分店优先向江苏供应商进货，如稳定无问题，再全线放开。

情形三：某通道不占优势，但却是重点战略合作客户和流量场景，需要在其流量场景里优先使用它的通道。

举例：拿老王开店来说，老王在某个大型商场卖货，该商场也是某产品的批发商。商场规定：在该商场卖的某产品均需要向该集团批发，否则不允许经营。老王看重这个商场的流量与位置，为了合作，即使这个批发商的价格不占优势，也愿意优先找该集团批发其经营的这款商品。

关于上述场景是如何通过短路路由进行的，具体设计如图 4-22 所示。

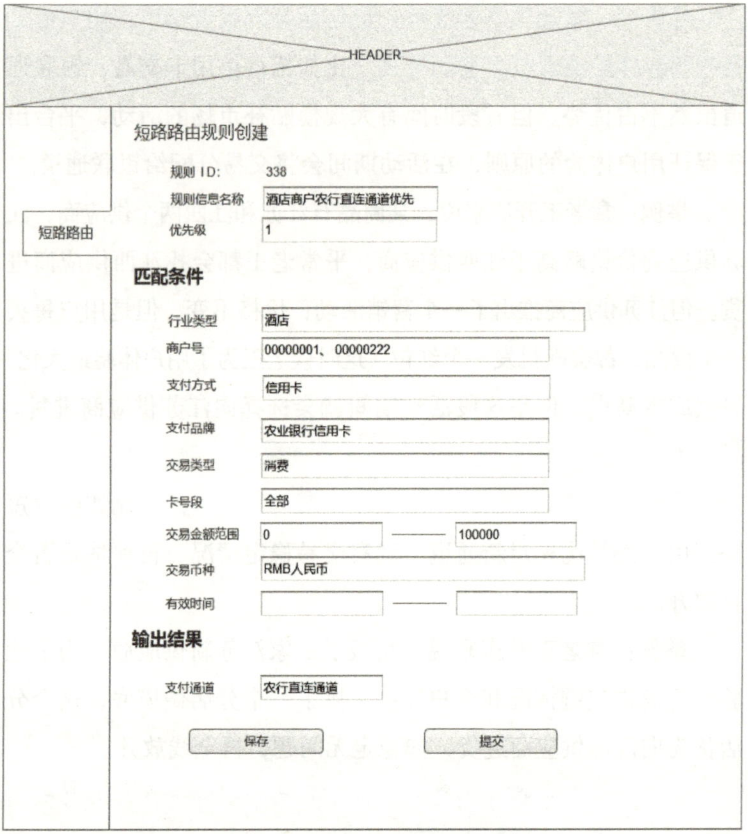

图 4-22 短路路由规则创建页

关于"短路路由规则创建",说明如下。

1)配置"规则ＩＤ"项。规则 ID 可以直接由小到大自动生成,只要不重复就行。规则 ID 是后续查询、定位等用途的依据。

2)配置"规则信息名称"项。配置与编号相对应的名称,以便于规则查找和通过名称知道通道内容,如图 4-22 中的"酒店商户农行直连通道优先"。

3）配置"优先级"项。设定此优先级规则，数字越小，优先级越高。图 4-22 中的优先级为 1。

4）配置"匹配条件"项。设定匹配条件，根据交易平台上送交易参数匹配规则，按照优先级由高至低进行，命中后，直接下发此"逻辑通道"。

如图 4-22 所示，匹配条件常见要素如下，其中短路通道为农行直连通道。

- 行业类型：将商户分成若干行业，根据商户所在的行业类型去匹配通道。

  应用：在图 4-22 中，设置的行业类型为"酒店"，代表酒店行业的商户交易是优先走农行直连通道的。

- 商户号。每个商户在接入时，都会分配有一个 ID 以作区分，这个 ID 就是商户号。之前在介绍基础路由时提过，基础路由不设置商户号，如果某些特别大的商户有需求，可以通过这里的短路路由模块进行设定，优先走某个通道。注意，商户号在这里并非必填项，如果只希望控制行业而不关心具体商户，这里可为空。

  应用：具体设定见图 4-22，配置 ID 为 00000001、00000222 这两个商户，代表酒店行业的 00000001、00000222 这两个商户在交易时优先走农行直连通道。

- 支付方式。用于设定匹配条件为支付方式的短路规则，如信用卡、借记卡、网银等，符合的支付方式优先走设置的通道。

  应用：在图 4-22 中，配置的支付方式为信用卡，代表酒店行业的 00000001、00000222 这两个商户在进行支付方式为信用卡的交易时优先走农行直连通道。

- 支付品牌。用于设定支付方式下所涵盖的具体支付品牌，也就是我们常用的银行卡的短路规则，如农业银行信用卡、工商银行信用卡。支付品牌在这里不是必填项，如不输入，则代表对某一个或多个支付方式的短路规则；如输入，则代表对某一个或多个支付方式下的具体支付品牌的短路规则。

 应用：在图 4-22 中，配置的支付品牌为"农业银行信用卡"，代表酒店行业的 00000001、00000222 这两个商户在进行支付方式为信用卡、支付品牌为农业银行信用卡的交易时优先走农行直连通道。

- 交易类型。用于设定支付品牌对应交易类型的短路规则。交易类型是支付平台交易时的必要参数，如消费、预授权、鉴权等，几乎没有通道能覆盖所有交易类型，因此这里一般都是必填项。

 应用：在图 4-22 中，配置的交易类型为"消费"，代表酒店行业的 00000001、00000222 这两个商户在进行支付方式为信用卡、支付品牌为农业银行信用卡、交易类型为消费的交易时优先走农行直连通道。

- 卡号段。卡号段是比支付品牌更细的粒度，如果支付系统为了精细化处理，希望实现对于不同的卡号段优先走不一样的通道，就可以配置这个字段。

 每张银行卡都有自己的卡号区间，这个区间是由银行卡前六或前八位决定的，叫作卡 BIN（发卡行识别码）。卡 BIN 将在第 6 章详细介绍，这里暂不展开。不同银行的银行卡有不同的卡 BIN，同一家银行不同种类的卡也会有不同的卡 BIN，如招行 Visa 双标卡和招行普通银联卡的卡 BIN 可能就不一样。如果不需要区分卡号段，那么可以选择填写全部或者为空。

应用：在图 4-22 中，配置的卡号段为"全部"，代表酒店行业的 00000001、00000222 这两个商户在进行支付方式为信用卡、支付品牌为农业银行信用卡、交易类型为消费、卡号段不区分的交易时优先走农行直连通道。

- 交易币种。用于设置不同的交易币种优先通道。如果业务只有国内业务，不涉及交易币种时，此字段可以忽略。

应用：在图 4-22 中，配置的交易币种为"RMB 人民币"，代表酒店行业的 00000001、00000222 这两个商户在进行支付方式为信用卡、支付品牌为农业银行信用卡、交易类型为消费、卡号段不区分、交易币种为人民币的交易时优先走农行直连通道。

- 有效时间。用于设置规则的作用时间，比如提前配置好，待到了设定的开始时间自动生效，或者只希望在未来一段时间内有效，到了结束时间自动失效。有效时间不是必填项，如果希望立即生效、一直有效，那么就将这个条件留空。

应用：在图 4-22 中，配置的有效时间为空。代表酒店行业的 00000001、00000222 这两个商户在任何时间内进行支付方式为信用卡、支付品牌为农业银行信用卡、交易类型为消费、卡号段不区分、交易币种为人民币的交易都优先走农行直连通道。

5）配置"输出结果"项。根据上述设置的各项条件，路由服务将交易分配给优先级最高的通道，比如图4-22中的农行直连通道。

大家可能会考虑到如果有同样的优先级怎么办，或者同样的优先级中，其他条件一样，有的只到行业，有的到行业内具体商户的规则。其实大家可以根据自身平台需要，定义好不同的处理方式。下面给出几种处理方式供参考。

处理方式一：同样优先级中，有具体商户的，优先应用具体商户的短路规则。

这么设计的理由在于，当设置的短路规则只到行业时，这些规则是相对宽泛的；后来设置具体商户，说明有了具体的对象，有不同的通道需求，这样配置时更简单，交易时看规则就可以知道预期结果。所以优先满足具体的对象，再满足宽泛的行业需要。

例如，有两个短路规则，都是酒店行业的：一个未配置具体商户，输出通道为农行信用卡直连通道；一个配置商户为0001，输出通道为银联农行信用卡通道；优先级均设为1。那么在0001商户交易时，其他条件都符合的情况下，因为配置了其商户号的专属通道，所以会优先分配至银联农行信用卡通道。而同样是酒店行业的，商户0002因为没有专属通道，路由就会分配至农行信用卡直连通道。

就像老王开店找供应商一样，总部给了总部合作的推荐商户，而地方有地方的当地商户，总部鼓励各地区因地制宜，在普遍性里优先特殊性。

处理方式二：同样优先级中，按照基础路由成本进行，或者进行路由降级，进行分组路由和基础路由。

这么设计的理由在于认为同样优先级的规则同样重要，那么为了保证公平，就完全按照路由中其他优先级规则自动计算出最优通道。

例如，有两个短路规则，都是酒店行业的：一个未配置具体商户，输出通道为农行信用卡直连通道；一个配置商户为0001，输出通道为银联农行信用卡通道，优先级均设为1。那么在0001商户交易时，其他条件都符合的情况下，因为其符合两条短路路由规则，且这两条规则输出通道不一样，所以就会按照基础路由中的费率比较两个通道成本，谁成本低，就将交易分配给谁，保证了交易成本最低。

就像老王开店找供应商一样，总部给了总部合作的推荐商户，地方有地方的当地商户，总部对所有的商户一视同仁，都纳入候选目标，让大家公平竞争、公平比较，谁好、谁划算、就找谁。

处理方式三：<u>同样优先级中，优先分配交易至配置时间最近的短路规则。</u>

这么设计主要是出于"偷懒"。在系统接入大量商户后，存在大量的规则，再加上运营人员可能交接过多次，不清楚过往配置。为了便于配置和不出错，就直接优先用最新的规则。

例如，同样是酒店行业，运营人员接手，看到系统存在很多酒店行业短路规则，但不知道过去为什么这么配置、能不能改，也不敢动。但是需求过来，自己只知道当下0001商户要优先走银联农行信用卡通道，因此运营人员配置了新规则。0001商户在使用农行信用卡交易时，短路路由系统在路由时如发现同一优先级中有多条可用，就会优先走银联农行信用卡通道，因为这是最新配置的。

就像老王开店找供应商一样，新员工看到公司在过去列的很多候选供应商,但没联系记录,不知道现在情况怎样,就找了目前新的供应商供货。

根据以上描述,在原有基础路由和分组路由的体系下加入短路路由后,根据命中和未命中情况列出对应的时序图。

命中短路路由规则的时序如图 4-23 所示。

交易订单经过路由系统时,系统处理时序如下。

1)支付平台上送交易信息,包括商户信息、行业、交易金额、交易类型、支付品牌、用户信息和卡号等参数。

2)获取物理通道信息,包括通道是否关闭、通道支持行业、通道支持交易产品、通道支持交易类型、通道风险等级。

3)匹配可用物理通道。根据交易请求参数和通道配置信息进行匹配筛选。

4)筛选物理通道是否超限。根据匹配出的可用物理通道和是否有限额,查询计数服务通道是否超限,并筛掉超限通道。

5)筛选用户卡号在可用物理通道是否超限。根据用户信息及卡号判断用户在该物理通道和银行是否超限。

6)筛选可用逻辑通道。对于筛选出的最终符合限额规则的物理通道,根据配置行业、交易类型、单笔限额、通道是否关闭、卡要素等条件匹配对应的逻辑通道。

7)判断可用通道及商户参数是否在分组路由规则组内。

8)在短路路由规则中依据短路路由规则优先级及逻辑筛选出最优通道。

9)返回给交易平台命中通道及信息。路由服务返回最优通道的信息,如交易所需卡要素是什么。

无符合短路路由规则的时序如图 4-24 所示。

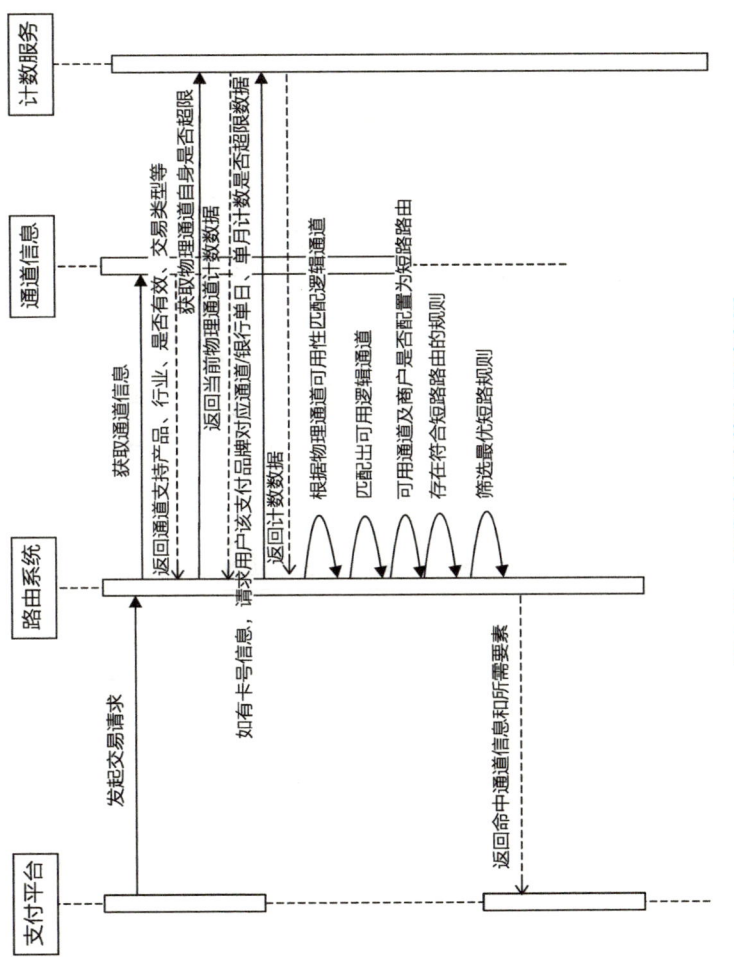

图 4-23 短路路由决策交易时序图

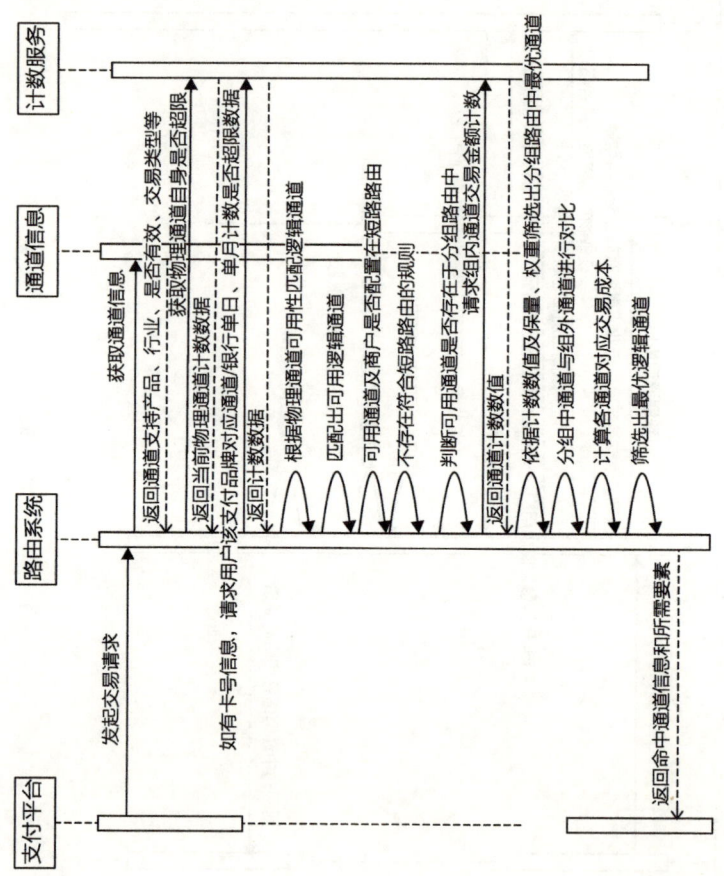

图 4-24 无符合短路路由规则决策交易时序图

交易订单经过基础路由系统时，路由系统处理时序如下。

1）支付平台上送交易信息，包括商户信息、行业、交易金额、交易类型、支付品牌、用户信息和卡号等参数。

2）获取物理通道信息，包括通道是否关闭、通道支持行业、通道支持交易产品、通道支持交易类型、通道风险等级。

3）匹配可用物理通道。根据交易请求参数和通道配置信息进行匹配筛选。

4）筛选物理通道是否超限。根据匹配出的可用物理通道和是否有限额，查询计数服务通道是否超限，并筛选掉超限通道。

5）筛选用户卡号在可用物理通道是否超限。根据用户信息及卡号判断用户在该物理通道和银行是否超限。

6）筛选可用逻辑通道。对于筛选出的最终符合限额规则的物理通道，根据配置行业、交易类型、单笔限额、通道是否关闭、卡要素等条件匹配对应的逻辑通道。

7）判断是否有符合的短路路由规则。短路路由中未命中可用通道短路路由规则。

8）判断可用通道是否在分组路由规则组内。从可用通道中选出在通道组内的通道。

9）向计数服务请求组内通道数据。比如筛选出目标通道，向计数服务请求日交易金额、月交易金额等。

10）计数服务返回请求通道对应的计数数据。

11）分组路由分配组内最优通道。根据计数数据和组内配置每日保量金额、每月保量金额、权重设定等相关参数计算出组内最优通道。

12）组内最优通道与不在同一组的通道对比。对组内分配通道和组外的可用通道按照成本计算，匹配出最优的通道。

13）返回给交易平台命中通道及信息。路由服务返回最优通道的信息，如交易所需卡要素是什么。

通过上述配置及应用，在原有规则基础上增加短路路由规则就完成了。短路路由是用于特殊情况的处理方式，实现通道的针对性处理。

5. 风险路由算法

前面提过支付的收益管理是围绕支付成功率、收益率指标、用户需求体验满意度和支付安全度这几个方面进行的。而我们认为其中支付安全度是第一位的，因为几笔欺诈交易就可能击垮一家创业公司。当遇到风险交易时，路由系统会启动风险路由。

风险路由，顾名思义，就是处理风险交易的路由机制。路由与风控的交互在交易前和交易中进行。

在交易前，能够获取到用户信息、地理位置、设备信息、交易商户等信息，风控系统能够对人识别交易风险并处理。路由机制的依据是通道信息中划分的通道风险等级、通道协议是否包赔、通道要素（如是否支持验证短信验证码）、有没有可选要素。总之，思路就是要么让风险交易的客户进行更多要素的验证，要么进行风险转移，将交易路由到通道服务商包赔通道。

在交易中，通过卡 BIN 识别，路由系统与风控系统进行卡信息交互。比如风控系统识别用户没风险，但卡存在风险，这个时候除了上述交易处理办法外，系统会进行交易拦截，然后让人工介入。

我们来看图 4-25 和图 4-26 中用方框选中的部分。

图 4-25 通道信息风险等级配置

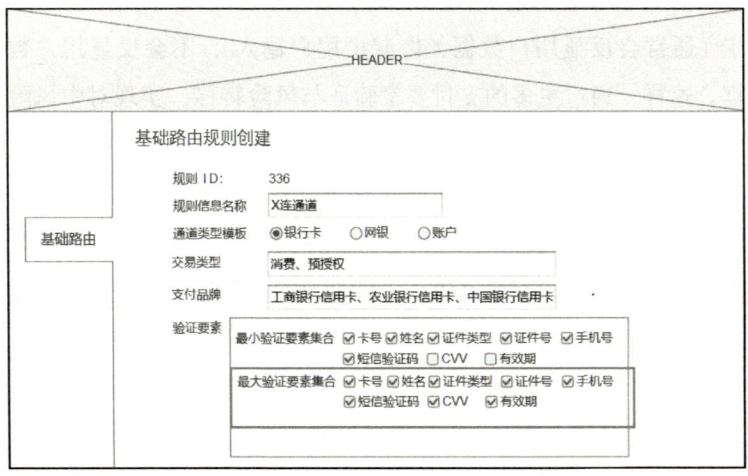

图 4-26 基础路由最大验证要素配置

当交易平台经过路由系统时，路由系统会向风控系统发出请求，获取用户当前交易的风险等级。我们将风险划分为三个等级，并定义好各个风险等级对应的处理方式，具体如下。

1）风险等级为高风险。处理方式为，交易系统直接拦截并让人工介入。路由系统遇到这类情况时，要么直接反馈给交易平台，告知此为高风险交易，无可用支付方式；要么用户输入支付要素上送交易时，通道拦截交易并让人工介入，根据人工介入情况再决定是放行还是拒绝。

2）风险等级为中风险。处理方式为，路由系统下发支持中风险交易的通道并验证更多要素。在通道信息中，根据通道的特性和服务商的包赔情况，将支持中风险交易的通道进行归类。当遇到这类情况的时候，路由系统会优先下发当前交易可用、支持中风险的通道，如图 4-25 所示；并且会在下发验证要素时，下发最大验证要素集合，如图 4-26 所示；同时，如果用户有常用卡（通常会反显用户数据，以减少用户输入），不会反显用户数据。这样，通过更多的支付要素验证与风险转移，实现对中风险交易的控制。在这种情况下，每家公司对于风险的容忍度和策略可能不同，比如在无中风险交易通道可用、只有低风险交易通道时，有的公司选择风险第一，不让用户支付；有的则仅仅以风险优先，无中风险交易通道就下发低风险交易通道，让用户完成交易。

例如，工商银行信用卡有 A、B 两个通道，通道 A 的费率是 2‰，通道 B 的费率是 3‰。通道 A 需要的支付要素是卡号、姓名、有效期，设置风险等级为低风险；通道 B 需要的支付要素是卡号、姓名、证件类型、证件号、银行预留手机号、短信验证码、有效期、CVV，设置风险等级为中风险。此次交易命中风控规则，有交易风险，因此会下发通道 B 以保证交易安全，即使其费率更高。

3）风险等级为低风险。我们将低风险交易视为正常交易，按照之前所述的基础路由、分组路由、短路路由进行交易即可。

一般我们设计的规则对于中风险交易，采用风险优先原则，即优先走支持中风险交易的通道。当无中风险交易通道可用时，下发支持低风险交易的通道。如果同一风险等级中有多个可用通道，那么依据上述的基础路由、分组路由、短路路由筛选出最优通道。

根据以上描述，在原有路由系统加入风险路由后，以中风险交易、存在多个可用中风险通道为例，时序如图 4-27 所示。

交易订单经过路由系统时，系统处理时序如下。

1）支付平台上送交易信息，包括商户信息、行业、交易金额、交易类型、支付品牌、用户信息和卡号等参数。

2）获取物理通道信息，包括通道是否关闭、通道支持行业、通道支持交易产品、通道支持交易类型、通道风险等级。

3）匹配可用物理通道。根据交易请求参数和通道配置信息进行匹配筛选。

4）筛选物理通道是否超限。根据匹配出的可用物理通道和是否有限额，查询计数服务通道是否超限，并筛掉超限通道。

5）筛选用户卡号在可用物理通道是否超限。根据用户信息及卡号判断用户在该物理通道和银行是否超限。

6）调用风险系统获取用户风险等级。根据风险契约要求，上送用户信息、商户信息等数据获取风险等级。

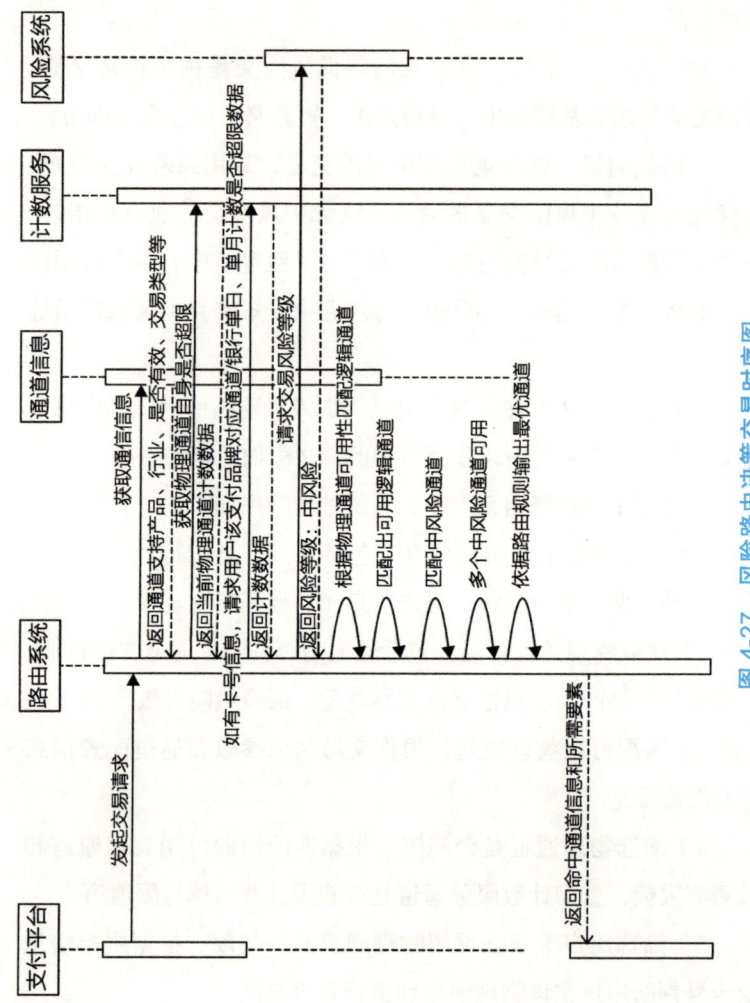

图 4-27 风险路由决策交易时序图

7）筛选可用逻辑通道。对于筛选出的最终符合限额规则的物理通道，根据配置行业、交易类型、单笔限额、通道是否关闭、卡要素等条件匹配对应的逻辑通道。

8）筛选符合风险等级通道。在多个可用通道中匹配通道信息中符合风险等级设定的通道。

9）如果有多个符合风险等级的通道，则依照路由规则（短路路由、分组路由、基础路由）逻辑筛选出最优通道。

10）下发最优逻辑通道的最大验证要素集合。

在原有规则基础上增加风险路由规则，就完成了上述配置及应用。风险路由是保障交易安全的重要服务。通过上述各模块的应用，我们完成了初步的路由支付收益管理机制：既能满足成本最低，也能兼顾公平分流给备份通道；既可以通过配置化对特殊情形进行针对性的处理，又可以对风险交易进行很好的控制。

以上讲的是路由各模块的功能，相当于路由的原子级能力，那么在不同的节点如何调用路由服务呢？下面就来详细阐述。

4.4.3　维度二：路由调用节点

整个交易过程中有很多节点，有交易系统提交请求给支付系统，收银台暂时还未展示的节点；有在收银台界面输入支付要素的节点；有输入完成支付要素，提交整个订单的节点。在这些节点，支付系统前端都会与路由系统进行交互，以保证支付的高可用，从而不断提高支付成功率。我们将这些不同节点与调用路由的关系分别称为事前路由、事中路由和事后路由。

1. 事前路由

事前路由是用户发起支付,支付平台为了向用户展示支付方式、银行、输入要素而向路由系统发起请求的过程。前文已经介绍了如何调用路由服务以及路由服务有哪些算法与功能,这里不再赘述。绝大多数公司都会做事前路由,但这还不够,会带来一些问题,我们将在介绍事中路由和事后路由时进一步说明。

2. 事中路由

事中路由是指在支付交易过程中,用户输入卡号、护照等支付要素,支付平台根据输入要素进行判定,若事前路由下发的最优通道不支持此交易(如不支持此卡 BIN 或者证件类型),会再次请求路由服务,获得支持此要素的支付通道的处理机制。绝大多数公司只做了事前路由,甚至只做了路由中的基础路由,这样仅仅能够解决能用的问题,要想不断提高支付成功率,就需要做事中路由。

图 4-28 展示了平台支持的支付品牌,选择后会进一步展示需要的支付要素。但因为每个通道支持的卡 BIN 不一致,支持的证件类型也不一样,如果只有事前一次路由,就会出现问题。比如用户输入卡号后,若最初下发的通道不支持用户所输入卡号的卡 BIN;又如最初下发的最优通道只支持身份证,而用户要使用护照;这些场景都会造成支付失败。

对于上述情况,大致有以下 3 种可能的应对方法。

方法一:提示用户换卡。但也许用户并没有其他银行卡,想换也换不了;也许其他银行卡用的证件也是护照,换了也没用。另外,不管换了后是否成功,都会影响用户体验,因为支付时间变长了。

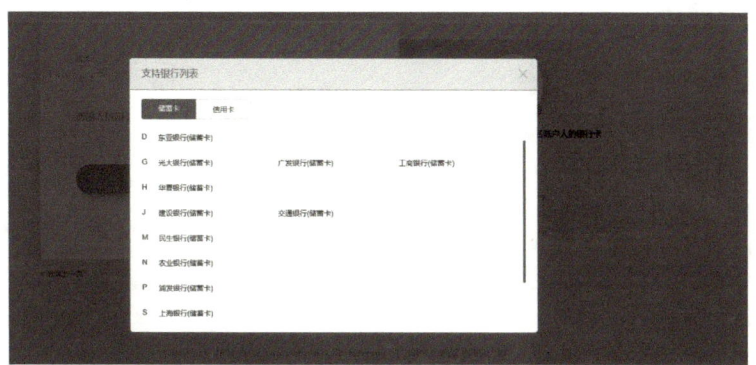

图 4-28　收银台支持银行列表

方法二：不管不问，直接将交易提交到支付通道。最终结果就是产生大量的支付失败和报错提示。用户自己根据报错提示，了解到要换卡；或者不停打电话给平台或银行的客服，询问为什么支付会失败。这样不仅会影响用户体验，支付成功率也会下降，而且用户还可能陷入死循环，比如用户一直输入护照号码尝试支付，虽然每次输入的要素都对，但系统一直报错"卡信息有误"。

方法三：将交易转移到支持此支付要素的通道。在支付过程中，如果已经识别卡号不支持或者证件类型不支持，那么最好的办法就是找到支持的通道，并且在用户无感知的前提下替换掉原有通道。至于实现，这就是事中路由要做的。

事中路由如何提高支付成功率？图 4-29 所示为用户选择某个支付品牌后平台展示的需要的支付要素，下面从卡 BIN、证件类型、姓名三个支付要素出发，阐述如何提高支付成功率。

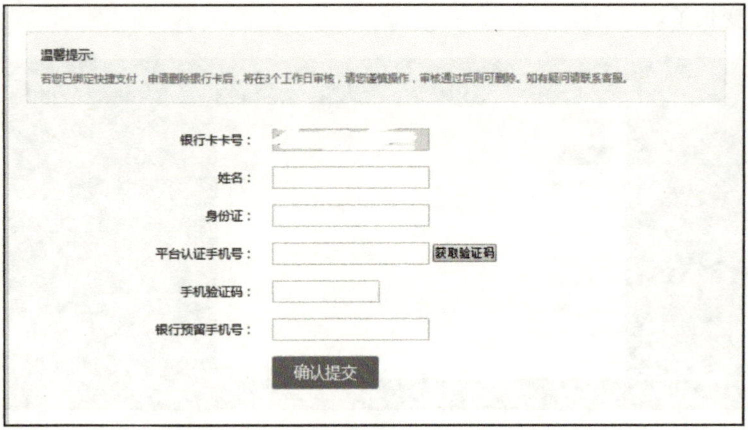

图 4-29 支付要素填写页

支付要素一：卡 BIN。

用户输入卡号后，系统要判定通道是否支持这个卡号，其实就是判定通道是否支持这个卡号的卡 BIN。前文介绍过，同一个支付品牌可对应多个支付通道，但每个通道支持的卡 BIN 并不完全一致，也并不能支持某发卡行发行的全部银行卡。如果只有事前一次路由，就会带来一些问题。

由于事前路由的时候并不知道用户卡号，只能假设通道支持该支付品牌的所有卡 BIN，根据路由各模块优先级筛选出最优通道。比如用户输入卡号后，支付平台发现最初下发的通道不支持用户所输入的卡 BIN，如果继续提交支付，会支付失败，只能提示用户换卡。甚至会让用户陷入死循环，用户不仅无法支付成功，而且不知道原因，这样既影响支付成功率，也影响业务的成交。

如图 4-29 所示的界面设计，卡号在第一行（在有的 App 中，卡号甚至单独占一个页面），用户往往先输入卡号，这样的设计背后是有逻辑处理原因的。用户输完卡号，会针对卡号进行校验，判断此卡号路由下发的最优通道是否支持，如果支持则继续按照原有流程进行，如果不支持，会去找支持此卡号的通道。如果找到支持的通道，页面要素会换成此通道需要的要素。如果没有支持的通道，那么就直接提示"用户暂不支持该卡，建议更换其他银行卡"，不让用户再继续下去了。这样的机制可解决卡号不支持问题。

我们还是拿老王开店的故事来举例。老王的管理结构如图4-30所示，就像路由系统没有事中路由的时候。老王要批发康师傅红烧牛肉面，系统根据比价推荐，只比品牌，康师傅供应商老甲的货便宜。老王找到老甲批发，老甲没有红烧牛肉面，但有鸡汤面。老王要么换种面，就跟用户换个支付品牌一样，从工商银行信用卡换成农业银行信用卡，要么再打电话找其他供应商。这种情况下，如果运气好，那么多打个电话，费点电话费，就能找到供应渠道，解决问题，就像支付里成功率下降了一些。但如果系统只维护了哪个供应商支持什么牌子，每次都推荐老甲，其他支持的供应商怎么都出不来，老王只能放弃购买。

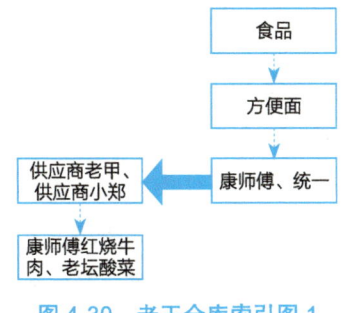

图 4-30　老王仓库索引图 1

老王针对问题升级了产品索引表，新的管理结构如图4-31所示。就像路由系统有了事中路由，系统先找产品型号再去找具体的供应商，这样保证每次都能找对人。

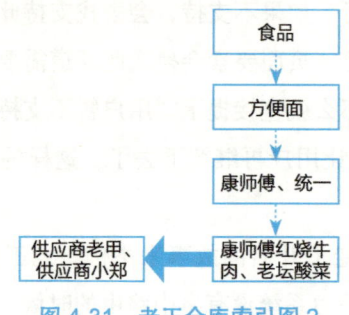

图4-31 老王仓库索引图2

支付要素二：证件类型。

支付要素中证件类型不仅有身份证，还有护照、士兵证、回乡证、台胞证等。在支付中如果下发的最优通道不支持用户所选的证件类型，就需要事中路由进行再次路由，找出匹配的通道，从而避免用户因证件类型不被支持而无法完成支付。

为了避免前台进行无效请求，路由系统也会在事前路由阶段将下发证件类型分为两个字段：当前通道支持证件类型，其他通道可用证件类型。当前通道支持证件类型指的是下发的最优通道支持的证件类型，其他通道可用证件类型指的是支持当前交易的其他通道的证件类型全集。

例如，某交易有A、B、C三个通道可用，A通道支持证件类型为身份证，B通道支持证件类型为护照、身份证，C通道支持证件类型为护照、台胞证，那么事前路由下发参数时，就会下发类似如下结果：最优通道为A通道，当前通道支持证件类型为身份证,其他可用证件类型为身份证、护照、台胞证($B+C$ 证件类型的全集)。这样用户在选择不同的证件类型时,前台就会知道通道是否支持,是否需要直接提示用户换卡等,从而避免无效请求路由,提升效率。

还是用例子来说明,假设交易背景如下。

- 用户选择招商银行信用卡,交易类型为消费。
- 用户办理招商银行信用卡时用的证件为护照。
- 路由系统规则有基础路由、按成本进行路由和风险路由。
- 有 A、B、C 三个通道支持此交易:A 通道支持证件类型仅为身份证,成本最低;B 通道支持证件类型为护照、身份证,成本中等,仅适用于低风险交易;C 通道支持证件类型为护照、台胞证,成本高,适用低风险、中风险交易。

交易时路由场景节点和结果如下。

场景一

背景:用户进入支付收银台,选择招商银行信用卡。

路由阶段:事前路由。

风险等级:低风险。

路由结果:通道 A。

原因:成本最低。

场景二

背景:用户选择证件类型为身份证。

路由阶段:事中路由。

风险等级:低风险。

路由结果:通道 A。

原因:成本最低,事前路由下发的最优通道 A 支持该证件类型。

场景三

背景：用户选择证件类型为护照。

路由阶段：事中路由。

风险等级：低风险。

路由结果：通道 B。

原因：事前路由下发的最优通道 A 不支持该证件类型，B 通道和 C 通道均支持，但 B 成本更低。

场景四

背景：用户选择证件类型为护照。

路由阶段：事中路由。

风险等级：中风险。

路由结果：通道 C。

原因：事前路由下发通道 A 不支持该证件类型，B 通道和 C 通道均支持该证件类型，但只有 C 通道支持中风险交易。

场景五

背景：用户选择证件类型为临时身份证。

路由阶段：事中路由。

风险等级：低风险。

路由结果：不调用路由，前台直接返回用户"暂不支持该证件类型"。

原因：事前路由下发的其余可用通道证件类型全集均不支持临时身份证。

支付要素三：姓名。

在银行柜面办理银行卡时，护照的姓名录入方式为字母。但由于不同地区、不同阶段历史、不同柜面办理人员存在差异，以及历史上对于姓名英文录入规范的缺失，导致同一个姓名用字母录入后的结果多种多样，这会带来一些问题。下面以中国用户 WANG XIAO HAN 为例来说明。

1）大小写问题。有的系统对姓名是首字母大写，有的是全部大写，有的是全部小写。对于用户 WANG XIAO HAN，系统就会存在 WANGXIAOHAN、WangXiaohan、wangxiaohan 等样式。

2）空格问题。在录入姓名时，有的业务人员在姓和名之间加空格，有的不加空格，还有的在每个字的字母之间都加空格。系统里就存在 WANG XIAOHAN、WANGXIAOHAN、WANG XIAO HAN 等样式。

3）姓和名位置问题。按照英文写法名在前，姓在后，但在实际操作时，由于业务人员的录入差异，会存在有的是名在前、姓在后，有的是姓在前、名在后。于是在有的地区是 WANGXIAOHAN，而在别的地区可能就成了 XIAOHANWANG。

以上三方面问题加在一起，一个姓名的排列组合有几十种。毫不夸张地说，当用户字母作为姓名时，支付时很可能要尝试好几十次。结果就是支付成功率受到严重影响，用户体验很差，大多数人可能试了几次不成功后就放弃了。

对于上述情形，大多数情况下银行系统接口无法适配所有情况，因此对于支付平台而言，解决的办法就只有尽可能不让用户输入姓名，但前提是有支付通道支持。

我们在检索到用户输入姓名需要为字母的时候，可以优先路由不需要姓名的支付通道，从而规避掉此类问题。比如在外卡交易中，只需要用户输入卡号、有效期、CVV 的支付通道是比较常见的,那么当我们识别到卡号是外卡或者证件类型是护照时,让系统优先走不需要证件类型的通道。

3. 事后路由

事后路由是指在支付交易过程中,识别通道方返回的交易码,将一些因为通道方原因(如通道超限)造成的交易失败进行重试以挽回交易。

这需要根据返回码进行精确筛选、区分,每个通道的返回码都不一样,这里不一一举例说明。

在路由调用的节点按照路由算法优先级做出最优支付选择,实现对交易决策的最优解,达到对支付成功率、支付体验满足度、支付收益、支付安全度等方面的收益管理。

第 5 章 CHAPTER

重试服务

5.1 楔子：不放过一个订单的老王

为了能在最大限度满足顾客要求的前提下尽可能降低成本，老王在开店的过程中想了很多方法。这充分体现出老王作为一个商人的特质：不放过一个订单，不浪费一分钱。

老王就这样在自己的生意上兢兢业业多年，想着应该不会有什么纰漏。但现实很残酷，在公司年终大会复盘时老王听到了员工反馈的问题。这些问题轻则造成订单损失、利润减少，重则导致客户流失。

问题一：供应商货不够或者限制批发数量。

很多时候，特别是品牌方有活动时，员工去拿货，供应商说货不够，让改天来。员工没有选择，只能第二天再来，但次数多了，员工就开始琢磨原因了。

他们猜测原因可能有两种。

- 供应商生意火爆，货不够了。原本一天能给老王提供一万箱的，现在只能给五千箱了。
- 供应商为防止"薅羊毛"，限定了活动期间的购买量。比如图书已经折上再五折，纯粹是做活动赚吆喝，要是让一家进货商全买走了，那别的进货商就无货可买了，所以只能限制批发量。

问题二：供应商太忙，没人处理业务。

为了保证产品质量和用户体验，老王要求员工一律从最好的供应商那里进货。而老王认为好的，往往也是别的经销商认为好的，所以经常就会发生这样的情况：这边顾客催着要大宗订购，而老王指定的一直合作的供应商那边却因为生意好经常电话占线，邮件也没人回。员工不知道供应商到底有货没货，不能给顾客准确的答复，只能先让对方等待，改天再答复。这时，着急的顾客就直接去别的店买了。根据员工反馈，这种事情造成的顾客流失不在少数。

问题三：服务质量稍差但价格有优势的供应商，能否合作？

在前面老王的故事里提过，为了应对突发事件，不把鸡蛋放在一个篮子里，老王基本为每一款产品都备着多家供应商。但是老王要求员工去服务、质量、效益最好的供应商那里进货，哪怕贵一些；而被老王列为备选的供应商看上老王的生意在全国的影响力，愿意给老王最低价，期望能够与他长期合作，得到他的背书。

长期这样，员工也替老王心疼：一年多出那么多的成本，要是能省下来，拿出一点来发奖金多好。事实上，其他供应商提供的服务也不算差，长期合作的供应商十次有九次当天送货当天到，而其他供应商十次也有五六次能当天送货当天到。

老王一听就明白，是自己独断专行和矫枉过正了。问题其实挺好解决的，只是自己没有授权员工，发挥出员工的积极性，造成了员工委屈和客户不满。

老王当场就敲定了几条措施来解决问题。

第一条措施：把强制采用最好的供应商，改为优先采用最好的供应商。

第二条措施：同等条件下，可以向多家供应商询价。

这两条措施一出，员工反馈的问题就都解决了。下面来逐个问题分析。

问题一：供应商货不够或者不让买太多。

供应商卖得太好，货不够？员工可以联系别的供应商。

供应商有活动，怕被一家全买走了？每家供应商都有活动，一家限量了，可以再去另一家买，最多把每家能进的量都进满进足。

问题二：供应商有时候太忙，没人处理业务。

之前由于老王指定了必须去某一家进货，大家不敢忤逆。现在的原则是用户第一，不能让用户流失了。先向最好的（如离得最近、送货最快的）供应商订货，如果没人回应，再向其他服务也不错的供应商订货。

这么一来，客户就不会流失，也不会抱怨了。

问题三：服务质量稍差但价格有优势的供应商，能否合作？

既然允许选择其他供应商，那么要货不太急的时候，就可以先跟其他供应商沟通进货需求。反正老王要的都是标准品，能满足要求的就进货，不能满足的再找那个离得最近、送货最快的。这么一来，送货快的反而成了备胎，而老王的的确确省下了不少钱。老王拿出其中一部分给员工发奖金，员工的积极性更高了，创造的效益更多了，老王心里那个美。

故事讲完了，说的是老王和供应商的问题，其实就类似于支付平台和通道的问题。

用户按照要求提交信息，会遇到通道单日限额超限的问题，也会遇到通道不稳定的问题。支付系统如果只能进行一次支付尝试，那么永远上送交易给成功率最高的通道，但是忽视了成本，这达不到全面的最优解。怎么解决呢？

老王遇到供应商限额、供应不够、通道不稳定的时候可以找其他供应商，那么支付里遇到通道单日超限、通道无响应的时候，是不是也可以不用等，而将支付信息提交给其他通道进行支付？

老王遇到有价格优势但可能距离远一点、送货慢一点的供应商，可以根据具体情况考虑向他们进货，甚至只要这些慢一点的供应商能满足要求，反而会优先向他们进货。那么支付通道可不可以也建立这样一个兜底机制，就像这种问询的形式，先选择成功率稳定、成本低的通道，如果支付不成功，再上送成功率高的通道？

答案是可以，这个方式就是重试服务，当然它远比老王的故事复杂。本章就来说说重试服务的事儿。

5.2 重试服务产生的原因

微至则为精。

支付的核心指标之一是支付成功率。提高支付成功率的方法有很多，比如提升通道质量、进行系统监控并针对问题通道进行自动熔断、进行队列处理控制并发量，事中路由保证交易可用、根据日切时间进行自动对账时增加处理时间、提升通道限额等，但是在实践中会发现，用了这么多方法提升支付成功率，依然有一些问题会造成交易失败。

问题一：通道限额问题。

前面说过，通道有单笔限额、单日限额甚至单月限额，用户所在的发卡行也会有单笔、单日、单月限额。当用户需要在某日订购价格特别高的产品或服务时，比如公司团建，行政人员帮整个公司订购出行服务，很可能会遇到这样的场景：用户通道超过单日限额，无法支付，但用户本身在发卡行并没有设置限额。

遇到这种问题，在路由通道计算最优通道的时候（没有建立用户计数服务：实操层面用户计数服务影响性能且达不到触发阈值标准，绝大多数公司不太会建立），此超限通道永远都是最优通道，用户会一直无法支付成功。

在没有重试服务的情况下，支付交易结果是只能建议用户换卡或者次日再试。

但建议用户换卡是有问题的：

第一，无论是换卡还是次日再试，都已经造成支付失败，损害用户体验和影响支付指标；

第二，用户可能没有那么多银行卡，最终只能放弃；

第三，即便用户有其他银行卡或者次日再试，可能依旧会触发超限。

问题二：通道服务异常问题。

在商户或者支付平台与通道握手、进行报文交互的过程中，可能会由于网络抖动等因素，某一方没有收到请求或者返回应答，迟迟无法收到结果，导致交易失败。

遇到这种情况，一般有两种解决办法。

一种方法是采取补偿机制。商户或者支付平台一直查询交易结果或者发起冲正交易，但系统异常持续时间长，查询会一直无结果，而且并非所有通道都支持冲正交易。

另一种方法是先把原交易置为失败，前端界面显示提示信息：建议用户重新支付。然后再查询或者对账，如果原交易成功，扣用户款了，为用户进行退款处理；如果原交易失败，支付系统不做处理。但是这种方法会让用户感知到交易失败。

问题三：通道使用率问题。

有一些通道的特性是成本较低，但是质量相对较差，在追求可用性的前提下，这类通道被我们称为"备份通道"。在日常工作中，除了发生所有优先支付通道都不能用的极端情况，一般都不会用到备份通道。

但通道质量差是相对而言的，越是大商户，要求越严苛。比如对于大商户而言，可能98%的支付成功率是正常，95%的支付成功率已经低了；但是对于其他商户而言，95%的支付成功率已经很高了。在这个场景里出于成功率的考虑，在没有重试服务的情况下，无法将一些低费率的通道充分利用起来，最大可能降低支付成本。

由于上述问题的存在，在不断提升支付核心指标的过程中，需要找到一种方法，尽可能既保证支付成功率、用户体验，又能降低成本。

解决这些问题的方法或者服务称为"重试服务"。重试服务是指对于支付交易失败，分析并返回失败原因，根据返回原因重新组织支付要素，上送给交易通道的处理机制。

为什么这个机制可以解决上面提到的问题？我们再看看这几个问题，如果有了重试服务会怎么样。

问题一：通道限额问题。

假设招商银行信用卡这个支付品牌有 A、B 两个通道可用，其中较优的通道是 A 通道。

上面提到某公司行政人员使用招商银行信用卡进行支付，该卡在银行未设置限额。该用户在 A 通道发起支付，触发单日限额，交易失败，原本应告知用户更换银行卡进行支付。但是在 A 通道单日限额超限，并不代表 B 通道单日限额超限。通过重试服务将支付要素上送到另一个通道发起交易请求，如果另一个通道未触发单日限额，那么这笔交易失败的订单就能被挽救回来，变成支付成功订单。

问题二：通道服务异常问题。

遇到通道服务异常，重试服务会根据通道的返回情况判断是否重新发起支付。

比如交易发生"系统异常"或者"无交易结果返回"这样的情形。这样的结果与客户本身无关系，是平台或通道原因造成的支付失败。重试服务会将这个交易报文信息结合卡要素进行鉴权，验证正确后先重新发起支付或者将交易上送到其余稳定通道，后续再对原交易进行查询和采用退款、冲正等补偿机制，把原有失败的交易及时挽救回来，变成成功交易。

经过这样的处理就不需要再等待，也不需要在前端界面告知用户重新支付，让用户感知到交易失败。

问题三：通道使用率问题。

出于担心通道质量差、不能自身支付高可用的要求，不愿将具有成本优势的通道用于主交易。之所以不愿意，是因为在无重试服务的情况下，支付过程只有一次支付机会，不能失败后再次尝试。所以在成功率优先的原则下，只能路由至成功率指标最为出色的通道，而忽视其他指标。

有了重试服务后，这个问题立即迎刃而解。还是以招商银行信用卡为例，假设该支付品牌有 A、B 两个通道可用，A 通道成本低，但是质量差；B 通道成本高，但是质量好。在每年成本 KPI 完成的基础上，如果无重试服务，那么交易都会上送到 B 通道，以保证支付可用性，提高支付成功率。但现在有了重试服务，相当于 B 通道给 A 通道做了兜底服务，可以大胆地将 A 通道用于交易，只要不是客户本身卡信息有误之类的问题造成的交易失败，就可以重新将支付要素上送到 B 通道进行支付。

这样的处理机制依然保证了支付的成功率，而 A 通道也能够最大可能发挥其成本优势，从而达到支付的最优解。

5.3 重试服务体系

5.3.1 重试服务整体流程

重试服务的运转与应用核心在于两部分：重试服务自身的重试规则和路由系统针对重试服务的处理机制。在具体阐述每个关键部分之前，我们先看看一个完整的时序图是怎么交互的，见图5-1。其中，参与的服务有支付平台、决策引擎、重试服务、路由服务、鉴权服务、收银服务、支付通道等。

交易订单经过支付系统时，系统处理时序如下。

1）支付平台上送交易请求。上送商户信息、行业、交易金额、交易类型等，请求获取可用的支付方式、支付品牌及支付通道。

2）路由计算最优通道。路由根据上送参数及风险结果计算最优通道。由于重试服务的存在，路由需要缓存支付订单号、风险结果、最优通道 ID，留作后用。

3）返回可用支付方式。路由返回可用支付方式、通道及需要的支付要素。

4）提交用户支付信息。支付平台根据返回信息进行显示，用户输入支付要素之后，将支付信息提交给决策引擎。

5）收银处理支付请求。收银系统收到支付信息后，记录支付订单号、支付流水号和支付状态，将交易上送给支付通道。

6）支付通道返回交易结果。支付通道处理交易，并返回交易结果及报错明细（假定支付失败）。

7）收银系统更新订单状态。收银系统收到支付结果后，更新订单状态并将支付结果返回给决策引擎。

| 支付方法论

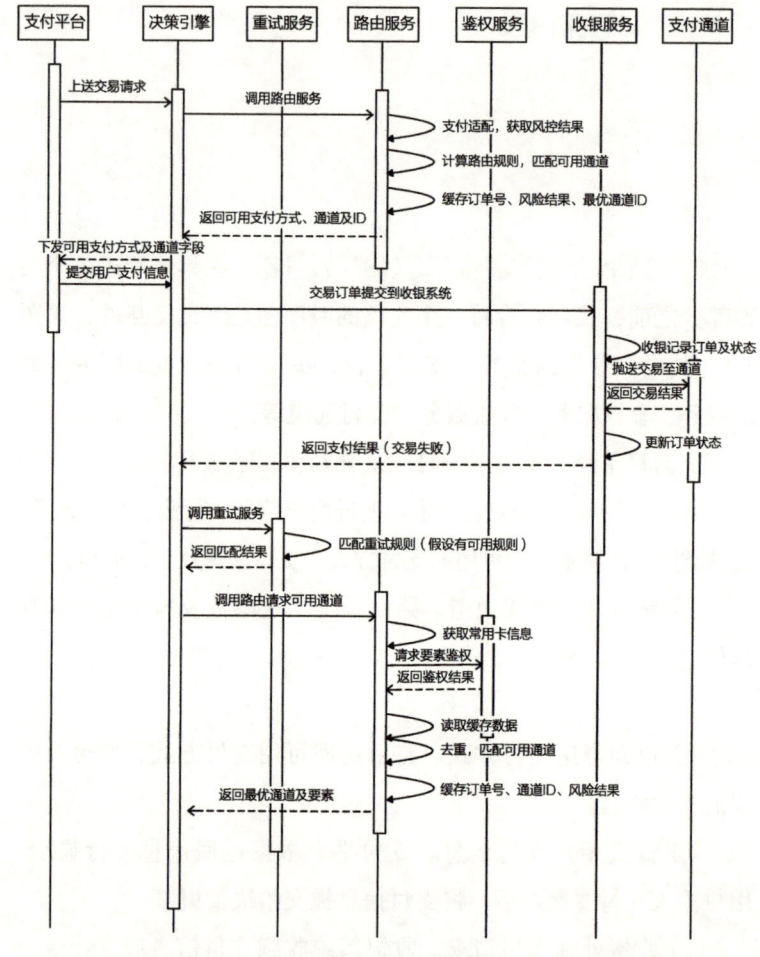

图 5-1 重试服务时序图

8)调用重试服务。决策引擎根据支付情况,调用重试服务,请求判断是否可以重试。

9)匹配重试规则。重试服务,根据报错原因以及重试次数等规则来匹配是否可以重试(假定可以重试)。

10）调用路由请求可用通道。根据重试服务的返回结果将订单号等要素上送给路由服务，再次请求可用通道。

11）路由重试获取缓存结果。路由根据请求订单号，获取缓存中订单的风险等级、之前的下发通道。

12）路由准备支付数据。路由系统为了有更多通道可参与重试，读取系统中已存储卡数据（包含协议号），将此次上送要素中未验证要素提交到鉴权通道进行鉴权，以判断要素正确性。

13）匹配重试通道。根据已验证正确要素情况及路由规则计算最优通道。注意：只将验证正确要素用于重试计算。

14）返回二次路由可用通道及要素或者协议号。将获取可用通道及所需要素或者协议号并返回给决策引擎。

15）继续发起交易请求。决策引擎收到支付要素及最优通道后，将支付要素上送给交易系统，进而流转至支付通道；支付通道将支付结果返回给交易系统，进而给决策引擎。

16）支付结果后续处理。根据支付结果成功与否，决策引擎进行后续逻辑处理：展示支付结果或者继续调用重试服务。

通过以上内容我们了解了重试服务中各服务是如何运转的，接下来我们来看重试服务是如何设计的。

5.3.2　重试服务设计

"重试服务"的定义为：已有要素（用户此次提交和系统之前已存储要素）在准确性得到验证的基础上，根据返回原因确定决策交易是否可以再次支付，以提升用户体验、挽回成功率的机制。

重试服务由两部分组成：重试规则建立和重试规则匹配。重试规则匹配的基础就是重试规则的建立，服务根据建立的规则内容进行匹配。匹配成功，参与重试；否则不参与。

重试规则的建立其实是配置规则的建设，规则分为两类：一类是内因，一类是外因。内因是自身的限定，比如重试次数、重试时间、参与重试商户、参与重试交易类型的约束；外因是通道响应码的处理，比如枚举哪些响应码可以参与重试，哪些响应码不可以。

1. 重试规则的关键项

我们通过下面的配置示例来了解重试规则里有哪些关键项。

1）规则号：001。每个重试规则有唯一的编号。

2）商户号：m0000001。设定规则适用的具体商户，可以为空。不是每个商户都要单独设立规则，商户号为空代表采用该商户对应的行业规则。

3）行业类型：旅游。设定规则适用的具体行业，可以为空。如果不设置商户，则代表对整个行业适用；如果同时存在该行业下的具体商户规则和该行业通用规则，以具体商户规则为准。

4）支付通道：农行直连通道。配置具体交易失败后能够重试支付的通道范围，也就是只有这些通道交易失败才可以重试。

5）支付品牌：农业银行信用卡。配置具体交易失败后能够重试支付的品牌范围，也就是只有配置的支付品牌交易失败才可以重试。

6）币种：CNY。配置参与重试服务的币种。

7）交易类型：消费。配置参与重试服务的交易类型。

8）适用响应码：01、02、03。配置该支付通道参与重试服务的响应码。响应码的配置取决于重试服务的设计思路：如果偏向保守，采用白名单设计思路，那么只有返回的是配置的响应码，交易才能重试；如果偏向激进，采用黑名单设计思路，那么只要返回的是配置之外的响应码，交易均可重试。

9）适用渠道：线上、App。商户或者行业存在多渠道应用，该项配置重试规则适用的渠道范围。

10）流量控制：100%。配置重试规则在一定条件下适用的流量比例，可用于对比效果、验证可用性。

11）允许重试次数：3次。配置一笔支付允许订单重试的次数。出于用户体验的考虑，即使支付通道足够多，也不应无休止地重试。因为每次重试都需要各服务重新握手、交互信息，重试次数过多会让用户等待时间过长。

12）系统等待最长时间：10s。配置重试服务最长等待时间。前面配置了重试次数，这项进一步明确限定了时间。

13）是否开启：开启。配置规则有效状态。

14）生效时间：2019.01.01–2020.01.01。配置规则有效时间。

上面列举了商户 m0000001 关于农行信用卡可以重试的规则，大家可以根据前几章的内容和这个例子，再结合自己实际遇到的场景，试着列出几个规则，加深对重试服务规则的理解。

2. 重试服务原则

除了重试规则的具体内容外，重试服务还有一些原则。

原则一：参与对象一般只有银行卡类交易。

我们知道支付品牌里存在的对象包括银行信用卡、借记卡、账户类支付（各类钱包，如微信、支付宝、电商自有账户等）、储值卡等。通常账户类支付和储值卡的支付通道是唯一的，没有备份通道，为了避免后续路由进行无用计算，在重试规则这里就直接只配置支持银行卡类交易。

原则二：鉴权类交易、风险类订单交易、人工置失败交易、出款类交易不参与重试。

失败订单场景有这几类：鉴权类交易、风险类订单交易、人工置失败的订单、无风险客户的扣款交易、无风险客户的出款交易。重试交易的原则是在保证交易安全的前提下，客户主观希望交易成功。在这个原则下，对于参与重试的交易种类是有限定的。

鉴权类交易本质上是为了验证信息的准确性，不管是信息不对还是服务异常等原因，都不会进行重试服务。这主要是出于谨慎性原则考虑。各家通道进行鉴权交易背后验证的逻辑可能会不一样，有些通道会存在验证要素不全面的情况。

举个例子，一笔鉴权交易需要验证五要素，有 A、B 两个通道均支持此交易，这笔交易同时上送给这两个通道进行验证。验证结果是：A 通道返回结果"验证正确"，B 通道返回验证结果"验证不正确"。为什么会出现这样的结果？情况可能是。一家验证的是实时数据，另一家验证的是自身系统历史数据。

鉴权和支付交易一样，在进行交易受理时，通道背后的服务商会收取通道方手续费。出于节省成本考虑，通道方会先与自身系统存储数据（之前验证过正确、存储在系统中的数据）进行比对。如果自身系统中存在此数据，与请求的鉴权数据也能够完全对上，那么通道就不会查询公安、银行等外部权威渠道的数据。

如果用户修改过姓名或者手机号码，在银行的数据已经发生过更新，但是 B 通道保存的数据还是原有旧数据，A 通道用的是实时数据，每一笔鉴权都查询内外部最新的数据。那么此时哪怕用户的数据完全真实且正确，但结果会像上面所说那样：A 通道返回结果"验证正确"，B 通道返回"验证不正确"。但事实上，B 的结果是错的。

反过来，如果 A 通道存储的是用户旧数据，B 通道用的是实时数据，此次请求用户上送的数据是旧数据。结果 A 通道"验证正确"，B 通道"验证不正确"，而事实是 A 通道验证的结果是错的。

由于验证处理机制存在差异，会出现不同的验证结果，而商户或者支付平台作为调用服务方是无法知道背后通道的处理逻辑的。所以对于鉴权通道，要在合同签署时要求支付通道对于其准确性承担责任。另外出于谨慎性安全考虑，鉴权类交易是不参与重试的。

另外，如果是网络掉线等原因，在通道层面有正常的补偿机制进行处理，不需要调用重试服务。

风险类交易本质上是为了加强验证或者进行拦截，也是不参与重试服务的。对于风险类交易，安全是优先级最高的，成功率与成本都是次要考虑因素。对于这类交易，会让用户进行更多要素的验证，或者转移到风险交易包赔的支付通道上。如果对于风险类交易也进行重试服务，不能达到验证更多要素或转移风险的目的。

人工置失败类交易本质上是出于某些考虑而人为将订单置为失败。人工置失败的原因可能是系统自动退款超过退款时间，客户无法操作，需要平台人工操作；可能是对账后发现账单不对，要进行差账处理等。不管是什么原因，目的都是让订单无效和失败，如果这类订单失败了还要重试，就与目的相反了。

出款类交易是把资金款项付到客户账户，一旦资金进入客户账户，付款人就失去了对资金的控制权。如果此类型交易重试，会存在重复出款多笔的可能，进而造成资损。所以针对出款类账户交易方向的特性，基于保证安全及避免资损的考虑，出款类交易是绝对不允许重试的。

原则三：参与重试通道响应码有要求。

重试服务是在安全的前提下对能够通过重试挽救的订单进行重试，以提高成功率。基于这个目的，不安全的不能进行重试，明知道不成功的也不会进行重试。那么系统里不参与重试的通道响应码有哪些？枚举如下。

1）短信验证码错误。

2）有效期错误。

3）卡过期。

4）卡无效。

5）卡状态异常。

6）卡余额不足。

7）卡信息有误。

各家公司由于对风险交易的容忍程度、对成功率的看重程度和公司的行事风格都有差异，所以制定的重试服务对于响应码的具体规则也有差异，分成了黑名单、白名单两种指导规则。

黑名单方法是列出绝对不能进行重试的通道响应码，除所列出响应码之外的交易都可以进行重试。这样的好处是配置工作量较少，适用范围广；缺点是存在出错可能，因为通道响应码是会不定期更新的，且可能更新没有通知到商户或者支付平台。

如果新增的响应码属于黑名单响应码种类之一，此类响应码是不可以参与重试的。但由于之前黑名单重试规则库里没有配置此响应码，就会对此类不能重试的交易也进行重试，从而造成用户投诉、欺诈交易和资损可能。

白名单方法是列出能够进行重试的通道响应码，除所列出响应码之外的交易都不能进行重试。这样的好处是安全性高，保证每一笔重试的交易都是符合原则的；缺点是配置量大，适用范围小，通道中白名单响应码占比大，每个通道都有几十上百个响应码。在进行重试规则设定时需要占用大量的内容配置工作。

因为只能在配置的白名单响应码中应用重试服务，通道响应码即使如黑名单案例一样没有及时配置，其结果只会少挽回一些交易，但不会造成过错，使得不能重试的交易进行重试，从而造成用户投诉、欺诈交易和资损可能。

原则四：重试服务上送新通道之前，原则上原通道交易需要有个终态结果。

除了通道返回交易失败外，重试服务发生的场景还有系统间交互异常等原因造成的信息丢失，获取不到交易结果等失败。

在第 2 章"支付通道"中提到，交易中存在补偿机制，有查询、冲正、退款。这里特别说明，重试服务并不是这些服务的替代。原有的补偿机制依旧存在，需要先进行原有补偿机制处理，如冲正作废原交易或者查询原交易失败后再进行重试，否则很容易造成订单混乱、清结算账单对不平等问题。

以上是重试服务的设计，用来判断一笔交易能不能重试，后续选择重试通道还需要路由服务的参与。下面我们看看路由针对重试服务的处理机制。

5.3.3 路由—重试服务设计

第 4 章详细解释过路由的设计与职能，概括来说就是根据已有条件找最优通道，并将计算结果返回给平台。这个过程可以拆解成三步：

1）准备数据和清理数据，包含商户信息、交易信息、用户信息等；

2）计算最优通道，根据准备数据去匹配路由算法，得出最优通道，获取最优通道所需要素；

3）返回计算结果，路由将最终的计算结果（是否有通道可用、需要要素情况、不支持原因等信息）返回给支付平台。

有了重试服务这样的应用场景后，路由做事的目的没有变，但过程变得复杂了许多。下面我们就看看这些步骤复杂在哪里。

1. 准备数据和清理数据

在没有重试服务的时候，在支付平台与路由的交互中，路由的目的是告诉支付平台什么通道可用，让用户提交什么支付要素，路由并不会主动挖掘数据。交互过程的时序步骤如下：

1）平台提交商户信息、交易信息；

2）路由收集这些信息准备计算，最终返回各支付品牌下通道所需支付要素。

而在重试服务的场景里，路由的目的是根据已有要素计算最优通道，其中已有要素既包括事先缓存的、此次上游上送的，也包括路由自己去常用卡服务等存储用户数据的地方挖取的。

支付系统为了保证要素的准确性，准备满足通道计算的要素，路由甚至需要通过鉴权渠道对要素进行鉴权数据正确性。因此路由也多了一些工作，需要定时去清理缓存数据，以免数据冗余。时序步骤如下。

1）缓存订单风险数据。第 4 章介绍过调用风控，根据风险情况计算通道是由路由调用执行的。没有重试服务的时候，每笔订单的请求只需要实时计算就可以；而有了重试服务后，一笔支付订单可能会进行多次路由重试，这就需要提前把订单的风险结果存储下来，存储的数据包括支付订单号、风险结果。

2）上游上送用户数据。上游上送给路由服务用户卡要素或者协议号等信息，以及已经支付失败过的通道合集，以便路由计算最优通道时将这些排除在外。

3）路由服务挖掘系统已有数据。存储用户支付要素数据的服务称为"卡服务"。卡服务存储卡要素的具体值、卡要素的验证情况（如已验证或未验证）及协议支付通道对应的协议号。

路由系统需要将用户已存储的数据从卡服务中挖掘出来，并将其与上游上送用户数据一起拼成全面的数据。拼成的数据可用报文表示，举例如下。

卡号：8888888888888；来源：本次交易；是否已验证：未验证。卡号：8888888888888；来源：卡服务；是否已验证：已验证。姓名：王小憨；来源：卡服务；是否已验证：未验证。姓名：王小憨；来源：卡服务；是否已验证：已验证。证件号码：1111111111111111；来源：卡服务；是否已验证：已验证。

补充一句，对于交易失败，即使是因为卡信息有误，支付通道也不会告知具体是哪个要素错误，目的是防止盗刷者撞库、穷举值进行交易。因此，这里所说的已验证就是指验证正确，未验证包括验证错误和未验证。

为了方便理解，上述例子只举了三个要素：卡号、姓名和证件号码。例子中的报文表明，这次重试服务用户主动填写的要素只有卡号和姓名，因为交易失败，所以系统将其视作未验证。同时常用卡里保存了卡号，是已验证情况，两个卡号一致。除此之外，常用卡里面还保存姓名、证件号码和验证结果。

实践中，对于同一个字段验证结果的处理会有多种情况。以姓名为例，同样卡号，姓名是未验证，常用卡的不同情况举例如下。

第一种情况：用户提交的姓名与常用卡服务中存储的姓名一致。那么可以认为用户提交的姓名是正确的，姓名这个参数视为已验证情况。

第二种情况：用户提交的姓名与常用卡服务中存储的姓名不一致。那么必须将用户提交的姓名视为未验证的，将姓名这个参数视为未验证情况。之后上送交易必须支持验证姓名通道或者先通过鉴权通道验证姓名，验证正确后才送支付通道。

4）鉴权数据。支付要素有卡号、姓名、证件类型、证件号、手机号码、有效期、CVV等。根据上面所提到的，要素除了本身的具体值外，还有验证结果，同时会根据用户填写数据与系统数据是否一致判断是否可视为已验证，对于未验证要素要先进行鉴权，验证正确后才可重试。

5）根据鉴权结果，得到所有要素的来源和是否已验证情况。

6）定时将订单风险缓存结果清空。

2. 计算最优通道

没有重试服务的时候，在支付平台与路由的交互过程中，路由存在两种计算模式：一种是按照交易信息、商户信息匹配算法通道；另一种是按照要素找通道，在交易信息、商户信息基础上根据卡 BIN、证件类型要素匹配适合的通道。时序步骤如下：

1）路由服务接收交易信息、商户、用户等信息；

2）路由服务根据自身算法（基础路由、短路路由、分组路由、风险路由）匹配最优通道。

在非重试服务的场景里，根据要素匹配支持的通道，每次计算要素是确定的，也是相对较少的，计算的模式和目的也不一样，而这些在重试服务中都不一样。在重试服务的场景里，路由计算的复杂度体现在两方面：计算要素增加，匹配模式改变。

（1）路由计算的复杂度

复杂度体现点一：计算要素增加。

计算要素数量不同。在非重试服务中，计算要素数量是确定的，比如一个或两个，而且在进行要素计算时不需要区分来源方，相比后面的重试服务，计算要素较少。

重试服务中计算维度不仅需要考虑卡号、姓名、有效期、证件类型、手机号码、验证码发送方这些参数，还需要区分要素来源（来自卡服务还是用户提交），判断要素验证结果（已验证还是未验证）。

这三个维度排列组合出来的结果会有很多，路由需要根据这些结果做出不同处理。

计算要素确定性不同。在非重试服务场景里，路由计算支付要素的模式是确定的，比如根据卡号匹配通道或者根据证件类型匹配通道。

根据卡号中卡 BIN 匹配支持的通道，要素是卡号；根据证件类型的具体证件类型（如护照）匹配支持的通道，要素仅是证件类型或卡号＋证件类型，要素是确定的。而在重试服务场景里，路由计算支付要素是不确定的，取决于用户提交的结果、卡服务中存储的结果、鉴权验证通过的结果。

复杂度体现点二：匹配模式改变。

匹配模式改变。在非重试服务场景里，路由计算的目的是告诉支付平台此次交易需要哪些要素；匹配的逻辑是路由根据用户提交的要素匹配最优通道，通道所需要素大于用户提交要素。

比如用户提交的证件类型是护照，支付平台向路由请求结果，路由计算出来的通道就需要支持要素证件类型，且证件类型必须支持护照。除此之外，通道还需要什么要素并不在算法考量范围之内。计算完成后，返回请求方所计算最优通道及所需要素。

而在重试服务里，路由计算的目的和模式几乎是与非重试服务相对的。计算的目的是告诉支付平台根据现有要素哪些通道可用。模式是根据现有的要素去找支持的通道，现有要素需要大于通道所需要素。另外，重试服务的计算逻辑也不一样，而且多了一些额外的处理流程（如对于数据的缓存处理及应用与定期清理）。

比如从用户提交的要素和卡服务中获取的要素有卡号、姓名、有效期、证件类型、证件号，路由在重试服务场景中计算逻辑是匹配符合要求的通道且需要要素不多于这五个要素（因为要让用户无感，用户不参与其中，没有机会让用户补填要素），而在非重试服务场景中是看哪些通道包含这五个要素，两者是有很大差异的。

（2）路由计算数据准备

在数据准备阶段，用户提交的要素验证结果不管是经过鉴权通道验证还是通过与卡服务匹配获取的，最终对于整体数据我们可以得到两个结果：全部验证和部分验证。前者是指所有要素都经过验证且正确的情形，后者是指有一些要素验证错误或无法验证的情形。

通道形态在第 2 章介绍过，有快捷协议支付通道、代扣/代付通道、无磁无密通道等。根据用户要素验证结果，这些不同类型通道是否可以进行重试必须按照表 5-1 中的原则进行，以保证在支付中安全。下面展开介绍表 5-1 中的原则。

表 5-1 验证结果参与通道重试表

用户上送要素	快捷协议支付	代扣/代付	无磁无密支付	通道发送短信验证码
全部验证	√	√	√	×
部分验证	×	×	√	×

在路由计算通道是否可以参与重试时，只要通道所需要素少于或者等于已收集要素（用户提交要素＋卡服务数据）就符合要求，那么就会出现通道只需要三要素，而用户提交了五要素的情况。这时如果未全部验证，未验证项又是通道不需要的要素，支付就会成功。但可能有用户提交要素错误的情况，用户可以凭借此要素错误选择拒付。

下面我们就重试服务在各验证结果与不同通道类型结合适用的情况展开具体说明。

适用情况一：全部验证—快捷协议支付。

快捷协议的特性是凭借协议号或者 Token 就可以支付。如果用户提交要素都验证正确，卡服务中又有某些通道的协议号，那么有协议号的通道就可以使用。注意，如果某快捷通道要素匹配，但卡服务无此通道协议号，若在交互流程中需要该通道发送短信验证码，则该通道不可用，因为需要用户参与。

示例 1

前提条件：用户提交要素卡号、姓名、有效期，要素全部验证正确，卡服务中有 A 通道协议号，交易环节 A 通道不发送短信验证码。

重试计算结果：A 通道可用。

原因：A 通道需要什么要素都没有关系，因为该卡协议号已经存在，而用户提交的要素已验证，保证了正确性。

示例 2

前提条件：用户提交要素卡号、姓名、有效期，要素全部验证正确，卡服务中有 B 通道协议号，交易环节 B 通道发送短信验证码。

重试计算结果：B 通道不可用。

原因：虽然 B 通道协议号存在，但是 B 快捷通道交易时除了协议号还需要短信验证码，而重试的宗旨是在安全的前提下让用户无感知，所以该通道不适用于重试场景。

示例 3

前提条件：用户提交要素卡号、姓名、有效期，要素全部验证正确，卡服务中无 C 通道协议号，C 通道是快捷通道且要素只需要卡号、姓名、有效期。

重试计算结果：C 通道不可用。

原因：因为大多数快捷签约通道都需要通道方发送短信验证码，用户收到短信验证码就会有感知。即使签约环节不需要短信验证码、要素齐全，系统自动上送通道要素签约，也不可以用于重试服务，因为签约时通道经常会下发短信如"某某，你的卡号111111111111111 在 ×× 平台签约快捷支付成功。（×× 银行）"，这会让用户有感知并产生困惑。

适用情况二：全部验证—代扣/代付支付。

代扣和代付类通道的特性是凭借卡号+姓名就可以扣款或者付款，与快捷支付凭借协议号本质上一样，因为其不需要签约的特性，所以比快捷协议通道重试应用更广。

在用户提交要素全部验证正确时，该通道可用。

示例 4

前提条件：用户提交要素卡号、姓名、有效期，要素全部验证正确；卡服务中要素有卡号、手机号，验证状态正确；代扣通道 A 可用，要素只需要卡号、姓名。

重试计算结果：A 通道可用。

原因：用户提交要素都已经验证正确，且满足代扣通道要素要求。

适用情况三：全部验证—无磁无密支付。

无磁无密支付的特性是每次都要单独验证卡信息。无论用户提交什么信息，只要与卡服务中拼出来的支付要素集合满足无磁无密支付通道要求就可以重试，因为如果要素信息有误，无磁无密通道会验证不成功，交易失败。

示例 5

前提条件：用户提交要素卡号、姓名、有效期，要素全部验证正确；卡服务中有卡号、手机号，验证状态为已验证；存在支持该卡的无磁无密通道 A，需要要素卡号、姓名、有效期、手机号。

重试计算结果：A 通道可用。

原因：用户提交的要素都已经验证正确，且与卡服务存储要素组合结果满足无磁无密通道要素要求。

适用情况四：全部验证—通道发送短信验证码。

重试的宗旨是在安全的前提下让用户无感知，因此不管验证情况如何，只要交易环节通道需要发送短信验证码，都一律不参与重试，举例见示例 2。

适用情况五：部分验证—快捷协议支付。

快捷协议凭借协议号或者 Token 就可以支付，在已有协议号的情况下，支付过程中不再验证卡要素。在用户提交的部分要素未验证的情况下，直接用协议号支付，会支付成功。为了避免此情况带来的后续拒付及安全性问题，不可用于重试服务。

示例 6

前提条件：用户提交要素卡号、姓名、有效期，未验证；卡服务中有 A 通道协议号；存在支持该卡协议的通道 A 通道。

重试计算结果：A 通道不可用。

原因：不能保证要素正确性。比如由于卡服务协议号的存在，如果提交到 A 通道重试，会支付成功。但实际情况是用户卡号和姓名是正确的，但有效期错误，如果用户发起拒付，银行调单后会发现用户提交信息确实不对，就会支持用户拒付，从而进行退款，由商户担责。

对于公司来说这是支付中巨大的风险，轻则造成资损，重则造成公司被黑产"薅"到破产。

适用情况六：部分验证—代扣/代付支付。

代扣/代付通道特性前面已经介绍，不再赘述。由于无法保证要素正确性，它不可用于重试支付。

示例 7

前提条件：用户提交要素卡号、姓名、有效期，未验证；卡服务中有 A 通道协议号；存在支持该卡协议通道 A 通道。

重试计算结果：A 通道不可用。

原因：不能保证要素正确性。同示例 6。

适用情况七：部分验证—无磁无密支付。

前面说过无磁无密的特性是会验证所有卡信息，所以可以使用部分验证情况。但需要注意，适用情况是，无磁无密通道支付所需要素包含用户提交的所有未验证要素（见示例 8）。如果只包含部分未验证要素，那么遗留下来的要素可能就是错误的，所以不能用于重试（见示例 9）。

示例 8

前提条件：用户提交要素卡号、姓名、有效期，未验证；存在类型为无磁无密的 A 通道，需要要素为卡号、姓名、有效期。

重试计算结果：A 通道可用。

原因：无磁无密在支付过程中进行要素正确性校验，且保证了用户提交的卡号、姓名、有效期均得到验证。

示例 9

前提条件：用户提交要素卡号、姓名、有效期，未验证；存在类型为无磁无密 A 通道，需要要素为卡号、姓名。

重试计算结果：A 通道不可用。

原因：无磁无密类型通道虽然在支付过程中进行了要素正确

性校验，但不支持验证有效期，重试的话无法保证有效期正确。

适用情况八：部分验证—通道发送短信验证码。

在适用情况四中已阐述不可用于重试服务的原因，这里不再赘述。

3. 返回计算结果

路由将重试计算结果按照报文返回给上游调用方，这与之前讲过的路由类似。概括一下，返回的结果有两类。

一类是重试计算结果状态，比如重试成功、无可用通道、卡BIN不支持等按照需要给出的返回原因。

另一类是返回具体的明细，比如重试结果可用的具体通道是什么、需要哪些验证要素、通道限额等，以便于支付引擎准备交易信息及上送交易。

一个重试服务是有效还是无效，是需要通过数据来体现的。表5-2和表5-3是日常工作中所用的表格，供大家参考。

表5-2 重试服务日汇总数据

日期	调用重试服务交易笔数	重试服务成功返回笔数	路由重试可用成功笔数	重试扣款成功笔数	重试扣款成功金额	重试服务平均处理时长

表5-3 重试订单明细情况

日期	商户号	支付单号	重试规则号	调用重试服务次数	调用重试服务结果	调用重试服务失败返回结果	扣款结果	扣款失败原因	交易处理时长

第 6 章 CHAPTER

BIN 服务

6.1 楔子：老王的进货本

老王的杂货店里货很多，国产的，进口的，不同种类、不同品牌、不同型号的货，应有尽有。

货多了，老王就弄了个小本本记下店里卖的货有哪些，记得很详细，包括有哪些种类，每个种类里有什么品牌，品牌里有什么型号，甚至具体到规格、颜色。客人来要货，老王记不清的时候看看本，就知道有没有。

可是这生意就和生活一样，一个问题解决了又来一个问题，关关难过关关过。

大多数情况都挺好,可是时间长了,老王就发现有些问题。按道理,老王的小本本上记录有的货就肯定有,即使有时候卖得太好,货没了,老王找找供应商也就可以补货了。

但有好几次,客人要指定型号的货,老王店里货卖没了,需要找供应商补货,理论上肯定能补到货,但结果询问的供应商也没有,既耽误了客人时间,自己也做了无用功。

为什么店里明明记着有,供应商那边却没有呢?复盘发现,原因是问错了供应商。

刚开始发展的时候,供应商也就那一个,不存在找哪个供应商订货的问题;后来店开久了,供应商也多了,同样的品牌,江西和江苏的供应商都有。但是各个供应商都有一些当地特供,有的型号只有江苏供应商有,江西的没有;有的型号只有江西的供应商有,江苏的没有。

问题找到后,老王开始亡羊补牢,把 PDCA（计划—执行—检查—处理）方法论运用得淋漓尽致。既然问题出在供应商上,老王就在小本本上原来记录的内容上加上了供应商以及他们能提供的具体产品型号,这样就不会再做无用功,保证联系的供应商就肯定能支持。

故事说完了,老王小本本的改变其实就是本章要说的 BIN 服务的事儿。

老王用小本本管理各商品类目相当于支付中 BIN 管理的过程;老王小本本记录的格式相当于支付中 BIN 表字段结构设计的过程;老王根据自己记录的商品品牌、型号去联系具体供应商补货,相当于支付中通过 BIN 服务判定通道支持能力,把交易请求送到支持的通道,从而提高支付成功率。

6.2 BIN 是什么

"九层之台,起于累土。"

——老子,《道德经》

大家看看自己身边的银行卡,看看它们有什么差别。

首先,如果你身边有多张银行卡,你会发现这些银行卡的发卡行不一样,它们有的来自同一家银行,有的来自不同银行。比如有的银行卡的发卡行是招商银行,有的是农业银行。

其次,你会发现这些卡的卡性质不一样,有的是信用卡,有的是借记卡。比如你在某行办了两张银行卡,一张借记卡用作工资卡,一张信用卡用于消费,它们的特性不一样。

再者,这些卡即使来自同一家银行,它们的卡级别、卡名称可能都不一样。比如你可能既有某家银行的普通卡,又有这家银行的白金卡,它们的级别是不同的;又如你有某家银行与东方航空的联名信用卡,叫作"某行东航联名信用卡",而你同事的信用卡虽然与你的来自同一家银行,但他的叫作"某行南航联名信用卡",因为他偏好南航。你们这两张卡虽然都是某家银行同一级别同一性质的卡,但是背后的福利、名称、卡面设计都不一样。

不同点还有很多,比如卡组织不一样(有的卡组织是银联,有的是 Visa)、有公私区分(有的是公务卡,有的是私人卡),这里不再展开。

对于这些不同的卡，银行和支付平台是怎么通过用户输入的卡号获取对应银行卡的开户行、卡级别、随卡福利等信息的呢？

答案是通过 BIN（Bank Identification Number，发卡行标识码）服务实现。BIN 服务是一种通过对 BIN 进行管理，并提供外部查询用于识别和判断卡所属银行、卡组织、卡级别的支持服务。

我们再看看身边的银行卡，每张卡的卡号都是唯一的，且由三类属性构成：发卡行标识码、发卡行自定义位、检验码。

图 6-1 所示为一张招商银行借记卡，其卡号为 6214851216547385（无效卡，仅作演示用），总共 16 位数字，具体结构如下。

- 第 1~6 位是 621485，这就是这张招商银行借记卡的 BIN。62 开头的银行卡是银联卡，这意味着这个卡号是银联作为卡组分配给招商银行的 BIN。
- 第 7~15 位为发卡行自定义位，这里的 121654738 就是招商银行分配给某个用户，用于识别不同卡、不同用户的标识。
- 最后一位（第 16 位）为检验码，用于验证此卡为真实卡、有效卡，比如应用 Luhn 算法进行验证。

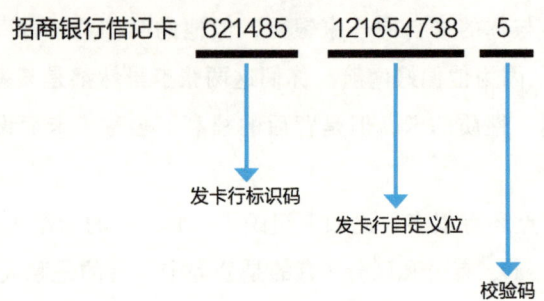

图 6-1 卡号结构

在图 6-1 所示卡号的构成中，BIN 是基础，是最为重要的构成，用于识别出一张卡的所属银行。笔者喜欢用这句话来形容支付系统与 BIN 的关系：九层之台，起于累土。我们可以把支付系统看作"九层之台"，把支付路由服务、通道服务等支付机制看作每一层或大或小的平台，那么构建起这些平台的"累土"就是 BIN。

通过 BIN 不仅可以知道一张卡是由哪家银行发行的，还可以知道卡类型、卡种，这就是为什么大家在一些网站进行支付或者绑卡输入银行卡号时，只输入前几位数字，网站就显示了具体的银行卡名称。

BIN 一般由 6 位数字组成。2014 年年底，国际标准化组织（ISO）已经将 BIN 由 6 位数字调整到 8 位数字。目前绝大部分国内银行卡的 BIN 码是 6 位。

BIN 第 1 位为发卡行业标识号（Major Industry Identifier，MII），代表的是发卡机构所属行业。不同 MII 代表的行业见表 6-1。

表 6-1 发卡行业标识号

标识	所在行业
0	ISO/TC68 和其他行业
1	航空
2	航空和其他行业
3	运输、娱乐和金融财务
4	金融财务
5	金融财务
6	商业和金融财务
7	石油和其他行业
8	医疗、电信和其他行业
9	由本国标准机构分配

在中国银联建立之前,我国各银行发行的银行卡基本只能在国内使用,因为其不符合国际标准,或者是按照表 6-1 中所列举的具体情况——由本国标准机构分配,发行的大多数为 9 开头的卡号。

现在已经很少见到 9 开头的卡号,但这类卡在当初是有历史意义的。为了推动国家的"金卡工程",实现全国的银行卡业务规范和标准统一,中国人民银行在 2000 年特别发布 342 号文《中国人民银行关于颁布〈银行卡发卡行标识代码及卡号〉和〈银行卡磁条信息格式和使用规范〉两项行业标准的通知》,其中规定发卡行标识码第一位固定为 9。

在 2000 年 342 号文颁布后,因为标准的建立与规范,国内银行卡互联互通发展迅速。到 2001 年年底,全国银行卡发行量已经达到 3.83 亿张,特约商户超过 15 万家,POS 终端 21.8 万台,ATM 3.8 万台,当年交易总金额达到 8.43 万亿元,银行卡消费占社会商品零售额的比重提高到了 2.7%。这些数据表明,社会对银行卡的接受程度越来越高,银行卡使用更为广泛。342 号文在当时的历史背景下意义重大。

BIN 由国际标准化组织(International Organization for Standardization, ISO)分配给各从事跨行转接交换的银行卡组织,再由卡组织分配给各组织内银行,分配顺序见图 6-2。

图 6-2　BIN 码主体分配顺序

在 2002 年之前,我国是没有卡组织的,银行卡只能在国内使用，国际支付银行卡大多是使用 Visa、Mastercard、JCB、美国运通等国外卡组织的银行卡。

2002 年 3 月，经过国务院同意，中国人民银行批准设立了中国银联（简称"银联"）。银联有很多职能，其中有一项是统一银行卡跨行技术标准和业务规范，实现系统间互联互通和资源共享，保证银行卡跨行、跨地区和跨境的使用。

这样的目标与职能促使银联在 2003 年 8 月推出 "62" BIN 的银联标准卡，并在日后逐步实现国内银行发行的内卡均为统一标准银行卡，也就是 62 开头。银联也成为 BIN 注册机构，国内银行在发行卡时需要向银联提出 BIN 分配申请。

银联标准卡 62 的 BIN 不仅是国内规范的统一，也是我国银行卡由国内可用走向国际通用的一步。银联按照 ISO 国际标准进行申请，由 ISO 分配给银联以 62 开头的 BIN，银联根据 ISO 分配 BIN 进行再分配，分配给各发卡行。

至此，国际有了六大卡组织：中国银联股份有限公司（UnionPay）、万事达卡国际卡组织（Mastercard）、维萨国际卡组织（Visa）、美国运通国际股份有限公司（AE）、日本国际信用卡公司（JCB）和大莱信用卡有限公司（Diners Club）。按照 ISO 分配情况，这些卡组织的 BIN 见表 6-2。

表 6-2　卡组卡号范围

卡组织中文名	卡组织英文名	卡号范围
银联	UnionPay	620000~629999
维萨	Visa	400000~499999
万事达	Mastercard	510000~559999
日本国际信用卡	JCB	352800~~358999

(续)

卡组织中文名	卡组织英文名	卡号范围
大莱	Diners Club	300000~305999
		309500~309599
		360000~369999
		380000~399999
美国运通	American Express	340000~349999
		370000~379999

6.3　BIN 表的设计

每一张银行卡的诞生，标准流程是发卡行向对应卡组织申请对应 BIN，而卡组织的 BIN 由 ISO 分配。发卡行拿到对应 BIN 后再去生成卡号，发给持卡人。

如老王开店的故事一样，ISO 就相当于老王的杂货铺，用不同的商品编号来代表不同种类的商品。

银行卡就像生活百货这样比较大的领域，老王大手一挥，就划定了几个号段给生活百货。

卡组织就像生活百货的各个具体种类，比如衣服、食品等，哗的一声，老王就又从生活百货里划了几个号段给各个品类。

具体银行的卡种就像每个品类的厂商，如食品中的康师傅、统一，抽纸用品里的清风、心相印，哗的一声，老王又从每个品类的号段中分配一些给了各厂商的一些品牌。

康师傅红烧牛肉面的商品编号就像招商银行信用卡的 BIN，商品条码后面的长度定义了这个产品最大产量和标准格式。比如招商银行 16 位的卡，去掉最后一位校验码和前面 6 位 BIN，还有 9 位，代表这个卡最多只能发行 999 999 999 张。

除此之外，还要考虑的一个问题是，同样的产品是有不同的供应商的，比如康师傅红烧牛肉面，既有江苏的供应商，又有江西的供应商；既有 A 厂生产的，又有 B 厂生产的。每个供应商供应的面品种可能重叠，也可能有不一样的地方；同样，每个工厂生产的品种可能一样，也可能不一样。就像支付里支付品牌对应的支付通道一样，招商银行信用卡会存在不同的支付通道，这些支付通道的支付能力可能不一样，也就是支持的卡种不一样，支持的 BIN 段不一样。因此在这种多供应商、多品种的情况下，还需要划出编号来区分不同的供应商。

通道与 BIN 服务的关系是很多人在进行 BIN 服务设计时最容易忽视或者因为没有经验而忽略的地方。大家日常在线下或者线上进行卡类支付时，如果留心前端报错信息或者支付通道返回的错误码，会看到这样的文案："BIN 校验不通过""卡号错误""卡类型不对"，也可能直接就是"支付失败"等。

造成这种情形的原因有很多，比如以下 3 条。

- 卡号错误。这包括卡号不存在、卡位数不对等原因。
- 卡号正确，但卡类型错误或者银行错误。比如拿着借记卡却选成了信用卡进行交易，系统把农业银行信用卡当作工商银行卡送到了工行通道进行交易。
- BIN 不支持。不管是通道由于滞后性原因未维护新的 BIN，还是其支付能力受限不支持此卡所对应的 BIN，只要通道不支持的 BIN 上送交易到支付通道，结果就会失败。就像你去一家不是手冲店的星巴克店买手冲咖啡，不管去多少次、买多少杯都会失败，都会买不到，因为你去的店根本不具备这个能力。

支付从业人员如果要获取完整的 BIN 信息，可以联系具体卡组织、发卡行和通道服务商。这三者提供的 BIN 信息既有共同的部分，又有各自独有的部分，它们的并集构成了全集。

卡组织提供该组织下最为完整的各发卡行 BIN 信息。比如银联提供使用银联标准卡的各发卡行（招商银行、工商银行等）的各类型卡（经典卡、借记卡金卡等）的 BIN 信息，但其无法提供其他卡组织（Visa、Mastercard 等）的 BIN 信息。

发卡行提供该银行下最为完整的各卡种 BIN 信息。比如招商银行作为发卡行，既发行银联卡，也发行 Visa 卡、Mastercard 卡，因此招商银行提供的 BIN 信息不仅包含银联的，也包含其他卡组织的，但是其无法提供其他发卡行的 BIN 信息。

通道服务商提供该通道支付能力以内的 BIN 信息。拿第三方支付通道服务商举例，它提供的支付能力有多银行、多卡种，比如既支持招商银行，又支持工商银行；同时支付能力也可能支持多卡组织，比如支付宝既能支持银联卡，又能支持万事达卡。通道服务商提供的 BIN 信息是由其支付能力覆盖范围而定的，既涵盖多家银行，又包括不同卡组织。通道服务商的缺陷在于其支付能力是有限的，不可能穷举全世界甚至只是全国所有银行的所有卡种，所以其无法提供不在其支付能力覆盖范围内的 BIN 信息。

当然还有些第三方网站提供查 BIN，这里不再列举，大家可以在网上自行搜索。

根据以上所述，在进行 BIN 服务设计时，有两种方案：一种与通道无关，用于相对简单场景，比如单一通道场景；一种与通道有关，用来精确匹配，尽可能保证通道可用性。

6.3.1 不涉及通道方案

假设以招商银行作为发卡行，发行卡种为携程联名信用卡和东航联名信用卡，则其方案表结构见表 6-3。

表 6-3 招商银行信用卡 BIN 表字段（不涉及通道方案）

银行名称	卡种名称	卡类型	卡等级	BIN长度	卡号长度	BIN段开始	BIN段结束	是否有效	BIN图片	是否为外卡
招商银行	携程联名信用卡	信用卡	普卡	6	16	620000	629999	有效	默认	否
招商银行	东航联名信用卡	信用卡	白金卡	6	16	630000	639999	有效	默认	否

在这种方案中，涉及的字段有银行名称、卡种名称、卡类型、BIN 长度、卡号长度、BIN 段开始、BIN 段结束、是否有效、BIN 图片、是否是外卡。具体字段说明如下。

- 银行名称：用于表示在 BIN 识别时识别的发卡行或卡组织，如表 6-3 中的招商银行。
- 卡种名称：用于表示该银行的具体卡种，如表 6-3 中的携程联名信用卡、东航联名信用卡。这样的卡种区分可以用于营销合作，展示不同权益，或结合图片展示不同的卡界面，就像实物一样，增强体验。

- 卡类型：用于表示卡的借贷属性，卡类型有借记卡、贷记卡和准贷记卡。该字段用于判断卡类型，供支付系统识别进行不同支付逻辑处理。比如充值业务只支持使用借记卡进行支付，需要屏蔽贷记卡。
- 卡等级：用于表示具体卡的等级属性。卡等级可结合营销，用于做数据挖掘、会员权益等活动。
- BIN 长度：用于表示 BIN 的长度。根据 BIN 长度截取卡号对应位数号码，与 BIN 表进行匹配。
- 卡号长度：用于表示该卡种的卡号长度。将卡号长度结合其 BIN 信息、校验码算法，可以进行匹配并判断用户输入卡号是否有效，进而拦截无效卡号。
- BIN 段开始和 BIN 段结束：用于匹配 BIN 具体值区间。每个卡种的 BIN 区间都不一样，也不一定是连续的。如果遇到不连续的 BIN 信息，在设置 BIN 表的时候需要录入多条卡数据。比如大莱卡的 BIN 段有 300000~305999、309500~309599、360000~369999、380000~399999，这样的 BIN 段就需要设置多条数据。
- 是否有效：BIN 数据的有效性。用于筛选系统有效数据，避免进行无效匹配。
- BIN 图片：展示具体卡种图片。结合卡种名称，一起为用户带来真实卡片的感受。如果没有相关图片，可以设置默认图片，用来向用户展示该行图片。
- 是否是外卡：用于标记卡片的内外卡属性。内外卡属性很重要，第 2 章介绍了支付过程如何避免"内卡外收"以及外卡的支付特点（如 3DS 安全认证、动态汇率转换）等知识。要避免这些错误和实现这些功能，必须先正确识别其卡属性，而识别的依据就是 BIN 数据。

这样的 BIN 表设计就能够满足单一通道场景了。这种设计的优点是只与卡种相关，维护简单，缺点是覆盖场景不足。

6.3.2 涉及通道方案

支付有不同的场景，比如机票、酒店，在这些场景中需要用到不同的交易类型，比如机票用到的交易类型是消费，而酒店除了用到消费交易类型，还会用到预授权交易类型。不同的支付通道能力不一样，大多数规模以上企业从降成本、备份角度考虑也会接入多家通道，如果还沿用第一种方案就不能满足需求，甚至是有缺陷的。

在第 4 章中介绍过，路由有各类算法逻辑来匹配最优通道，而最优通道的前提首先是可用性，即将交易上送给通道后不能返回"卡号错误""BIN 不支持 / 该卡暂不支持"之类的返回码，于是就有了涉及通道的 BIN 表方案。

假设以招商银行作为发卡行，发行卡种为携程联名信用卡，但是支持的通道有银联和招行直连，则其表结构见表 6-4。

表 6-4 与表 6-3 相比，多了一个字段"通道名称"。如我们在表 6-4 中所见，同样的招商银行携程联名信用卡，它的 BIN 全集是 620000~629998。通过前面的内容我们知道，所有的支付方式都是通过支付通道来支持的。

表 6-4 招商银行信用卡 BIN 表字段（涉及通道方案）

通道名称	银行名称	卡种名称	卡类型	卡等级	BIN长度	卡号长度	BIN段开始	BIN段结束	是否有效	BIN图片	是否为外卡
银联	招商银行	携程联名信用卡	信用卡	普卡	6	16	620000	629998	有效	默认	否
招行直连	招商银行	携程联名信用卡	信用卡	普卡	6	16	620001	629999	有效	默认	否

如表 6-4 所示，招商银行携程联名信用卡的两个通道均可以支持其交易，分别是银联直连通道与招行直连通道，两者的 BIN 范围不同，这里就有了两条数据。

6.3.3 方案设计案例

我们通过以下案例进一步讲解上述两种设计方案。

前置条件如下。

- 客户使用招商银行信用卡交易，BIN 为 620000。
- 可用支付通道有两个：银联通道，支持 BIN 为 620000~629998；招行直连通道，支持 BIN 为 620001~629999。
- 招行直连通道费率为 0.1%，银联通道费率为 0.3%。
- 路由中仅有按成本路由。

下面先来看看方案一的应用举例。

方案一：BIN 不涉及通道方案

回顾一下，路由的判断逻辑如下：

1）判断该卡是否支持时，按照设计会判断BIN是否支持，经过校验，BIN服务支持该BIN；

2）判断最优通道，因为招行直连通道费率（0.1%）低于银联通道（0.3%），在没有其他算法参与的情况下，招行直连通道是最优通道。

路由算出最优通道，用户按照招行通道需要提交卡信息，上送通道处理。

最后结果是什么呢？支付失败。银行返回错误码"卡号错误"或"BIN不支持/该卡暂不支持"。其原因在于620000的BIN段虽然是招商银行信用卡，但是直连通道并不支持此BIN段。BIN服务设计中只体现了该卡与BIN的关系，并没有体现通道与BIN的关系，系统无法判断是否支持。

我们再看看方案二是怎样的。

方案二：BIN涉及通道方案

再回顾一下，路由的判断逻辑如下：

1）判断该卡是否支持时，按照设计会判断BIN是否支持，经过校验，BIN服务支持该BIN，且支持的通道只有一个，为银联通道。

2）判断最优通道，因为只有一个通道可用，所以最优通道就是银联通道。

路由算出最优通道，用户按照招行通道需要提交卡信息，上送通道处理。

最后结果是什么呢？支付成功。银行返回返回码"交易成功"。其原因在于BIN服务设计保证了每个通道与BIN号段对应，保证了可用性。

以上两个方案及其应用很像能量守恒定律，在做产品设计时自己费力一点，用户就会省心一点。做产品这样，做支付也是这样。

6.4 卡号的校验算法

前面介绍了BIN，下面说说卡号。

BIN是卡号的一部分。在用户输入卡号时，输入前6~9位我们可以通过BIN提前判断出对应银行及卡号是否有通道支持。那么在用户输入完卡号之前，我们能否先检验出这个卡号是否有效，或者在测试的时候有没有一定的规则能模拟出卡号来？

答案是有的，这个卡号规则就是需要符合Luhn算法，也称为"模10算法"，它是一个专门用于验证银行卡号有效性的算法。Luhn算法由美国IBM科学家Hans Peter Luhn于20世纪60年代发明，对所有大型卡公司发行的银行卡都起作用，无论是我国的银联还是国外的美国运通、Visa、Mastercard、JCB等卡组织，甚至护照、社会保险号都符合这个算法。

需要说明的是，这个算法并不是为了加密，而是为了防止意外出错。

银行卡验证Luhn算法的规则如下：

1）从卡号最后一位数字开始，逆向将奇数位相加；

2）从卡号最后一位数字开始，逆向将偶数位数字先乘以2（如果乘积为两位数，则将其减去9），再求和；

3）将奇数位总和加上偶数位总和，结果应该可以被10整除。

读者可以拿出自己的银行卡来计算一下，看看是否符合这个算法。

还是以上面的那张招行借记卡为例来计算,其卡号是6214851216547385。

第一步:逆向奇数位求和。

5+3+4+6+2+5+4+2=31

第二步:逆向偶数位乘2并求和。

$8 \times 2=16$,16−9=7

$7 \times 2=14$,14−9=5

$5 \times 2=10$,10−9=1

$1 \times 2=2$

$1 \times 2=2$

$8 \times 2=16$,16−9=7

$1 \times 2=2$

$6 \times 2=12$,12−9=3

求和,7+5+1+2+2+7+2+3=29。

第三步:奇偶相加,再判断其和是否可被10整除。

31+29=60,60可以被10整除,认定校验通过。

"九层之台,起于累土。"对于BIN——支付组成中最小的累土,只有正确认识它,才能够完善支付体验,提升支付收益。比如通过BIN针对卡等级(如白金卡、金卡用户)进行支付营销,提升支付收益;针对不同支付通道支持的BIN范围进行匹配交易,提升支付成功率。

|第 7 章| C H A P T E R

清 结 算

7.1 楔子：老王的账本

老王有个账本，店里进了哪些货、进的谁家货、花了多少钱，老王都会一一记下来；卖了哪些货、卖给了谁、卖了多少钱，也都会记下来。

为什么要有个账本，看看老王是怎么进货和卖货的就知道了。

老王店里虽然商品种类很多，但是备的量都不大，有些甚至仅作展示用。有时候客人因为家里办事，来店里大量采购，老王就立即打电话让供货商送货过来；有时候客人要为公司采办团建用品，但老王没那么多货，也是打电话让供货商送货。

老王要向厂家进货，客人向老王买货，常来常往，都互相信任，这钱一般都是到了约定的账期或者一天空闲了的时候再付。

老王记账本，一来是为了自己记录进货成本，二来是怕结算的时候供应商多收钱，三来一些乡亲要赊账或者改天结，需要有个明细，怕到时候时间长了，大家忘了，没有账目就说不清楚。

不同的供应商有不同的结算日子：有的不赊账，要求先款后货；有的当天就要付；有的按月结，到了结算日子就会给老王寄账单，老王也从不拖欠。另外，如果老王的进货量大，按月结的供应商还会给一些返利，在结算时给他打个折。但有一点，老王在拿到账单后，都要先与自己的账本核对一遍，对得上就付，对不上就去找供应商核查，对明白了再付。到了乡亲们来结算的时候，老王就将账本拿给他们看，没问题就按照账本付钱，有问题就找老王。

生意这么做着，老王每个月、每个季度、每年都会汇总下账本记录，看看自己是赚了还是亏了，赚是赚在哪里，亏是亏在哪里。

这便是老王的账本的功能，也是支付里清分与结算所做的事情。

老王账本上记的那些供应商和客户的账对应于支付里账单服务所做的通道对账单与供应商对账单。

供应商给了对账单，老王要对得上才给钱，对不上的要去核查是哪里错了，这对应于支付里对账服务的账账对账与差账处理。

供应商对老王针对进货金额进行返利,这对应于支付里的合同系统计费规则。

不同的供应商对老王发货与打款规定不一样,这对应于支付里的结算规则。

老王定期汇总账本,盘点自己的盈亏情况,这对应于支付里的会计服务。

其实老王和支付做的事情一样,只是换了角色、生意大小不同而已。

7.2 清结算概述

"零星算之为计,总合算之为会。"

——焦循,《孟子正义》

本书开篇,我们从老王用一只羊换老李两只鸡的故事中知道,支付就是三件事:交易、清分和结算。交易是支付的前提和基础;清分是结算的数据准备阶段;结算是资产交割与转移的过程,是支付的完结。

清分是根据交易的终态结果,对商户、用户和支付通道进行手续费计算、账单和到账款项金额的核对。结算是根据清分的数据,用与商户、用户、支付通道等约定的结算方式、结算周期进行资金的划拨。清分与结算合称清结算。

前面我们介绍了交易的逻辑、概念和实操,这一节我们看看完成交易后如何算账、对账和付账,也就是在支付系统里如何清分和结算。

7.2.1 双边关系

在阐述如何清分和结算之前，有必要说明一下，商户、支付平台、支付通道之间的关系是双边关系，这是正确认知清分、结算乃至支付的前提。

在支付里，商户与支付平台、支付平台与支付通道都是双边关系，不存在三角债，各自的边界都很明确，不能逾越。从图7-1中我们可以看到，支付分成4个过程——进件、交易、清分和结算，涉及3个对象——商户、支付平台和支付通道。

1. 进件环节

进件环节包括以下两个部分。

- 商户入驻支付平台：商户按照支付或者业务平台的要求提交进件信息，支付平台为商户开通秘钥、权限和支付产品等权限。
- 支付平台入驻支付通道：支付平台按照接入的各支付通道要求提交进件信息，支付通道为支付平台开通秘钥、权限和支付产品等权限。

可以看出，在这个关系中，两边都是完全独立的双边关系：商户只是支付平台的商户，并不是支付通道的商户；支付通道的商户只有一个，就是支付平台。

2. 交易环节

交易环节包括以下两个部分。

- 商户向支付平台发起交易：商户按照支付平台签约信息，上送报文（包括支付平台为自己分配的密钥、开通的支付

|支付方法论|

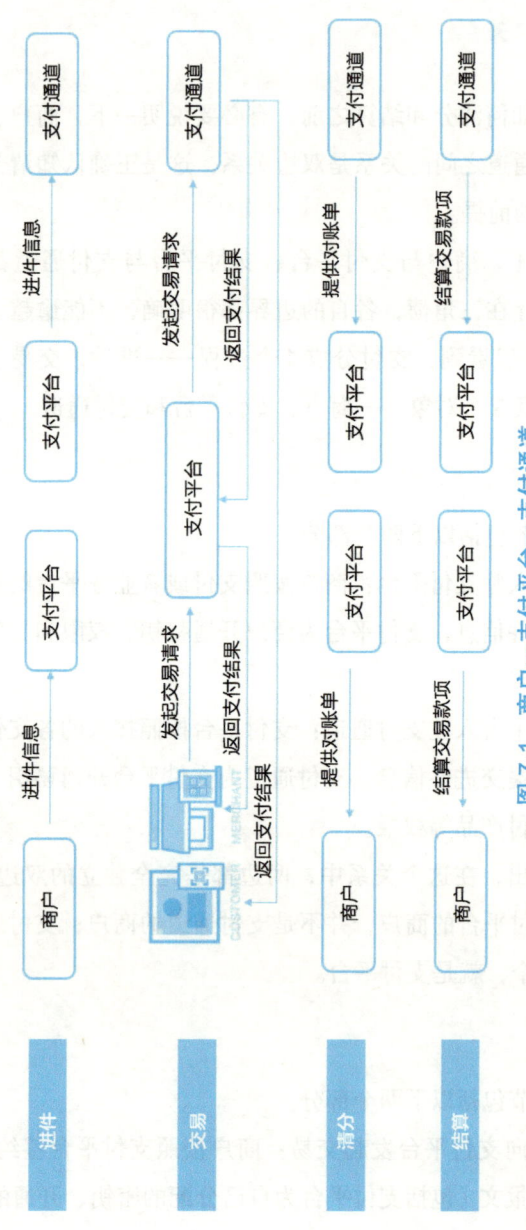

图 7-1 商户—支付平台—支付通道

业务范围）给支付平台；支付平台返回给商户对应的支付结果和返回码，这个返回码是基于支付通道的原始返回码进行映射后转译的。
- 支付平台向支付通道发起交易：支付平台收到商户请求，按照自己的路由规则，计算出最优通道，上送报文（包括支付通道为自己分配的密钥、开通的支付业务能力）给支付通道；支付通道返回给支付平台对应的支付结果和返回码。

3. 清分环节

清分环节包括以下两个部分。
- 商户和支付平台对账：支付平台将商户的所有交易订单生成账单并推送给商户；商户按照支付平台推送的账单进行对账，如果有对不平的账单就联系支付平台进行差账处理。
- 支付平台和支付通道对账：支付通道将支付平台的所有交易订单生成账单推送给支付平台；支付平台按照支付通道推送的账单进行对账，如果有对不平的账单联系支付通道进行差账处理。

4. 结算环节

结算环节包括以下两个部分。
- 商户和支付平台结算：支付平台按照与商户约定的账期、费率、结算方式进行商户款项结算。
- 支付平台和支付通道结算：支付通道按照与支付平台约定的账期、费率、结算方式进行支付平台款项结算。

从上面的流程可以看出，两两都是双边关系，无论上游支付通道有没有向支付平台提供账单，支付平台都应该按照自己记录的商户交易结果向商户提供账单；无论上游支付通道有没有将款项结算给支付平台，支付平台都应该按照自己的账单结算给商户。

没有三角债，两两都是清清楚楚的双边关系，需要做到收支两条账，需要财务调拨头寸、管理资金。

7.2.2 模块职能

在建立了双边关系的认知后，我们看看清分与结算的具体职能。

在清分的过程中，需要确保账务信息数据准确、账务对平，能够为后续债权债务提供数据支撑。这包括交易信息落地和状态流转、根据各方日切时间将数据汇总、差账异常数据处理、计算出应收应付金额等。

在结算的过程中，需要确保债权债务信息完整、状态符合流程，确保结算资金的可用性，记录并通知结算结果等。

为了确保上述职能的执行，支付体系中提供了很多服务模块，包括对账服务、计费服务、文件服务、差账处理服务、结算服务等。如果涉及会计和账户，那么还有会计模块和账户模块。我们把这些叫作清算服务层，如图 7-2 所示。

在清算服务层，这些服务模块是如何流转的呢？我们通过图 7-3 来说明。

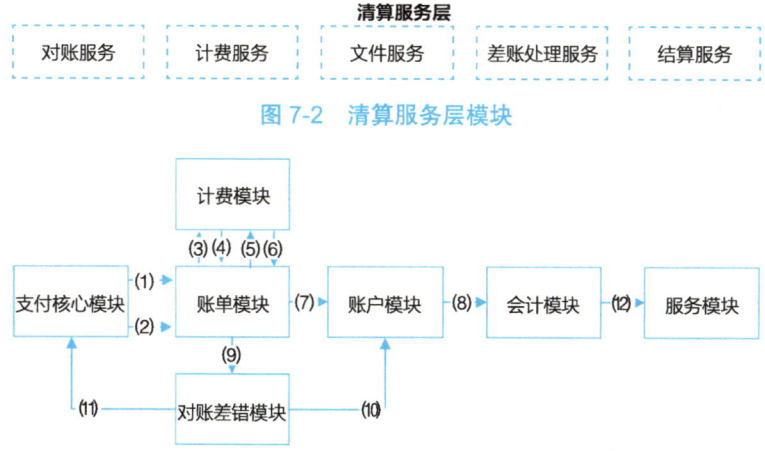

图 7-2　清算服务层模块

图 7-3　清算服务模块流转图

图 7-3 中的各个模块介绍如下。

1. 支付核心模块

支付核心模块用来接收支付交易请求，处理支付交易，比如收款、出款、鉴权等场景中的消费、预授权、退货等不同类型的支付交易。支付核心模块会调用路由系统，根据路由决策情况将交易上送给支付通道，根据支付通道返回结果更新支付通道流水状态和业务订单状态，同时将业务订单和支付通道流水号推送至清结算系统，进行后续账单生成、清分与结算处理。

2. 账单模块

账单模块主要有下面这 4 个职能。

1）落地交易单数据。商户发起交易，当支付状态流转至终态时（无论成功还是失败），系统会将终态订单推送至账单模块，账单模块记录下该支付数据（涵盖商户、交易单、通道单、交易金额、支付方式、交易类型、支付产品等数据)。

2)获取支付通道对账单。根据与支付通道的约定，支付平台通过各种形式获取支付通道对账单，如支付通道的邮件推送、FTP下载与推送，自己通过后台下载等。

3)生成并推送商户对账单。根据与商户的约定，通过各种形式让商户获取商户对账单，如邮件推送、FTP下载与推送、让商户自己通过后台下载等。

4)生成通道对账单。对账单包括商户对账单和支付通道对账单。账单服务分别对商户维度的业务订单和支付通道维度的通道流水进一步处理，调用计费模块获取商户和支付通道手续费，生成对账单，并将账单按照分类推送：将商户对账单推送至商户；将支付通道对账单推送至对账模块，进行通道交易对账和通道资金对账。

3. 计费模块

计费模块主要负责商户手续费和通道成本的配置（可由商户合同系统或者路由配置推送至计费模块，生成数据)，以及计算并返回费用结算方式、币种、金额及结算日期。

4. 对账差错模块

对账既包括自身支付平台与上游支付通道（如第三方支付公司或银行）对账，也包括自身各个服务间（比如账单与会计）对账，其作用是保证自身各个应用之间记录一致。我们将前者叫作单向对账，将后者叫作双向对账。

与上游支付通道的对账过程分为交易流水对账和到账凭证、到账实际资金的对账。我们把前者叫作账账对账，将后者叫作账证对账、账实对账。

对账用来将账单核算对平,对于不能核对匹配的交易进行补单或者退款等差账处理,最终实现账单对平。我们将这个过程称为轧账和平账。

5. 账户模块

账户模块用来进行资产的账户分类,并根据交易和对账情况进行账户的记账及资金信息流变动。常见的账户有余额账户、冻结账户、礼品卡账户等。

6. 会计模块

会计模块根据账户模块的请求进行会计的日间记账,并进行日终处理和财务并账。本书中不会详细阐述会计模块,原因有二:其一,会计借贷及科目分录需要有专业财务人员参与,在此不作为产品经理必备技能;其二,会计模块在清结算中并非必需模块,很多公司用流水账单汇总代替公司对账,并不采用会计模块。

7. 财务模块

财务模块根据对账情况进行账证对账(核实对账结果与银行打款凭证是否匹配)、账实对账(核实对账结果与银行实际打款是否匹配),以及按照结算方式和账期进行结算处理。

7.2.3 模块流转

在图 7-3 所示的清算服务模块流转图中,除了给出相关模块，还标记了序号。这些序号就是各模块的流转顺序。下面具体看看各个模块是如何流转的。

1）支付订单推送。支付核心模块将有效的支付订单（包括支付订单、退款订单、风险订单等）推送至账单模块。注意，这里说的是"有效"而不是"成功"，因为在有些类型的交易中（如外卡交易），有的交易不管成不成功都要支付风控手续费，也就是说即使支付失败，也是要记录并且收费的。

2）支付通道流水推送。支付核心模块将成功和失败的支付通道流水（包括支付、退款等）推送至账单模块。

3）请求商户计费。账单模块根据支付订单交易信息，请求计费模块计算商户手续费。

4）返回商户计费结果。计费模块返回商户手续费的计算结果、收费模式及收费日期。

5）请求通道成本计算。账单模块根据通道流水请求计费模块计算通道成本。

6）返回通道成本。计费模块返回通道成本的计算结果、收费模式及收费日期。

7）推送账单数据并记账。账单模块完成商户账单计费，生成商户账单后，将账单推送至商户账户并请求账户模块记账，变动资金信息流。

8）请求会计记账。账户模块记账成功后均请求会计模块进行会计记账。

9）支付通道流水对账。账单模块在支付通道流水成本计算完成后，将其推送至对账差错模块进行交易对账：解析支付通道订单格式，进行两边账单的账账对账；针对对不平的账单进行差账处理；根据对账结果推送给财务模块或者会计模块。

10）请求账户记账。对账差错模块将对账结果推送至账户进行记账。

11）对账差错处理。针对对账的长短款，对账差错模块请求支付核心模块进行补单和退款处理。

12）财务并账。每日将科目发生额和余额进行映射并自动推送到财务系统，每月进行核对。

整体介绍完各模块的职能与流转后，下面我们依次重点讲解计费服务、账单服务和对账服务。

7.3 计费服务

不管最终对的是商户账还是支付通道账，也不管最终付款方式是全额结算还是净额结算，清分和结算的前提都是记录和计算完成应付或应收多少手续费。而这个记录和计算的过程，我们就称为"计费服务"。

计费服务中计算的对象有两个：一个是服务的商户，一个是上游的供应商。就像老王开店一样，一方面把货批发给那些小代理商，一方面向厂家批货，两头的账都要算清楚。而要算清楚，就得把每个对象收多少钱、付多少钱、怎么收钱、怎么付钱的规则都记录下来。

我们可以把计费对象分为商户和支付通道，将计费服务所做的流程分为3个步骤：配置、查询和计费。

计费服务的具体流程如下。

1）商户计费规则配置。

2）商户计费规则查询。

3）商户手续费计算。

4）支付通道成本规则配置。

5）支付通道成本规则查询。

6）支付通道成本计算。

7.3.1 商户计费模块

1. 商户计费配置

首先需要说明的是，除了在计费系统直接配置计费规则外，还有多种方式进行计费数据的配置。比如在合同签约时，可以将商户计费规则配置在合同系统中，由合同系统推送至计费系统中；支付通道可在配置通道基础信息里配置收费规则，由物理通道计费信息与计费规则保持同步，推送至计费规则。

这里重点来看商户计费规则应该有哪些信息，至于如何记录或生成计费信息，不展开介绍。

另外还要说的是，这里的计费配置设计有两个方向。一个方向是把支付产品拆解得足够细，用支付产品来定义手续费，比如可以将信用卡拆解为信用卡快捷、信用卡非快捷、信用卡不区分、信用卡 3DS 等。在这个方向上，可以按照业务需要无限枚举支付产品。另一个方向是支付产品颗粒度粗，用支付产品＋其他字段属性代表一条唯一的规则，比如信用卡 3DS 产品可以用信用卡支付产品＋是否 3DS 来表示。

如图 7-4 所示，在商户计费规则配置模块中，有不同维度的属性。支付核心模块支付完成后，推送账单模块，账单模块调用计费模块获取信息并生成最终对账单，而计费模块就是按照这些字段计算出每一笔手续费的。

图 7-4　商户计费规则信息

下面一一展开说明商户计费规则中的属性。

（1）计费规则 ID

每一条规则自动生成不重复的编号。由于计费的维度很多，一个商户可以有多条计费规则，也可以在一条计费规则里配置多个计费维度。多条还是一条属于 UI 层面的问题，大家可以按照实际需要来，在这里我们以一个商户一条规则、一个计费维度来演示。

（2）商户信息

商户信息部分有 3 个必填项。

- 商户号：每个商户的唯一 ID，比如 0001。
- 商户名称：与商户号一一对应，比如老王杂货店。
- 规则名称：作用是方便相关人员从名称大概了解规则内容，比如老王杂货铺 3DS 交易规则。

（3）计费维度

关于计费维度需要说明的是，维度有很多，不是每个维度都是必填项。另外，如果配置了多个计费维度，很可能会一笔交易命中多个计费维度，这时按照优先级高的执行。

- 币种：交易发生时上送支付网关金额所对应的币种，比如美元、日元。在多币种的支付能力里，需要特别注意交易币种，否则将印尼盾结算成美元，资损就太大了。
- 地区：按实际地理位置划分的地区。不同的地区收费方式可能不一样，之前我们介绍卡组织时说过不同地区的收费差异，所以这里按照实际需要进行地区划分，比如亚洲、欧洲。
- 国家：实际地理位置。同一地区不同国家的收费情况不一样，这里按照国家划分，比如中国、美国。
- 卡组织：按照卡组织计费。常见的卡组织有 Visa、Mastercard、JCB、美国运通等。
- 卡类型：按照卡类型计费。卡类型有贷记卡、借记卡、准贷记卡，可以扩展"余额"类别。
- 账户类型：用来表示是对公交易还是对私交易。
- 支付方式：按照不同支付方式计费，比如信用卡支付、借记卡支付、账户支付等。你可能会有疑问，卡类型与支付方式是否重复。答案是，如果提供的支付能力只有卡基支付,那么这里是重复的;但如果提供的支付能力包括账户支付,那么就不重复。通过支付方式+卡类型可以实现钱包账户信用卡支付的计费。

- 交易方式:这里指是 DCC 还是 EDC,前面已经介绍过,这里不再赘述。
- 风险模型:支付中有 3DS 和非 3DS,按照 3DS 和非 3DS 单独计费。
- 支付通道:按照支付通道计费,比如某某代扣通道、银联认证通道。
- 到账时效:用于按照商户到账时间来计费,比如实时到账、T+1 到账等。
- 支付产品:按照支付产品计费,比如免密支付产品、鉴权产品等。支付产品和规则维度成反比关系:如果支付产品维度足够细,那么规则维度就可以精简;如果支付产品维度粗,那么规则维度就需要细。

(4)计费规则类型

计费规则类型部分有以下 4 项内容。

- 交易类型:按照不同交易类型计费,比如转账、代扣、代付等。
- 单笔/批量:计费形式,用于区分是按单笔收费还是按批次收费。
- 计费类型:用来表示单笔收费、按照百分比、按照阶梯手续费或者是否有封顶手续费等不同计费类型。
- 手续费:表示具体手续费值。当然,阶梯和非阶梯表现不一样,图 7-4 中未体现。

（5）计费规则状态

计费规则状态部分有以下3项内容。

- 状态：确定规则的有效性，比如生效还是失效。
- 生效日期/失效日期：表达规则有效期。比如，二者的取值20200101和20200301表示2020年1月1日到2020年3月1日这段时间内有效。
- 优先级：同一商户同样匹配规则按照优先级顺序执行，甚至还可以定义对于相同优先级的规则，创建时间晚的优先。

（6）结费属性

结费属性部分有以下4项内容。

- 费用结算周期：比如按月结还是按日结。
- 结算日：每月固定日期结算，还是T+1或D+1。
- 结算日期类型：工作日还是自然日结算。
- 收费方式：全额结算还是净额结算。

通过上述字段及其排列组合，我们能够灵活地对商户配置计费规则，并且能够设置不同优先级的计费规则。接下来看看如何接受调用方请求进行查询与计费。

2. 商户计费规则查询与计费

商户计费服务有两个职能：一是支持查询手续费计费规则，二是支持计算手续费。两种职能不一样，如果请求类型是查询手续费计费规则，那么就根据查询参数返回目前优先级最高的手续费情况；如果请求类型是计算手续费，那么就根据请求参数返回具体手续费计算金额。

无论是查询还是计费，请求参数都是根据上面的配置条件项来的，差别仅在于是返回手续费计费规则（如内扣还是外扣、3‰还是每笔 1 元手续费），还是返回计算好的具体手续费（如 1 元人民币）。因此，这里不再一一列举请求参数和返回参数。

但计费规则是有优先级的。优先级除了直接手动设定之外，还可以以规则内容的详细程度来决定。与之前路由系统中的基础路由或引导路由一样，匹配到的规则中，越具体的优先级越高，见下面的例子。

某商户的交易请求为美元交易、卡组织为 Mastercard、支付方式为信用卡交易、风险模型为 3DS、交易类型为消费。交易完成后需要进行计费，而交易计费规则配置有两条。

1）计费规则 ID：0001

【计费维度】

商户：001

币种：全选

地区：全选

国家：全选

卡组织：全选

卡类型：全选

账户类型：全选

支付方式：全选

交易方式：全选

风险模型：全选

支付通道：全选

到账时效：全选

支付产品：全选

交易类型：全选

【计费规则类型】

交易类型：全选

单笔/批量：单笔

计费类型：按百分比

手续费：3‰

2）计费规则 ID：0002

【计费维度】

商户：001

币种：美元

地区：全选

国家：全选

卡组织：Mastercard

卡类型：全选

账户类型：全选

支付方式：信用卡

交易方式：全选

风险模型：3DS

支付通道：全选

到账时效：全选

支付产品：全选

交易类型：全选

【计费规则类型】

交易类型：全选

单笔/批量：单笔

计费类型：按百分比

手续费：5‰

对于上面的例子，在对该商户的交易进行计费规则匹配时，虽然计费规则 0001 与 0002 都符合，但规则 0002 由于配置更细，剔除全选后匹配项更多，所以优先级更高。基于此，计费服务会选择计费规则 0002 进行计费，这笔交易的计费手续费为 5‰。

需要说明的是，让什么规则的优先级更高取决于你自身的实际情况和商业目标，不能一概而论。上面的案例是剔除全选后，配置得越具体的优先级越高；而如果你的目标是收取更多手续费，那么就按照手续费更高的计费规则计费；你还可以在这些要素之间设定优先顺序，比如符合币种优先，其次是风险模型。总之，规则是服务于目的的。

7.3.2 支付通道成本模块

支付的过程始终连接着两边：商户与支付通道。上面已经了解了商户的计费模块配置，这里再来看通道计费规则就会容易很多，几乎一样。因为我们与商户、支付通道与我们之间都是上下游关系，所以理论上，我们与商户之间有哪些收费方式和计费模型，通道与我们之间就有哪些收费方式和计费模型，具体见图 7-5。

如图 7-5 所示，通道计费规则中也有各种各样的属性。支付核心模块支付完成后，推送账单模块，账单模块调用计费模块获取信息并生成最终对账单；而计费模块就是按照这些字段计算出每一笔手续费的。

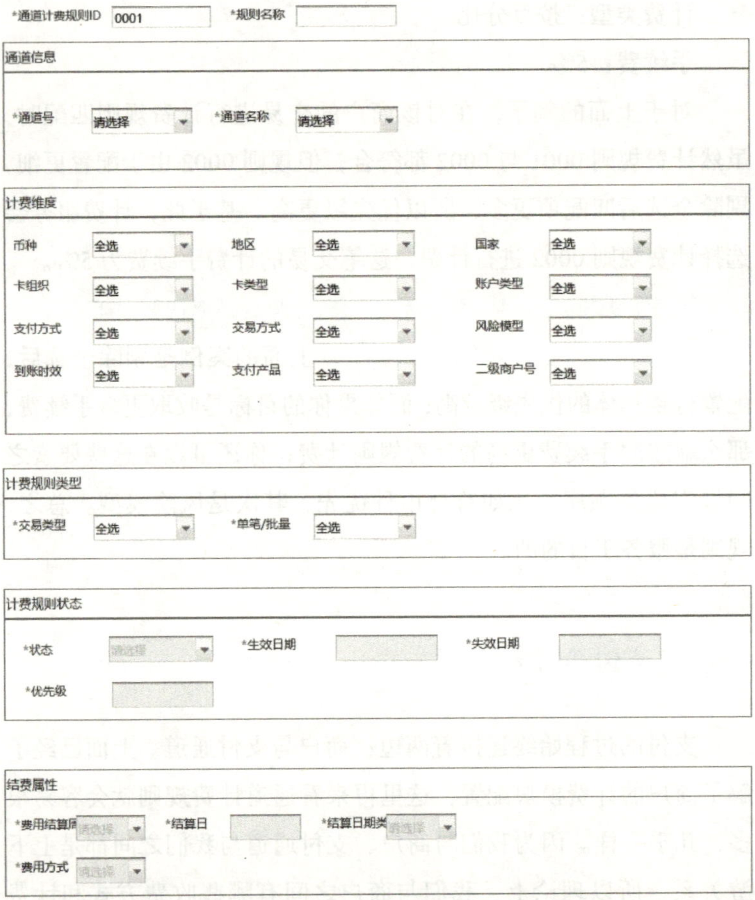

图 7-5　支付通道计费成本

图 7-5 中各个字段在商户计费规则中展开说明过，查询与计费逻辑也都与商户计费规则几乎一致，这里不再赘述。

以上基本就是商户和通道的计费模型与逻辑设计了，但正如哲学上所说，事物具有普遍性和特殊性，具有共性和个性。这里只是基于"共性"的说明，大家在具体实操和处理需求时也许还会面对各种各样的"个性",比如结算时需要有保证金,只结算交易的一部分,剩下的部分作为风险拒付等方面的保证金。

通过之前模块流转的介绍,我们知道账单模块是与计费模块进行流转交互的,下面我们就看看账单服务。

7.4 账单服务

一笔订单在支付的过程中会变成不同的类型,比如支付成功订单、退款订单、拒付订单等。一笔订单在支付处理的过程中会面对不同的对象,会面对商户,面对支付通道。订单的种类也分很多种,有交易单,有通道单。

账单服务所做的就是处理这些不同类型、不同对象的订单,并落地数据,提供账单。本节将详细介绍账单服务的 4 个职能:落地交易单数据、获取支付通道对账单、生成与推送商户对账单、生成通道对账单。

7.4.1 落地交易单数据

先来回顾一下,一笔流转至终态、成为有效订单的支付订单经历了哪些步骤。

1)商户向支付平台发起交易。商户在发起交易时,会带着一系列请求参数,比如商户的商户号、加密密钥、业务订单号、交易币种、交易金额、交易类型、支付方式、支付要素乃至此次交易的商品详情等。

2)支付平台生成交易单或流水号并提供给商户。支付平台可能要在有了最终支付结果后才向商户提供支付流水号,这取决于这笔交易采用的是账基支付还是卡基支付,是实时同步支付结果还是异步通知。

3)支付平台获取最优通道。支付系统通常都会有路由系统,差别仅在于这个路由系统是否健壮、其算法是否丰富等。由之前对路由系统的介绍可知,这一步支付平台会根据商户发起的交易请求确定最优物理通道,也就是接入的支付通道是哪个,也会知道计算此通道为最优的路由规则是哪个。

4)支付平台将交易上送给通道进行交易。根据路由计算结果,支付平台将交易上送给支付通道进行交易,支付通道返回对应的支付结果及返回码。注意,即使是支付平台余额支付,我们也将余额视为支付通道,差别仅在于通道服务方属于内部还是外部而已。

5)支付平台将支付结果返回给商户,将订单推送至账单服务。对于支付通道返回的支付返回码,支付平台会将其转译,映射为方便商户或用户理解的对应返回码。此外,无论是收款还是退款,无论是成功还是失败,订单一旦进入终态,就会被推送到账单服务或者进入数据库,等待后续工作。

沿着上面商户发起支付的过程,一笔交易结束时会保存交易单数据,包括商户信息、用户信息、自身系统信息、支付通道信息等,每个交易单保存多少数据要看实际需要。

对于上面的每一类信息,举例如下。

- 商户信息。比如商户的商户号、加密密钥、业务订单号、交易币种、交易金额、交易类型、发起时间、支付方式、支付要素、支付产品、支付地区、风险模型、DCC/EDC、商品详情、支付结果、映射支付返回码等。
- 用户信息。比如用户 ID、用户风险等级、用户会员等级、用户营销等。
- 自身系统信息。比如生成的给商户的支付流水号、给支付通道的自身业务单号、路由规则 ID、风险数据、自身系统异常的错误原因、营销优惠信息等。
- 支付通道信息。比如支付通道 ID、上送通道的交易类型、支付方式、支付产品、支付金额、汇率、币种、支付结果、通道返回的原始支付返回码等。

以上信息就是一条交易单所存储的内容。总的来说，保存的信息越详细，能够做的事情越精细：提供给商户的账单可以更翔实，维度更多；发生调单、定位问题时，可以找到的信息也越多；等等。

7.4.2　获取支付通道对账单

支付平台都或多或少间连或直连了第三方支付机构、银行、卡组织，与这些机构发生着支付交易。账单是支付交易的一部分，机构会按照约定时间、约定方式将账单发送或上传给支付平台。

在获取支付通道对账单的整个流程中，支付平台主要完成以下三个事项。

1. 明确对账文件规范和要求

在下载对账文件前，必须先知道与其相关的规范和要求，才能保证下载准确及时。在获取对账单服务时,我们常做的工作如下。

(1)明确对账文件的命名规范与格式

我们一般根据文件名来查找并下载对账文件。因为各机构的对账文件命名规范与格式不尽相同,所以我们需要首先明确对账文件的命名规范与格式。

大体的命名规范是商户号_交易日期.文件格式。当然,如果不同的交易类型使用不同的对账单,那么对账单的格式会变成交易类型_商户号_交易日期.文件格式。如果数据量大,有多份对账单,还可能会在后面加上序号,变成交易类型_商户号_交易日期_序号.文件格式。

交易日期一般采用YYYYMMDD的格式,文件格式有xls、txt、csv等,如00001_20180809.xls表示商户00001于2018年8月9日在该通道交易的对账文件。

(2)明确对账文件的时间

一份对账文件有以下4个与时间相关的因素。

1)对账文件日切时间区间。每个文件的交易时间是有日切时间点的,日切时间区间指从一个工作日的开始时间到结束时间,所以首先要知道一个对账文件涉及交易的时间区间,一般来说国内交易是0点至24点。

2)提供对账文件的时间差。比如是T+1还是D+1提供对账文件,某些国外通道(如美国运通)甚至可能会T+3提供对账文件。对账文件的时间差不同就意味着支付平台下载规则和对账规则不同,拿到一份对账文件可能最长需要8~10天。

需要说明的是,如果按照T+N提供对账文件,那么需要明确工作日是按照哪国的工作日。比如对接海外通道或者开展海外业务时，我们按照国内工作日，而支付通道按照泰国工作日，这就会有纰漏。

3）日切时间所依据的时区。时间是和时区绑定在一起的，就像交易金额一定关联着交易币种一样。我们在做国内业务时，默认使用北京时间，因此不用关心时区问题。但如果做的是海外业务或者接入的是国际通道，就必须明确日切时间依据哪个时区，比如是北京时间还是伦敦时间，否则会给后续下载账单和对账带来很多问题。

4）账单推送时间。无论是主动下载账单还是人工登录后台下载，支付平台都需要先等通道生成账单并将其推送到服务器。

比如通道日切时间点是24点，账单推送时间是第二天凌晨4点前，那么我们就需要设定系统在4点后自动下载，或者让运营人员4点后进行人工下载，避免做无用功。

2. 下载对账文件

对账文件的获取方式有很多，有支付通道主动推送的，也有需要支付平台自己去下载的；有人工的，也有自动的。需要明确获取方式，根据具体方式向对方提供或者要求对方提供对应的信息。

常见的获取方式有以下3种。

- 邮件推送。我们需要向支付通道提供邮箱地址，便于对方推送。
- SFTP（Secret File Transfer Protocol，安全文件传送协议）或者FTP获取。SFTP和FTP都是文件传输的方式，如果

是让对方将对账文件推送给我们，我们需要向其提供文件推送地址、用户名及密码；反之，如果是我们从对方地址下载，需要对方提供给我们对应的地址、用户名及密码。

❑ 后台下载。一些银行或第三方机构会为支付公司开设企业门户，分配账号和初始密码，由运营人员登录后台进行下载。但是我们并不推荐采用这样的方式，因为它需要人工参与，无法实现账单自动下载，而账单自动下载是清结算自动对账中重要的一步。

3. 解析对账文件

每家支付通道的文件格式不一样，每个文件字段代表的意义不一样，字段所在位置也不同，平台在下载对账文件后，需要理解对账文件中的字段，并将这些字段对应到自身系统进行解析落库。

我们来看两个对账文件的样例。

（1）某国内第三方支付机构的交易对账单

该账单的名称格式为交易对账单_交易起始日期-交易结束日期.xls，如交易对账单_20200101-20200101.xls，如图7-6所示。

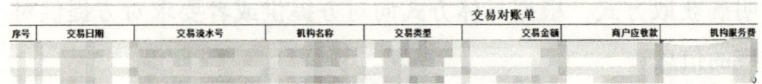

图7-6 某国内第三方支付机构交易对账单

拿到这样的对账单样表，我们就需要明确告知清结算系统的开发人员，让他们将表格解析成如下字段。

❑ 第2列：交易日期。对应支付发起的交易日期。

❑ 第3列：交易流水号。对应通道返回的流水号。

- 第 4 列：机构名称。对应支付平台在支付机构开通的商户号或户名。
- 第 5 列：交易类型。对应交易发起的类型，如消费、退款、预授权等。
- 第 6 列：交易金额。对应发起的支付金额。
- 第 7 列：商户应收款。对应支付平台应该结算的款项。商户应收款与结算方式有关，比如对于一笔 1000 元的交易，如果是全额结算，就会结算 1000 元，商户应收款就是 1000 元；如果是净额结算，扣除手续费 20 元，商户应收款就只有 980 元。
- 第 8 列：机构服务费。对应支付平台应该支付的手续费。

上面是个简单易懂的对账文件，我们再来看一个相对复杂的例子。

（2）某国际卡组织对应的对账文件

图 7-7 为某国际卡组织对应的对账文件，看起来像是"天书"，如果产品经理不做解释，运营人员和开发人员根本就看不懂，会无所适从。下面我们看看如何来解析这个对账文件。

图 7-7　某国际卡组织对应的对账文件

产品经理经过研究文档，并与卡组对接人员沟通，了解到如下信息。

1）国际卡组织。对账文件中会存在交易币种与结算币种。

2）对账文件中每个商户号、每个结算币种会产生不同结算记录。

3）币种金额规则。当交易币种为 JPY（日元）、KRW（韩元）时表示元，为其余币种时表示分。

4）明细交易既包括所有正向的收款、付款交易，也包括负向的退款交易。数据说明如下：

正向交易	负向交易
1 = A	–1 = J
2 = B	–2 = K
3 = C	–3 = L
4 = D	–4 = M
5 = E	–5 = N
6 = F	–6 = O
7 = G	–7 = P
8 = H	–8 = Q
9 = I	–9 = R
0 = {	–0 = }

示例1：十进制货币（decimal currency），如对于欧元，124.59 = 1245I，代表正向收款交易 124.59 元；–445.21 = 4452J，代表负向退款交易 445.21 元。

示例2：非十进制货币（non-decimal currency），如对于日元，16906 = 0001690F，代表正向收款交易 16906 日元。

5）每行第 33~35 位为识别号，通过识别号区分每行数据的意义。

识别号 100 代表单一商户号的单一结算币种的总结算数据，

识别号 100 字段解释见表 7-1。

表 7-1 识别号 100 字段表

字段解释	位置	长度	说明
商户号	1~10	10	0
结算日期	14~21	8	格式：CCYYMMDD
识别号	33	1	1
识别号	34~35	2	00
结算金额（净额）	41~55	15	格式：00000000000000{
结算银行账户号	71~90	20	格式：474288099838
应结算总额	91~105	15	指未扣除费率的
手续费	106~120	15	
手续费率	121~127	7	
结算币种	323~325	3	格式如 CHF

识别号 210 代表单一商户号的单一交易币种与结算金额的交易数据，识别号 210 字段解释见表 7-2。

表 7-2 识别号 210 字段表

字段解释	位置	长度	说明
商户号	1~10	10	0
结算日期	14~21	8	格式：CCYYMMDD
识别号	33	1	2
识别号	34~35	2	10
交易日期	41~48	8	
交易金额	64~78	15	
结算净额	109~123	15	
手续费率	124~130	7	
交易币种	238~240	3	格式如 CHF
汇率	293~307	15	

识别号 260 代表扣款交易明细记录，识别号 260 字段解释见表 7-3。

表 7-3 识别号 260 字段表

字段解释	位置	长度	说明
商户号	1~10	10	0
结算日期	14~21	8	格式：CCYYMMDD
识别号	33	1	2
识别号	34~35	2	60
交易金额	41~51	11	
交易日期	52~59	8	
银行返回号	60~71	12	对账主键
卡号	90~104	15	

6）空格也算位数。

经过上述的研究、了解后，再看原来看似天书一般的对账文件就能看懂了。

1）文件名 xxxxxx59846.EPAPE.170808220620。它代表商户 59846 在交易日期为 2017 年 8 月 8 日的对账单。

2）第一行：表头，用于记录文件生成时间。DFHDR201308071138PANEURPAN-EUROPE EPA FILE，代表 2013 年 8 月 7 日生成的欧元交易对账单。

3）第 2 行中，

☐ 第 1~10 位，9560000001，代表商户所属商户号；

☐ 第 14~21 位，20130808，代表结算日期为 2013 年 8 月 8 日；

☐ 第 33~35 位，100，代表此商户号欧元结算币种的总结算数据；
- 第 41~55 位，00000000000174F，代表正向进款结算金额为 1746 欧元；
- 第 71~90 位，634010210061，代表结算银行账户；
- 第 91~105 位，00000000000180{，代表应结算总额为 18.00 元，对应币种见 323~325 位；
- 第 106~120 位，00000000000000{，代表手续费为 0 元，对应币种见 323~325 位；
- 第 121~127 位，0000000，代表费率为 0；
- 第 323~325 位，EUR，代表结算币种为欧元。

4）第 3 行中，
- 第 1~10 位，9560000001，代表商户所属商户号；
- 第 14~21 位，20130808，代表结算日期为 2013 年 8 月 8 日；
- 第 33~35 位，210，代表此商户号交易币种与结算金额的交易数据；
- 第 41~48 位，20130801，代表交易日期为 2013 年 8 月 1 日；
- 第 64~78 位，00000000000180{，代表交易金额为 18.00 元，对应交易币种见 238~240 位；
- 第 109~123 位，00000000000174F，代表结算净额为 17.46 元，对应币种见 238~240 位；
- 第 124~130 位，0003000，代表手续费率为 3%；
- 第 238~240 位，EUR，代表交易币种为欧元；
- 第 293~307 位，00000000010000{，代表汇率为 100%，

说明交易币种与结算币种一致。

5）第 4 行中，
- 第 1~10 位，9560000001，代表商户所属商户号；
- 第 14~21 位，20130808，代表结算日期为 2013 年 8 月 8 日；
- 第 33~35 位，260，代表此商户号交易明细记录；
- 第 41~51 位，0000000180{，代表交易金额为正向进款 18.00 元；
- 第 52~59 位，20130731，代表交易日期为 2013 年 7 月 31 日；
- 第 60~71 位，004505，代表银行返回流水号为 004505；
- 第 90~104 位，375688*****1011，代表该笔交易部分加密后的具体卡号。

正如上面的例子中所说，在清结算工作中，产品经理需要充分理解对账文件含义，清楚定义所需字段，并为开发人员解读，才能尽可能避免对账失误。通过明确对账文件规范和要求、下载对账文件、对账文件解析这三步，我们便能保证成功获取支付通道对账单，落地所需数据，为后续对账做好准备。

7.4.3 生成与推送商户对账单

上一节介绍了账单服务和通道之间关于账单处理的流程，本节来讲解账单服务和商户之间关于账单处理的流程。在这个场景里主要有两个流程：生成商户对账单和推送商户对账单。

1. 生成商户对账单

商户对账单是指按照约定提供包含交易明细与交易总额的账单文件，里面至少包含商户号、交易日期、支付流水号、交易类型（消费、预授权、退款）或交易方向（正交易、反交易）、交易金额（如涉及多币种交易，还有交易币种）、手续费这些参数，有的对账单还会加上商户订单号、风控处理费等参数。

具体对账单可以看 7.4.2 节中的例子。7.4.2 节中账单生成与提供方是支付通道侧，支付平台作为商户侧接收与获取对账单；现在反过来，变成支付平台侧是支付通道角色，提供给合作方对应商户对账单。

在商户接入时，会依据公司清结算服务设计及商户需求与商户约定对账单的规则，这些规则也应该成为我们交付给商家的标准手册。在将一份账单提供给商户前，必须先告诉商户账单里有哪些内容、有几份账单，这样商户才能根据内容范围进行解读与分析，具体如下。

1）对账单日切时间与时区。支付平台为商户提供的对账单覆盖的交易时间范围是什么，比如 0 点至 24 点；时间对应的是哪个时区。

2）不同交易币种的对账单规则。支付平台支持商户不同的交易币种，这些不同交易币种的交易是在同一份账单中体现，还是每个交易币种在独立的对账单中体现。

3）不同结算币种的对账单规则。不同的商户在针对同一结算币种时也会有不同的结算币种需求，特别是跨地区经营或者交易量大的头部商户。有的商户希望同样的币种（如泰铢）交易，

50%结算成泰铢在当地，50%结算成美元到中国香港。不同的结算币种涉及不同的汇率差，所以对账单是一份还是多份是需要明确告知商户的。

4）不同交易类型的对账单规则。一个支付平台给同一商户提供的交易类型可以是多样的，有出款交易（如代付交易），也有收款交易（如代扣、消费、预授权），对于这些不同交易类型所涉及的对账单，同样需要明确是一份还是多份。

5）对账单同一天发生正反交易的规则。交易中会出现同样一笔订单当天客户既做了支付正交易，又做了全额退款或者撤销交易。对此，不同支付公司的处理方式不一样，有的轧差同时不体现，有的不做轧差，同时放进去。对账单的内容规则不同，后续对账时规则也会不一样，这也是需要明确告知商户的。

6）一份对账单的最大文件容量与笔数。一份对账文件不可能无限大，而对它的限制是通过设定笔数或者文件大小来实现的。对于商户来说，交易量特别大的时候，一份对账单会无法覆盖其全部交易。支付平台需要明确告知商户支持的最大交易笔数，避免商户在下载对账文件时有所遗漏。

将以上规则明确告知商户后，商户就能够准确解读和分析对账单了。我们看看一份给商户的对账单是如何生成的。在图7-8所示的用例图中，一份商户对账单通过脚本（JOB）生成账单，生成账单的数据来自两方面：交易时的数据和该商户提供计费服务配置的费率。

生成商户对账单的具体步骤如下。

1）落地支付平台交易数据。7.4.1节阐述了交易中涉及支付平台自身的交易数据，其中既包含服务的商户与具体支付情况，也包含调用的内外部自身支付通道，商户数据就是从这里拆分出来的。

2）获取商户计费费率与落地商户交易数据。7.3 节阐述了商户计费规则的多项参数可灵活配置，实现不同的计费产品。从支付平台交易数据中拆分商户数据时，先将交易中相关参数传递给计费服务，获取对应的手续费，然后连同手续费写入商户交易数据中。查询参数和落地参数可参见 7.3.1 节。

3）生成商户对账文件。JOB 服务或者账单服务根据商户交易数据库中的有效交易、与商户约定的账单时间与账单规则，生成对应份数的商户账单。

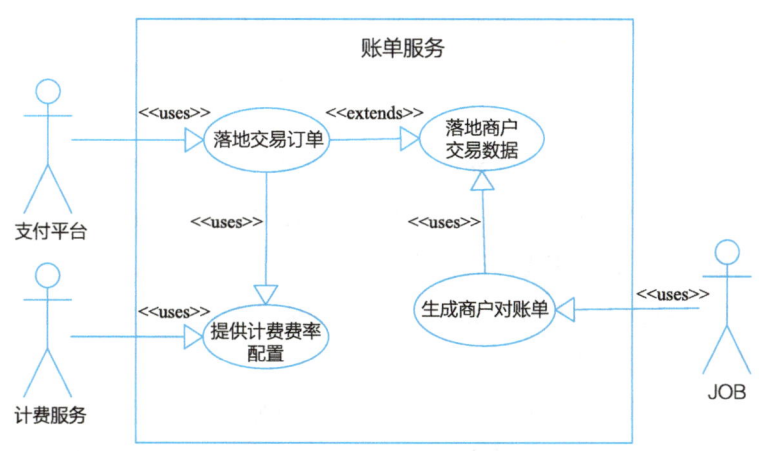

图 7-8　商户对账单生成用例图

2. 推送商户对账单

7.4.2 节阐述过获取对账文件的方式有很多，有支付通道主动推送的，也有需要支付平台自己去下载的；有人工的，也有自动的。需要明确获取方式，然后根据其方式提供给对方或者要求对方提供对应的信息。

相比于 7.4.2 节，这里关于获取方式、推送的注意事项并没有变化，只是文件生成与获取方向变了。在 7.4.2 节中，我们作为支付平台要获取支付通道的账单，而这里我们成了支付平台，商户要获取我们的账单。因此关于推送商户对账单的相关问题与确认事项，这里不再赘述，大家可以查看 7.4.2 节。

7.4.4　生成通道对账单

对账中有一个词与流程叫作"账账对账"，它是指用我们的账单与对方提供的账单进行明细账、总账等的对账。毕竟是与钱相关的事情，不能别人给什么，就信什么。要做这一步，首先要有我们的账单。

相同维度的账单才能对得上，对得平。相同维度包括相同的日期、商户、交易类型、币种等。为了使得生成的通道账单在相同的维度，需要事先确认好对方的账单规定，以对方的为准。关于确认的问题可以见 7.4.3 节，这里只是双方方向改变了，确认的事项内容都没变，不再赘述。

账单服务将交易订单进行拆分，分别对商户维度的支付订单和支付通道维度的通道流水进行清分处理（包括商户手续费和自己的通道成本），将通道流水清分后推送至对账模块进行通道交易对账和通道资金对账。通道对账单生成流程如图 7-9 所示，图中一份支付通道对账单通过 JOB 生成账单，生成账单的数据来自两方面：交易时的数据和该通道提供计费服务配置的费率成本。

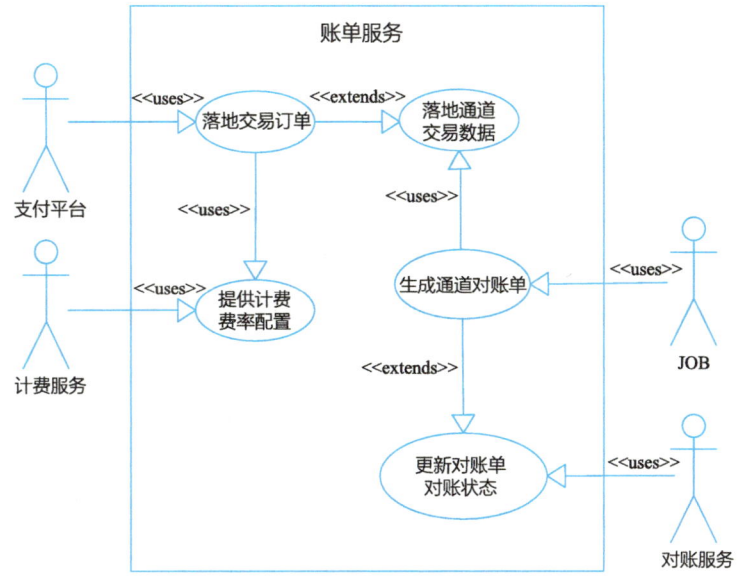

图 7-9 通道对账单生成用例图

生成通道对账单的具体步骤如下。

1）落地支付平台交易数据。7.4.1 节阐述了交易中涉及支付平台自身的交易数据,其中既包含服务的商户与具体支付情况,也包含调用的内外部自身支付通道,支付通道数据就是从这里拆分出来的。

2）获取支付通道计费成本与落地支付通道交易数据。7.3 节阐述了支付通道计费规则的多项参数可灵活配置,实现不同的计费产品。从支付平台交易数据中拆分支付通道数据时,先将交易中相关参数传递给计费服务,获取对应的手续费成本,然后连同手续费写入通道交易数据中。查询参数可查看 7.3.2 节中介绍的各项配置条件,落地参数包含商户号、支付通道、支付平台订单号、支付通道流水号、交易日期、交易类型、交易金额、交易币种等。

3）生成支付通道对账文件。JOB服务或者账单服务根据支付通道交易数据库中的有效交易、与支付通道约定的账单时间与账单规则，生成对应的支付通道对账单。

4）更新支付通道对账单对账状态。对账所说的对平是指，交易金额和交易笔数都既不能多也不能少，否则就对不平，出现如长短账之类的差账。对账服务在对账对平之后会到账单服务里来更新对账状态，表示这一份数据没有问题了；超过一定时间没有对平的数据会进入差账处理模块，由人工介入。

7.5 对账服务及会计与结算

清分是数据的准备与计算的过程。账单服务承担的职能就是数据的准备工作，而对账服务承担的就是计算的职能，无论是单向对账还是双向对账。

7.5.1 对账服务

在7.2.2节中，我们已经知道对账分为单向对账和双向对账，单向对账又分为账账对账、账证对账和账实对账。此外，我们还了解了对账是轧账和平账的过程。轧账和平账的目的是进行交易核算，将账单对平，对于不能核对匹配的交易，进行补单或者退款等差账处理方式，最终实现账单对平。

作为支付产品经理，我们更关注的是将账单模块生成的系统支付通道流水与支付通道对账文件进行核对，也就是单向对账和账账对账的过程。如果账单对平会推送账单给财务系统，由财务人员校验凭证是否正确、款项是否无误，也就是账证对账和账实对账的过程。

在对账的过程中，按照对明细账或者对总额的核账规则进行对账。如果账账核对完全对平，会将账单打包批次推送至财务模块进行后续流转；如果账账对账不能核对匹配，就会对账单中交易的长款、短款进行差错处理。

在处理通道与账账对账时有 3 条原则。

第一，不能少收钱。交易了 1 万元，只收了 9000 元，这样肯定不行，生意再红火也抵不住后面有个洞，每天都在漏着。

第二，不能多收钱。明明自己记了数，交易了 1 万元，结果银行对账给了一万一，这样也不行。你多收了钱，肯定是有客户多付了钱没发现。不管是出于诚信还是担心事后客户投诉，都应该给客户退款。

第三，不能收错钱。钱总数对了，但是该收的没收，不该收的收了，这更不行。这说明没付钱的人以为支付平台付钱了，付钱了的以为没付钱，支付平台需要做的是给多付了钱的人退款，给没付钱的退单。

前面已经介绍了支付通道对账单的字段构成与含义、账单的规则，在这里我们说说对账的规则。

（1）对账基准：以哪方的账单为准

对账基准有两个。

- 以对方的为准。支付中主要指以支付通道或者银行的为准。对方的对账文件每一条交易数据和金额对齐了，就可以打包批次，更新状态，表示对齐了。

- 以我方的为准。支付中指以支付平台根据日切时间和通道规则生成的账单为准。只有支付平台自身生成的账单每一条交易数据和金额都对齐了，才算对平账。

在实际应用中，我们一般以对方的账单流水为准。而自己如果有没对上的流水，后续会再进行差账处理，但对方账单的对账状态为已对平。原因在于，支付通道侧打款规则不管我方账单能否对平，都会根据支付通道侧的账单记录，给支付平台打款。为了不影响资金入账后账单与资金进行核对，也就是相关的账证对账、账实对账，需要在对方账单对平后就视为对平，可以打包批次。

（2）对账内容：对账对的是哪些字段

对账分为对明细账和对总账。

对明细账是将自身的账单与账单提供方提供的账单中每一条记录进行核对。在支付中，根据账单通道订单号或者支付流水号、交易类型、交易金额、交易日期、交易手续费进行比对。如果是外卡交易，会再加上交易币种、结算币种、结算汇率；如果收费条件不仅是商户折扣费率（MDR），那么需要再加上其他的手续费率，比如还有风控手续费用、货币转换费之类。

对总账是将自身记录与账单提供方汇总金额、笔数进行核对。在支付中，根据交易日期与结算日期核对总交易金额、交易笔数等，整体金额一致就算对上。

需要说明的是，交易类型是对账过程中很重要的因素，因为它有着双重含义，不仅代表自身具体的交易类型，如消费、预授权、退款，还代表了交易方向，退款代表负交易，消费代表正交易。计算总账时是要根据这些交易类型进行加加减减的。

（3）对账时间：日切时间临界点的交易订单怎么处理

日切时间是指下一账单日的开始计算时间。定义了日切时间，就确定了一个账单日的开始时间和结束时间。

对于支付这样高频的交易，每一秒都会发生很多瞬时交易，在日切时间也不例外。由于瞬时交易和交易系统的交互存在时间差，会出现支付平台侧交易时间算在当天，但是通道侧算在下一账单日的情况，进而造成在对账时出现账对不平、长短账的问题。

我们知道账对不平，是要推送差账处理的，那么在这种情况下，应该如何处理呢？

我们会为每个通道设定一个自动对账时间范围，比如 48 小时，也就是两个账单日。每份通道对账单会与对应日期的支付平台账单对账，如果有对不上的地方，会将无法匹配的订单留在对账交易列表中，等到下一日支付平台对账单生成时再进行比对。如果对上则为对平，依旧对不上的话，才会推送到差账模块进行处理。这样的对账我们称为连续对账、滚动对账。

（4）对账结果：对账会出现的结果及其对应的处理方式

对账的结果通常分为 4 种：对平、长款、短款、金额不一致。其中长短款是站在对账方角度看的，多收了钱就是长款，少收了钱就是短款。

特别说明，以下我们说的账单笔数都是基于正交易也就是我们收钱的角度，如果是反方向交易，比如退款、代付这些出款交易，长短款会完全相反。

第一种结果：对账完全匹配。这是最理想的结果，匹配后需要做的就是打包批次，抛送财务模块，进行后续的账实对账，看结算资金与账单金额是否一致。

第二种结果：支付通道有订单，支付平台侧无。我们站在支付平台立场，支付平台会多收到钱，因此我们将此种情况称为"长款"。比如支付通道对账单有 100 条，而我们只有 99 条订单，多结算了一笔。长款的情况既包括支付平台无订单，也包括无有效订单。

长款的处理方式如下。

1）支付平台侧补单。在支付平台侧补出所缺失的订单，使得两边都是 100 条订单，然后可以对平。

2）支付平台侧对所补订单进行退款。由于这一笔订单是多收了用户的，补单只是为了对平，对平后还是需要退款，将多收的钱退回给用户。

出现长款的原因除了系统 bug、系统掉单外，还有一个更主要的原因是两边系统交互时间过长，导致查询无结果。支付平台侧对于无结果返回订单会进行定时轮询，但不会一直查询。超过一定时间若还无结果返回，就会置失败，等到第二天根据对账单情况再去判断是否进行差账处理。

第三种结果：支付通道无订单，支付平台侧有订单。由于支付通道侧比支付平台侧少订单，比如支付通道对账单有 99 条，我们有 100 条订单，最后支付平台侧账单是 10 000 元，对方因为少了 1 单订单记录，汇总是 9900 元。支付平台会认为自己少收了钱，此种情况我们称为"短款"。

短款的情况是支付平台认为成功了，实际上银行并没有收到请求。对于这种情况，处理结果只有两种：短款追回或者短款坏账。处理的步骤如下。

第一步，去"调单"，判断是不是通道侧失误，漏了。由于每笔交易在支付通道与支付平台之间都有报文存在，无论是发起交易请求还是交易结果回复，如果明确收到通道侧返回支付成功报文，可以去追责，要求支付通道侧补齐这个订单，认这个账。

第二步，如果支付通道侧不认或者无法界定责任，需要支付平台侧采取补偿机制，重新发起扣款，补扣款项，避免资损。如果是非快捷交易，可能无法重试，那么需要联系商家冻结订单或者联系用户重新支付。如果货已经发出且用户不愿意再支付，那么就是资损。从这个角度也能看到，免密支付或者快捷交易在支付里不仅能用于改善用户体验、提升支付成功率，也能用于事后代扣、避免资损。

需要说明的是，在免密支付的能力用于补扣款的场景中，一定要提前在用户进行绑卡的协议文案中说明得到用户授权，否则用户是可以联系发卡行拒付的。

第四种结果：两边金额不一致。两边账单明细都对得上，但是金额不一致。这种情况很少见，需要以一方为主进行差账处理，修改金额，使得两边账单一致。

以上就是对账过程中我们应当遵循的原则和对于不同对账情况所做的不同处理。

7.5.2 会计与结算

会计有对内和对外两层意义：对外，会计数据是报告的数据来源；对内，会计数据是指导企业经营状况、进行财务核算的重要基础，就相当于企业的"晴雨表"，通过会计数据，企业经营状况是好是坏一目了然。

1. 会计

在对账及其后续过程中,都伴随着会计服务的参与。在支付中,会计服务有以下职能。

(1) 记录会计科目

会计科目按照业务性质可分为资产类科目、负债类科目、资产负债共同类科目、所有者权益类科目、成本类科目和损益类科目这六大类。这些类别的具体科目国家已经统一制定并公布,可以在各类会计网站上查到,最新科目见表 7-4~表 7-9。

表 7-4 资产类科目

顺序号	编号	会计科目名称	会计科目适用范围
1	1001	库存现金	
2	1002	银行存款	
3	1003	存放中央银行款项	银行专用
4	1011	存放同业	银行专用
5	1015	其他货币基金	
6	1021	结算备付金	证券专用
7	1031	存出保证金	金融共用
8	1051	拆出资金	金融共用
9	1101	交易性金融资产	
10	1111	买入返售金融资产	金融共用
11	1121	应收票据	
12	1122	应收账款	
13	1123	预付账款	
14	1131	应收股利	
15	1132	应收利息	
16	1211	应收保护储金	保险专用

（续）

顺序号	编号	会计科目名称	会计科目适用范围
17	1221	应收代位追偿款	保险专用
18	1222	应收分保账款	保险专用
19	1223	应收分保未到期责任准备金	保险专用
20	1224	应收分何保险责任准备金	保险专用
21	1231	其他应收款	
22	1241	坏账准备	
23	1251	贴现资产	银行专用
24	1301	贷款	银行和保险共用
25	1302	货款损失准备	银行和保险共用
26	1311	代理兑付证券	银行和保险共用
27	1321	代理业务资产	
28	1401	材料采购	
29	1402	在途物资	
30	1403	原材料	
31	1404	材料成本差异	
32	1406	库存商品	
33	1407	发出商品	
34	1410	商品进销差价	
35	1411	委托加工物资	
36	1412	包装物及低值易耗品	
37	1421	消耗性物物资产	农业专用
38	1431	周转材料	建造承包商专用
39	1441	贵金属	银行专用
40	1442	抵债资产	金融共用
41	1451	损余物资	保险专用
42	1461	存货跌价准备	
43	1501	待摊费用	
44	1511	独立账户资产	保险专用
45	1521	持有至到期投资	

（续）

顺序号	编号	会计科目名称	会计科目适用范围
46	1522	持有至到期投资减值准备	
47	1523	可供出售金额资产	
48	1524	长期股权投资	
49	1525	长期股权投资减值准备	
50	1526	投资性房地产	
51	1531	长期应收款	
52	1541	未实现融资收益	
53	1551	存出资本保证金	保险专用
54	1601	固定资产	
55	1602	累计折旧	
56	1603	固定资产减值准备	
57	1604	在建工程	
58	1605	工程物资	
59	1606	固定资产清理	
60	1611	融资租赁资产	租赁专用
61	1612	未担保余值	租赁专用
62	1621	生产性生物资产	农业专用
63	1622	生产性生物资产累计折旧	农业专用
64	1623	公益性生物资产	农业专用
65	1631	油气资产	石油天然所开采专用
66	1632	累计折耗	石油天然所开采专用
67	1701	无形资产	
68	1702	累计摊销	
69	1703	无形资产减值准备	
70	1711	商誉	
71	1801	长期待摊费用	
72	1811	递延所得资产	
73	1901	待处理财产损益	

表 7-5 负债类科目

顺序号	编号	会计科目名称	会计科目适用范围
74	2001	短期借款	
75	2002	存入保证金	金融共用
76	2003	拆入资金	金融共用
77	2004	向中央银行借款	银行专用
78	2011	同业存放	银行专用
79	2012	吸收存款	银行专用
80	2021	贴现负债	银行专用
81	2101	交易性金融负债	
82	2111	专出回购金融资产款	金融共用
83	2201	应付票据	
84	2202	应付账款	
85	2205	预收账款	
86	2211	应付职工薪酬	
87	2221	应交税费	
88	2231	应付股利	
89	2232	应付利息	
90	2241	其他应付款	
91	2241	应付保户红利	保险专用
92	2261	应付分保账款	保险专用
93	2311	代理买卖证券款	证券专用
94	2312	代理承销证券款	证券和银行共用
95	2313	代理兑付证券款	证券和银行共用
96	2314	代理业务负债	
97	2401	预提费用	
98	2411	预计负债	
99	2501	递延收益	
100	2601	长期借款	
101	2602	长期债券	
102	2701	未到期责任准备金	保险专用

(续)

顺序号	编号	会计科目名称	会计科目适用范围
103	2702	保险责任准备金	保险专用
104	2711	保户储金	保险专用
105	2721	独立账户负债	保险专用
106	2801	长期应付款	
107	2802	未确认融资费用	
108	2811	专项应付款	
109	2901	递延所得税负债	

表 7-6 资产负债共同类科目

顺序号	编号	会计科目名称	会计科目适用范围
110	3001	清算资金往来	银行专用
111	3002	外汇买卖	金融共用
112	3101	衍生工具	
113	3201	套期工具	
114	3202	被套期项目	

表 7-7 所有者权益类科目

顺序号	编号	会计科目名称	会计科目适用范围
115	4001	实收资本	
116	4002	资本公积	
117	4101	盈余公积	
118	4102	一般风险准备	金融共用
119	4103	本年利润	
120	4104	利润分配	
121	4201	库存股	

表 7-8 成本类科目

顺序号	编号	会计科目名称	会计科目适用范围
122	5001	生产成本	
123	5101	制造费用	
124	5201	劳务成本	
125	5301	研发支出	
126	5401	工程施工	建造承包商专用
127	5402	工程结算	建造承包商专用
128	5403	机械作业	建造承包商专用

表 7-9 损益类科目

顺序号	编号	会计科目名称	会计科目适用范围
129	6001	主营业务收入	
130	6011	利息收入	金融共用
131	6021	手续费收入	金融共用
132	6031	保费收入	保险专用
133	6032	分保费收入	保险专用
134	6041	租赁收入	租赁专用
135	6051	其他业务收入	
136	6061	汇兑损益	金融专用
137	6101	公允价值变动损益	
138	6111	投资收益	
139	6201	摊回保险责任准备金	保险专用
140	6202	摊回赔付支出	保险专用
141	6203	摊回分保费用	保险专用
142	6301	营业外收入	
143	6401	主营业务成本	
144	6402	其他业务成本	
145	6405	营业税金及附加	
146	6411	利息支出	金融共用
147	6421	手续费支出	金融共用

(续)

顺序号	编号	会计科目名称	会计科目适用范围
148	6501	提取未到期责任准备金	保险专用
149	6502	提取保险责任准备金	保险专用
150	6511	赔付支出	保险专用
151	6521	保户红利支出	保险专用
152	6531	退保金	保险专用
153	6541	分出保费	保险专用
154	6542	分保费用	保险专用
155	6601	销售费用	
156	6602	管理费用	
157	6603	财务费用	
158	6604	勘探费用	
159	6701	资产减值损失	
160	6711	营业外支出	
161	6801	所得税	
162	6901	以前年度损益调整	

规定好若干系统交易行为对应的科目内容、科目号，根据需要及颗粒度还会分为一级科目和二级科目。比如一级科目是应收账款，对应的科目号是1122；下面还有两个二级科目，分别为科目112201应收账款—通道款和112202应收账款—差账处理。

（2）生成会计账户与科目历史余额表

会计余额表是会计中用的基本做账表格，用于反映期初期末的资产变化，其中包括期初余额、发生额、期末余额等内容，如图7-10所示。

会计日期	科目号	科目名称	交易类型	金额类型	币种	期初余额		发生额		期末余额	
						借方金额	贷方金额	借方金额	贷方金额	借方金额	贷方金额

图7-10 会计余额表

商户名下首先是账户，按照业务分为若干个账户，其次账户资金是由不同的交易组成的，在会计中，这些不同交易代表着不同科目。所以余额表根据需要有了账户余额表、一级科目余额表、二级科目余额表。会计服务支持生成历史余额表，可以是账户维度也可以是科目维度，可以是定期自动生成也可以是根据使用方需要生成。

（3）会计科目试算平衡

会计中讲究"有借必有贷，借贷必相等"。会计试算平衡是指根据记账规则与明细计算科目借贷双方金额是否相等，计算出来的结果应该恒等，否则便是记录有问题。

但总体上说，会计偏向于财务，财务人员约定每一个业务行为的会计科目分录，当支付交易中触发了该业务行为，就会自动进行该业务的会计记账。对于财务部分的会计本书不展开介绍，感兴趣的读者可以查阅专门的会计学图书。

2. 结算

清结算是清分和结算的过程。前面几个服务介绍的都是清分，完成资金与账单的计算与核对；后面就是结算，是进行资产转移与交割的过程。

结算是根据清分的数据，与商户、用户、支付通道等以约定的结算方式、结算周期进行资金的划拨。

关于结算也有一些需要双方明确的规则，具体如下。

（1）结算节点：什么时间点结算

结算节点一般分为账单日结算、周期结算和实时结算。

❏ 账单日结算：按照约定的提供账单的日期进行结算，比如

T+1 或 D+1 结算。支付中与通道的结算通常都是按照此规则进行。

- 周期结算：按照约定的账期进行结算，比如月结、季结等。一般在供应链领域，电商平台等都是按照此规则结算。
- 实时结算：按照交易发生时间进行结算，发生一笔就结算一笔。一般小商家、个体户用得比较多，个人用户之间转账、个体户的扫码支付都是按照此规则进行。

（2）结算方式：支持汇出、汇入哪些支付方式

按照一般资产性质归类，结算方式分为账户类和卡类。财务也好，自身能力也好，客户诉求也好，都要明确下来，支持结算方式范围有哪些。比如，常见的卡基有银行实体与虚拟卡，账基有自身或者第三方钱包账户、银行账户。

汇出的方式也有很多种，如网银转账、线下打款、接口单笔与批量代付、发行虚拟卡结算等。

（3）结算金额：全额结算还是净额结算

结算时会调用商户合同系统，依据与商户的约定是收支两笔账还是收支一笔账进行资金的划拨。

全额结算就是结算的时候款项全部结算给商户，再从另一个账户扣除手续费等费用。净额结算就是把手续费等费用扣除后，直接结算剩余金额款项给商户。

（4）结算币种：外币交易怎么结算

外币交易时由于涉及不同的币种，所以需要确认货币转换的事项。具体而言就是要明确交易币种结算成什么币种，中间的汇率转换规则是什么。

| 后 记 |

写给读者的信

亲爱的读者：

你好！谢谢你，能够接受这么多的文字，一直读到这里。

用"您"显得生分，用"你"字好像彼此亲近许多，所以这封信，请让我略微失礼一些，用"你"字来称呼你。

支付很大，书本很小，希望这本书里分享的知识与经验能够对你有所帮助。还有很多书里未写的、想写的、要更新的内容，会在未来本书再版时放上。

我想你从事的工作或多或少与支付有关，在与支付打交道的过程中，你也许有感悟，有故事，有经验，有干货。我希望能够听到你对这本书的建议，帮助我在未来再版时，将这本书变得更好；希望听听你选择或者放弃做支付的理由，希望我们每个人的理由可以让后来的读者更加理解支付行业进而更加坚定地从事这个行业（当然，也可能是更早放弃）。欢迎大家给我的公众号或知乎号"王小憨"留言或者发私信。

理由征集可以参照这个格式：公司+岗位（不强求）+名字（真名、网名均可）+理由。当然，你也可以自由发挥。举例如下。

基本信息：××公司+支付产品+越远

工作经历：3年支付产品

当前想法：以支付为基础，向业务侧靠拢（从做工具到使用工具）

理由：

我在第三方支付公司工作了3年多，工作内容偏向于中后台，主要与后端支付通道、公司内部支付路由打交道，琢磨基础产品的逻辑。我主要侧重于做支付工具，但做工具并不能给我带来精神上的满足感，所以更想从事工具使用方面的工作。

一方面我有支付工具的基础，另一方面自己对大方向上的商业资源整合更好奇，更感兴趣。

"海内存知己，天涯若比邻。"谢谢读过这本书的你，未来见！